청소년 진로,
행복한 일

청소년 진로, 행복한 일

발행일	2015년 10월 16일

지은이	하 종 범		
펴낸이	손 형 국		
펴낸곳	(주)북랩		
편집인	선일영	편집	서대종, 이소현, 권유선
디자인	이현수, 신혜림, 윤미리내, 임혜수	제작	박기성, 황동현, 구성우, 이탄석
마케팅	김회란, 박진관, 김아름		
출판등록	2004. 12. 1(제2012-000051호)		
주소	서울시 금천구 가산디지털 1로 168, 우림라이온스밸리 B동 B113, 114호		
홈페이지	www.book.co.kr		
전화번호	(02)2026-5777	팩스	(02)2026-5747

ISBN   979-11-5585-722-9 13370(종이책)   979-11-5585-723-6 15370(전자책)

이 책의 판권은 지은이와 (주)북랩에 있습니다.
내용의 일부와 전부를 무단 전재하거나 복제를 금합니다.

이 도서의 국립중앙도서관 출판예정도서목록(CIP)은 서지정보유통지원시스템 홈페이지(http://seoji.nl.go.kr)와
국가자료공동목록시스템(http://www.nl.go.kr/kolisnet)에서 이용하실 수 있습니다.
(CIP제어번호 : CIP2015027498)

청소년의 진로탐색과정에서
회피했던, 잊어버렸던 질문들

청소년 진로, 행복한 일

• 하종범 지음 •

북랩 book Lab

추천의 글

지난 17년간 대학생들과 함께 호흡하며 알게 된 것이 있다면 젊은이들은 중요한 두 가지 질문을 안고 살아간다는 것입니다. 그 질문은 "앞으로 누구랑 살지?" 그리고 "앞으로 뭐먹고 살지?"입니다.

우리는 분명 누군가와 함께 살아갈 것이며, 뭔가를 하며 살아갈 것입니다. 그러나 어떤 사람은 고민을 하며 누군가를 만나고, 고민을 하며 뭔가를 하며 살아갈 것이고, 또 어떤 사람은 되는 데로 누군가를 만나고, 되는 대로 뭔가를 하며 살아갈 것입니다.

프랑스의 소설가이면서 비평가인 폴 부르제는 Le Demon de midi에서 이렇게 말했습니다.

One must live the way one thinks or end up thinking the way one has lived.

당신은 당신이 생각하는 대로 살아야 한다. 그렇지 않으면 머지않아 당신은 사는 대로 생각하게 될 것이다.

우리 젊은이들이 그들의 남은 삶을 되는 데로 사는 것이 아니라, 생각하며 살아가도록 그들의 생각에 번개탄이 되어줄 책을 만났습니다.

우리는 누구나 인생의 10대와 20대를 지나오지만 그렇다고 누구나 10대 20대를 향해 쉽게 조언할 수 없는 이유는 우리가 지나온 10대 20대와 그들이 살고 있는 10대 20대가 마치 화성과 금성처럼 전혀 다른 곳에서 벌어지고 있기 때문입니다.

그러나 저자는 젊은이들과 함께 고민하면서 그들에 대한 폭넓은 이해와 빅 데이터를 통해 어떻게 사는 것이 가치 있고, 가슴 뛰는 삶이 될 수 있을지 매우 현실적이면서도 결코 세속적이지 않은, 매우 전문적이면서도 결코 어렵지 않은, 통찰력과 지혜를 가지고 우리에게 찾아왔습니다.

당신은 이 책을 통해 당신의 생각에 불을 지피고, 당신의 삶에 불을 지펴줄 좋은 멘토를 만나게 될 것입니다.

장재기 지구촌교회 대학지구 담당 목사

* * *

최근 중·고등학교 현장에서 가장 큰 화제는 학생들의 진로교육과 관련한 관심이다.

중학교는 자유학기제 도입을 통하여 진로탐색경험을 전면적으로 도입하고 있으며, 고등학교도 창의적 체험활동 시간을 활용하여 자신의 관심과 적성에 맞는 진로활동을 적극적으로 지원하고 있다.

그런데도 우리들의 공교육 현장은 단순한 지식의 암기와 반복적인 문제풀이를 통한 과도한 성적 경쟁 속에서 특정 상위권 대학에 입학하기 위한 치열한 입시경쟁이 반복되고 있어서 학교현장에서의 '진로교육'의 정착을 더디게 만들고 있음도 사실이다.

대입전형에서 지원자의 학교생활 전체를 종합적으로 반영하고자 하는 학생부종합전형은 그나마 자신의 진로와 진학을 동시에 고민하고자 하는 학생들에게 새로운 가능성을 제시해 주고 있다. 다행히 학생부 종합전형은 매년 급속하게 그 선발인원을 늘려가며 대입전형의 주요 전형으로 자리 잡아가고 있어서 자기 주도적으로 자신의 진로와 진학을 고민하고 있는 학생들에게 밝은 전망을 제시해 준다.

하지만 입학사정관으로서 지원자들을 평가하다 보면 단순히 '진학을 위해 진로를 꿰어 맞추는 진로탐색활동'들을 자주 목격하게 된다. 진지한 고민 없이 진학만을 목적으로 한 진로활동은 스스로에게도 도움이 되지 않으며 합격과 연결되기도 힘들다.

이 책의 저자도 입학사정관으로서 오랜 기간 학생을 선발하며, 우리 청소년들에게 앞으로 삶의 질을 좌우할 '일(직업)'을 선택하기 위한 제대로 된 지침서가 꼭 필요하다고 느꼈을 것이다. 더불어 '진로'와 관련한 진지한 고민과 진정성 있는 활동이 선행되어야만 비로소 자신이 목표로 하는 대학으로 진학하게 되는 사례도 많이 지켜보았을 것이다.

이 책이 저자의 이러한 실제적인 체험을 기반으로 우리 청소년들에 쉽지만 깊이 있게 '진로교육'을 전달해 주는 좋은 지침서가 될 것으로 기대한다.

이미경 서울여자대학교 교수, 한국대학입학사정관협의회 4대 회장

※ ※ ※

　일선 학교에서 30년이 넘는 기간 동안 중고교에서 아이들과 함께하면서 아이들이 성장하는 모습을 지켜보았다. 그 사이 교과과정도 적지 않게 바뀌었고 학생과 부모의 최대관심사인 고등학교와 대학교의 입시제도도 커다란 변화를 겪어왔다.
　오랜 시간 동안 국, 영, 수는 중·고교과정의 중심이었다. 이로 인해 기초가 부족하거나 국, 영, 수가 적성에 맞지 않는 적지 않는 학생들이 수업과정을 따라오는 데 힘들어했고 상급학교로의 진학을 결정해야 하는 순간에 망설이는 모습을 수없이 보아왔다. 학생 한 명, 한 명이 자신의 적성과 소질을 발견하고 꿈을 키워 가며 자신이 좋아하고 잘할 수 있는 분야에서 직업을 찾도록 도와주는 것이 이 땅의 모든 교육자들의 바람일 것이다. 진로진학상담교사로 근무하면서 학생들이 스스로 자신의 진로를 제대로 찾아가도록 도움을 주는 것이 참 어렵고 중요한 일이라는 것을 새삼 깨닫고 있다.
　『청소년 진로, 행복한 일』은 바로 이러한 고민들에 대한 해결책을 제시해 줄 것이다. 이 책에는 청소년들의 적성, 행복한 일 찾기, 자아정체성을 통한 미래 내 모습 준비하기 등에 대한 구체적인 대안과 다양한 사례들이 매우 적절하게 담겨 있다.
　여전히 많은 부모들이 자녀가 소위 말하는 SKY대학에 가기를 원하고 이로 인한 사회문제가 적지 않다. 부모들은 아이들의 적성보다는 성적과 학벌을 가장 중요시하면서 정작 가장 중요한 자녀의 인생에서 무엇인가를 놓치고 있는 경우가 많다. 그런 분들에게 일독을 권한다.

학생들과 함께 자신에게 맞는 진로를 찾아가는 여정은 교육현장에서 아직도 진행형이다. 저자의 이번 역작이 이런 과정에서 커다란 디딤돌이 될 것이라고 믿는다.

이선희 청솔중학교 진로진학상담교사

머리말

　그동안 입학사정관으로 일하면서 갖게 된 지식과 경험을 바탕으로 청소년기 학생들의 고민거리인 진로 문제를 다루고자 원고를 쓰기 시작했다.
　책의 집필 방향은 다음과 같다.
　첫째, 진로 문제는 인간존재와 의미의 중요한 부분을 차지하는 '일' 내지 '직업'과 깊은 관련이 있다는 점에서 땀 흘려 일하는 노동이 왜 필요하고 이것이 행복과 어떻게 연관되는지를 살펴보았다.
　둘째, 진로 문제를 중학교, 고등학교, 대학교를 포함하는 관점에서 다루었다. 일반적으로 진로탐색과 설계는 중학교, 고등학교, 대학교 등 각 학교급으로 구분하여 다루어지고 있기 때문에 진로발달접근이 분리되어 온 점을 감안하여, 이들 모든 시기를 포괄하여 다루어봄으로써 진로설계의 연계성과 일관성을 높일 기회를 가져볼 수 있도록 했다.
　셋째, 행복한 진로는 본인의 노력 이외에 부모, 이웃, 사회 및 환경의 따뜻한 관심과 지지가 필요하다. 행복한 진로를 위해 청소년이 갖추어 나가야 할 자원이 무엇인지 살펴보았다.

이 책이 자신의 행복한 진로를 고민하는 청소년과 자녀의 진로에 대해 함께 고민하는 학부모에게 진로에 대한 그림을 그리는 데 조금이나마 도움이 될 수 있기를 바란다.

2015년 가을
하종범

추천의 글	5
머리말	10

PART 1
일과 행복

인생은 한 방 이상이다!	19
인생은 만남에서 시작되고	20
우리의 존재는 그려지고	21
삶은 열매를 맺고	22
나눔으로 풍성해지며	23
이 땅을 떠나지만	25
인생의 행복은	26
평생의 일	28
평생의 수고로움	30
평생의 기쁨	33
이 시대의 청소년은	35
개인주의	43
황금만능주의	44
학력절대주의	44
외모지상주의	47
성취지상주의	48
행복한 일	50

CONTENTS

PART 2
진로와 진학

인생의 가장 행복한 고민	59
진로 문제와 주체성	60
청소년의 진로에 대한 3가지 자세	62
진로선택과 관련한 3가지 질문	63
진로선택 능력 키우기	64
진로선택의 과정	65
자기 이해	66
자아정체성 확립	68
잠재능력 파악	80
다양한 심리검사 및 상담	94
학습 및 경험적 체험	96
신체적·정서적 건강, 기타 사회·경제적 여건 등 확인	97
인생목표 수립	98
진학 및 직업세계 이해	100
진로계획 수립	105
진로 및 진학을 위한 준비와 노력	112
중학교 시기	114
고등학교 시기	121
대학교 시기	141

PART 3
직업

직업의 변화	161
노동시장과 고용동향	166
기업이 원하는 인재	170
내가 꿈꾸는 바람직한 직업	171
미래사회의 변화와 직업 세계 전망	175

PART 4
행복한 삶을 위한 자세

꿈꾸라! Dream	183
키워라! Ability	214
넘어라! Overcome	240
잡아라! Challenge	254

CONTENTS

PART 5
나만의 행복을 찾아서

Only 1	287
미완성 교향곡	289
열매와 뿌리	291
소명의 삶	293
행복을 찾아서	295
부록	303
참고문헌	310

PART

1

일과 행복

당신이 역경을 극복하고 도전하여, 당신 안에 있는 재능과 능력을
최대한으로 끌어낼 수 있는 '일'을 삶 속에서 찾아낼 때만
'자아존중의 욕구'가 충족될 수 있다.

폴 J. 마이어

인생은 한 방 이상이다!

인생은 어떤 길이라고 생각하십니까?
1. 가시밭길
2. 헤쳐나가는 길
3. 고독의 길
4. 우여곡절의 길
5. 돌아가는 길[1]

우리나라 고등학교 학생들을 대상으로 '인생은 어떠한 길이라고 생각하십니까?'라고 질문했더니, 많은 학생들이 주저하지 않고 '인생은 한 방'이라고 답했다.

'한 방'이라는 말에 스치고 지나가는 생각은 요즘 들어 더욱 맹위를 떨치고 있는 로또복권 열풍이다. 로또는 인생을 단번에 역전시킬 수 있는 기회를 준다.

〈K팝스타〉, 〈보이스 코리아〉, 〈슈퍼스타K〉 등에서 청소년들은 승자를 통해 희망을 보고 대리만족을 얻는다. 우승자는 그동안 흘린 땀과 눈물에 대해 충분한 보상을 받았다. 그들은 '한 방'의 그 순간을 위해 평생을 준비했다. 얼마나 많은 사람들이 이 순간 그 '한 방'을 위해 안간힘을 쓰고 있을 것인가?

...

[1] 일본 중·고등학생 900명 대상, 오리콘모니터리서치조사, 2008.

당첨될 확률이 거의 제로인 로또 10억 원에 해당하는 돈을 어떻게 모을 수 있을까? 근로자의 생애소득을 25억 원 정도로 가정할 경우, 로또복권에 3번 당첨된 것이 된다. 그렇다면 10억 원의 로또에 인생을 올인(All in)하기에는 푸르디푸른 젊은 시절이 너무 비참해진다. 그래서 인생은 한 방 이상이다!

인생은 만남에서 시작되고

나의 소중한 만남
1. 부모 또는 가족과 만남
2. 배우자와 만남
3. 종교와 만남
4. 사람 또는 이웃과 만남
5. 일(직업)과 만남

우리 인생은 만남으로 시작한다. 자궁에서 어머니와 만남으로 시작되는 인생은 평생 만남의 씨실과 날실로 엮여 살아간다. 시대와 상황이 바뀜에 따라 소중한 만남의 성격과 형태, 질, 빈도도 변화되고 있다.

사람과의 만남도 결손 가정, 독거 가정, 싱글, 다문화가정 등 가족의 변화, SNS 등 비대면적 접촉 증가, 사물과 인간의 교류가 이루어지는 유비쿼터스 사회가 등장하고 있다. 잦은 이직, 중도퇴직 등으로 직업에 대한 관념도 바뀌어 가고 있다. 이제는 더 이상 한 직장, 평생직장이 아니다. 장소와 때를 가리지 않고 일을 해야 한다. 일의 형태와 내용도 변화하고 있다.

이처럼 만남의 성격과 내용이 변화하고 있지만, 그중에서 인간의 정체성을 규정해 주고 삶의 의미를 풍성하게 해 주는 깊은 만남이 있다. 특히 '행복한 일'과의 만남은 자아 성취로 나아가게 할 뿐 아니라 사회적 관계와 의미를 부여해 줌으로써 사회적 동물로서의 인간에게 깊은 행복을 맛보게 한다.

우리의 존재는 그려지고

장 폴 사르트르는 "인생은 B와 D 사이의 C다."라고 말했다. 인간은 태어나서(Birth) 누군가를 만나고, 선택(Choice)하며, 죽음(Death)을 맞이한다. 출생하자마자 이미 누군가와 관계를 맺은 존재(Being)인 청소년은 만남, 사건, 상황속에서 서로 주고받는 교감을 통해 인격적으로 성장해 가고, 다양한 형태의 일과 역할을 감당함으로써 일하는(Doing) 삶을 살게 된다. 자신이 꿈꾸는 골프선수, 경영관리자, 축구선수, 로봇전문가 등 직업에 종사하거나 학생, 선생님, 자녀, 부모 등의 역할을 수행하면서 살아간다. 자신의 존재는 이러한 역할들로 채워진다. 이러한 역할들은 정체성을 부여하기까지 한다. 일을 통해 다른 사람들에게 선한 영향력을 끼치고 중요한 존재가 될 수 있는 기회를 갖게 된다.

그러나 어떤 직업, 어떤 역할을 수행하든 간에 청소년 자신은 가치 있고, 의미 있는 존재 그 자체이다. 하나뿐인 생명 그 자체의 존재이유를 발견하고 존재가치를 실현하기 위해 그에 걸맞은 일을 찾고 가장 깊은 재능을 활용함으로써 자아를 실현하고자 하는 것이 꿈꾸는 자의 갈망이다.

삶은 열매를 맺고

아리스토텔레스가 '인간은 사회적 동물이다.'라고 말했듯이 이 땅에서 나 혼자만 존재한다면 '의미'라는 말 자체가 설 자리가 없다. 인간행위의 궁극적 목적이 행복이고 이 행복의 최고 목표가 자아실현이라고 한다면 이것은 사회 속에서만 가능하기 때문이다. 행복해지기를 바라는 청소년은 자신 앞에 놓인 수많은 선택의 갈림길(Crossroads)에서 그 선택의 가치와 의미를 늘 새롭게 하길 원한다. 그래서 행복한 일과 깊은 관계의 만남을 통해 존재의 중심을 채워 나가고자 한다.

청소년은 사람과 일의 만남을 통해 서로 주고받으며 더욱 풍성해져 간다. 자녀로, 아버지로, 학생으로, 관리자로, 직원으로, 시민으로 부름받은(Calling) 곳에서 맡겨진 역할을 해 나가고 인격적인 교제와 함께 사회적 역할을 감당해 나감으로써 열매 맺는 삶을 살아간다. 청소년이 어떤 역할을 수행하든지 간에 자신이 있는 그곳은 개인적인 자아실현의 장이요, 사회적 관계와 역할을 수행하는 영역으로서 사회적 자아가 완성되는 곳이다. 행복한 인생을 산 사람은 온전한 인격을 갖추고 맡겨진 분야에서 탁월한 성취를 이루어낸 사람이다. 이러한 사람들이 아름다운 공동체를 만들어 나간다. 인격과 일 그 중 어느 한 부분이 성장하지 못하면 불균형적인 삶이 된다.

나눔으로 풍성해지며

신체적으로, 정서적으로, 지적으로 충분히 성장하지 못한 청소년이 자신을 중심으로 성장과 성공을 생각하는 것은 자연스럽다. 그러나 미래 사회의 주역이 될 청소년이 가족, 학교, 사회, 국가 등 공동체의 테두리를 떠나서 삶을 영위한다는 것은 생각조차 할 수 없다. 따라서 청소년이 바라는 풍성한 삶은 이웃과 함께 가야만 이루어질 수 있다. 이웃과 더불어 사는 삶은 필요에 의하여 이웃을 찾는 것이 아니라 먼저 우리를 필요로 하는 상대방의 이웃이 되어 줄 때 더 쉽게 이루어진다. 우리의 행복은 진정한 나눔이 있을 때 완성된다. '누구보다 더 행복해지는 것'보다도 '더불어 모두가 행복해지는 것'이 더 바람직하다.

빌 게이츠와 워런 버핏 등이 만든 더기빙플레지(The Giving Pledge), 이를 본뜬 우리나라의 아너 소사이어티(Honor's Society), 가수 김장훈, 하춘화, 전前 피겨선수 김연아, 대천득 신부, 김수환 추기경, 연평도 해전에서 전사한 해군 병사, 가정을 지키기 위해 이 순간에도 묵묵히 헌신하는 부모…. 자신에게 맡겨진 일로, 돈으로, 재능으로, 시간으로, 몸으로, 생명으로, 삶으로, 다양한 모습과 형태로 자신들이 속한 곳에서 공동체의 유익과 행복을 위해 살아갔거나 사는 사람들이 있어 이 땅의 삶이 풍성하고 아름답다.

> 나는 모든 사람이 자신을 돌봄으로 사는 것이 아니라 사랑으로 산다는 것을 알았다.
>
> – 톨스토이

이 땅을 떠나지만

영국의 극작가 버나드 쇼의 묘비에는 "내, 우물쭈물하다가 이렇게 될 줄 알았다!"라고 쓰여 있다. 제 나름대로 열심히 살았지만 뭔가 2% 부족한 것이 우리 인생이다. 가수 박진영의 앨범 'Half Time'을 보면, 그는 인생의 전반전에 오직 한 가지만 생각하고 살았다고 한다. '열심히 살자!' 그래서 먹고 자는 것 이외에 오직 일에 매달렸다. 40대에 이르러 어느 날 이런 생각이 들었다. '왜 열심히 살아야 하는 거지? 인생을 그냥 살게 되질 않길….' 고민하게 되었다.

청소년기에 젊음과 열정의 축제에서 주인공이어야 할 청소년은 구경꾼으로 남아 있다. 공연이 끝나고 모두가 떠나버린 무대의 한복판에 서서 '과연 나는 행복한가?' 자문한다. 인생의 화폭에 자기만의 그림으로 채워야 할 시기에 텅 빈 채로 남아 있어 존재의 중심에는 타오르는 갈증으로 목말라하고 있다.

청소년의 특권은 자신들의 미래가 무한한 가능성으로 열려 있다는 데 있다. 무엇을, 어떤 것을 선택하든 그것은 스스로의 몫이다. 누구나 한 번뿐인 인생을 후회 없이 살기 위해 길을 떠나야 한다. 자신의 앞에 놓여 있는 그 길은 가지 않은 길이고, 미지의 길이며, 새로 시작해야 할 길이다. 가지 않으면 안 되는 길이며, '아직도 가야 할 길(The Road Less Travelled)'이다. 청소년은 마치 '불타는 갑판' 위에 서서 자신을 내던질 것인가, 그렇지 않으면 남아 있을 것인가로 선택해야 하며 갈림길에 서 있다.

인생의 행복은

자녀를 둔 부모는 고민한다. '어떻게 하면 우리 아이가 행복하게 살 수 있을까?' 부모는 그 해법을 그려놓고 있다. 자녀가 사회적으로 성공하면 행복해진다. 미리 보험에 가입해 두자. 좋은 초등학교 → 좋은 중학교 → 좋은 고등학교 → 좋은 대학교 → 좋은 직장(직업) → 좋은 배우자 → 남들이 부러워하는 편안하고 안정된 삶 → 고생 끝, 행복 시작. 첫아이를 가진 엄마는 자기 자녀는 천재인 것으로 여겨 아인슈타인우유를 먹이다가 파스퇴르우유 → 서울우유 → 연세우유 → 건국우유 → 부산우유 → 제주우유로 점점 바꾼다. 자녀가 과외를 '다니기 싫다.'고 칭얼거려도 '넌 네가 원하는 것이 뭔지 아직 몰라. 그러니 엄마 말 들어.'라고 어릴 적부터 '닥치고 군대육아'로 다그친다.

청소년 자녀의 삶에 거의 절대적인 영향력을 행사하고 있는 부모의 기대와 욕망은 자녀교육 우선순위 No.1이 된다. 부모는 전망 좋은 직업을 미리 정해놓고 자녀에게 그것을 쟁취하기 위해 질주하라고 다그친다. 자녀의 가슴에서 저절로 올라오는 물음은 No.2가 된다. No.2는 나중에 No.1이 이루어진 후에 언제든지 풀 수 있다고 가르침을 받는다. 그러나 자녀의 행복을 부모에 의해 결정짓기에는 자녀의 재능(Talent), 그릇 크기(Scale), 색깔(Color) 모두가 서로 다르다.

청소년에게 학업은 어떤 의미가 있을까? 공부를 잘하면 칭찬받고 상 받으며 못하면 꾸중 듣고 벌을 받아야 하는 청소년 시기에 학업은 미래의 즐거움과 행복을 위해 어쩔 수 없이 참아내야 하는 고통으로 다가온다. 대학에 진학하여서도, 취업하고 나서도 미래의 행복을 위한 경쟁으로 인해 행복한 삶은 연기된다.

청소년들은 행복에 대해 어떻게 생각하고 있을까? 청소년들은 행복은 잘사는 순에 따른다고 생각한다.[2] 특히 고등학생은 '돈'이 행복의 최고조건으로 들고 있다. 학업성적이라는 객관적 평가 못지않게 외모나 복장, 취미·여가 등을 통해 이루어지는 서로에 대한 평가는 주관적인 행복감에 영향을 미치는데 이러한 행복감의 고취는 경제적 수준에 의해 영향을 받는 것으로 나타나고 있다.

인생의 궁극적 가치가 무엇인가? 인생의 최고 목표는 무엇인가? '행복은 삶의 의미이자 목적이요, 총체적 목표이다.'라는 아리스토텔레스의 말을 굳이 인용할 필요도 없이 그것이 '행복'이라고 하는 데에는 별 이의

...

2) 주간경향, 2014. 3. 5.

를 달 사람이 없을 만큼 요즈음 행복이라는 말이 유행하고 있다. 과연 행복이란 무엇일까? 어디에 있는 것일까? 어떻게 성취할 수 있는 것인가? 행복에 이르는 조건이 있는 것일까? 조건이 성취되면 과연 행복해지는 것일까?

지금 이 순간 청소년의 일거수일투족은 행복을 향한 몸짓이요, 몸부림이다. 청소년이 그토록 추구하는 행복의 본질은 단순한 쾌락이 아니다. 자신이 좋아하는 일을 이루기 위해 노력하는 것을 즐기며 의미의 성취를 위해 즐거이 고통을 감수하는 것이 포함된다. 그 행복은 맡겨진 일을 성취하고 누리는 것뿐 아니라 다른 사람과 함께 나누는 것도 포함한다. 누군가에게 나누어 줄 때 우리는 온전하게 된다. 행복은 개인적인 차원과 사회적인 차원이 연결되어 있다. 진정한 행복은 축복에 있으며 축복의 통로가 될 때 더 큰 행복을 느낀다.

평생의 일

인생은 만남으로 시작되고 관계에 기초하여 일이 만들어진다. 우리가 수행하는 일은 역할의 형태로 구체화된다. 가정에서는 부모 또는 자녀로, 직장에서는 구성원 또는 관리자로, 부부관계에서는 남편 또는 아내로, 학교에서는 선생님과 학생으로 제각기 다른 모양으로 주어진 역할을 수행한다.

청소년들이 사회에서 활발하게 활동하게 될 2030년에는 기대수명이 100세가 된다. 75세까지 일을 해야 한다. 평균수명은 길어지고 직장이동이 잦아지면서 평생직장의 개념이 사라지고 '평생 직업', '평생의 일'의 개념으로 바뀌고 있다. 한 직장에서의 평균 재직연수를 5년이라고 가정할 경우, 적어도 10여 차례 자리를 옮겨야 한다. 어떤 회사에 다니느냐보다 어떤 일을 하느냐가 더 중요하다. 이제 진정한 인생의 평가는 정년퇴직 시기인 40~50대에 이룬 것보다 그 이후 전개되는 삶의 모습으로 평가하지 않을 수 없는 시대가 되고 있다. 일을 그만둔다는 '정년'의 개념 대신 죽음을 맞이할 때 우리의 삶에서 '일'이라는 개념이 떠난다는 의미에서 '인생정년'이라는 자세로 바뀌어야 한다.

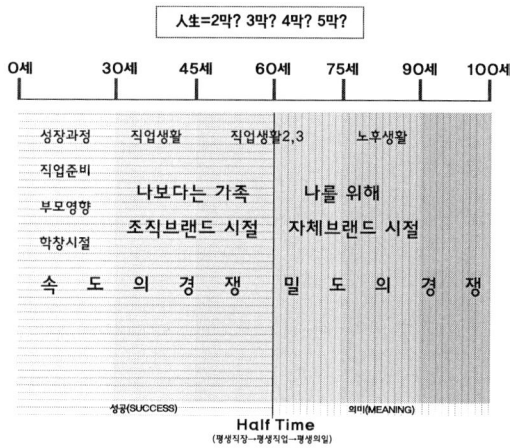

평생의 수고로움

성경은 '네가 흙으로 돌아갈 때까지 얼굴에 땀을 흘려야 먹을 것을 먹으리니'[3]라고 말한다. 우리 인생은 노동의 수고로움에서 결코 자유로울 수 없다. 즉 노동의 수고로움이 있어야 생존을 위한 먹을 것과 입을 것 등 기본적인 욕구를 충족시킬 수 있다. 나아가 행복해지려는 청소년이 가지고 있는 끝없는 욕구는 땀 흘려 '일'한 결과물을 통해서만 충족될 수밖에 없기에 노동은 피하려야 피할 수 없는 것이자 괴로운 것이다. 경제생활에 필수불가결한 돈을 버는 데 수고로움이 따른다는 사실에는 부자나 가난한 자나 다름이 없다. 미국의 투자 전문지 《머니(Money)》에 따르면,[4] 1조 원 이상 억만장자 중 자수성가형이 66%에 달해 부유하게 되려면 근면하게 노력하는 수고로움이 있어야 함을 보여주고 있다.

기쁨으로 열정으로 일하더라도 대가는 따른다. 인기 있는 직업 중 하나는 예술가이다. 예술가라는 직업은 타고난 소질이 있어야 할 뿐 아니라 내면의 들끓는 열정으로 자신이 좋아서 선택하는 경우가 많다. 그렇지만 예술가의 수명이 제일 짧다. 예술가의 삶이 하나의 걸작품

・・・

3) 『창세기』 3장 19절.
4) 미국의 경제전문지 《포브스(Forbes)》가 매년 선정하는 자산 10억 달러(약 1조 원) 이상 억만장자를 자수성가형과 상속형으로 나누어 보면, 2014년 1,645명 중 66%인 1,080명이 자수성가형에 해당하며, 순수상속형은 13%, 혼합상속형은 21%로 소수에 불과하다. 자수성가형 갑부는 아메리칸 드림(American Dream)의 롤 모델(Role Model)이다. 자산 760억 달러로 99%를 사회에 환원한 MS 창업자 빌 게이츠, 버크셔 해서웨이 회장 워런 버핏, 페이스북 창업자 마크 주커버그 등은 자수성가형이다. 50대 부호 중 한국은 자수성가형이 15명으로 30%에 불과하고 일본은 43명으로 86%, 중국은 49명으로 98%에 달한다. 조선일보, 2014. 6. 30.

(Masterpiece)을 만들기 위해 자신의 모든 것을 포기하고 온전히 그 작품에 자신의 정신과 혼을 바쳐야 하기 때문이다. 게다가 다른 직업과는 달리 생계를 유지할 만큼 돈을 잘 벌 수 있는 것도 아니다.

청소년에게도 학업은 가장 고통스러운 일 중 하나로 다가온다. 설혹 공부가 재미있다고 하더라도 오래 지속되면 지루하고 힘들게 된다. 초등학교 6학년이 새벽 1시까지 공부하고 아침 6시에 일어나는 숨 가쁜 생활을 하고 있다면, 어린 청소년에게 학업은 기쁨으로 다가올 수 없고 일평생 부담으로 다가온다. 특히 싫어하는 공부를 억지로 하게 되면 괴로운 노역이 된다.

우리나라 사람들의 일과 직업에 대한 태도변화를 살펴보면,[5] 일하는 목적은 생계유지를 위한 수입(34.1%), 당연히 일을 해야 하기 때문(21%), 능력 개발(16.8%), 자아실현(15.2%), 사회공헌(9.3%), 출세와 명예(2.8%)로 나타나고 있다. 일은 여전히 먹고 사는 문제를 해결하는 데 없어서는 안 되는 수고로운 것으로 다가온다.

...

5) 한국노동교육원, '일과 직업에 대한 태도변화', 2000.

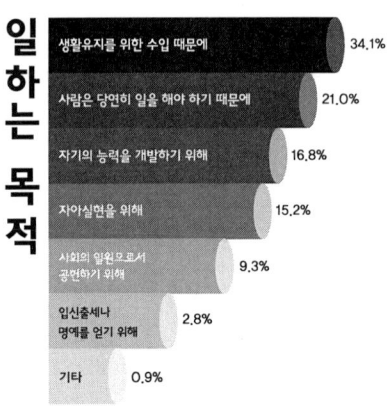

  돈을 많이 버는 것이든 그렇지 않든 간에 일을 통해 열매 맺는 삶을 산다는 것은 그 바탕에 수고로움이 전제되어야 한다. 농부가 하는 일은 가을의 풍성한 열매를 기대하며 땀 흘려 농사짓는 일이다. 운동선수가 하는 일은 경주에서 이기기 위해 자신을 절제하며 몸을 단련하는 일이다. 군인이 하는 일은 잠을 자지 않고 불침번으로 나라를 지키고 유사시를 대비하여 열심히 훈련하는 일이다. 농사를 짓는 농부가 농작물이 열매를 맺을 때까지 수고로움으로 농작물을 관리하지 않으면 그 농작물의 수확은 어떻게 될까? 운동선수가 자기가 하고 싶은 대로 쉬고 먹고 놀면 어떻게 될까? 군인들이 불침번을 서지 않고 병영막사에서 놀고 있다면 어떻게 될까? 이처럼 열매 맺는 삶을 살기 위해서는 수고로움이 반드시 따르기 마련이다. 청소년이 스스로 자신의 인생이라는 나무를 가꾸고, 거기서 찬란한 열매를 맺기를 바란다면 스스로의 삶에 대해 어떠한 자세로 임해야 할까?

한 송이 국화꽃을 피우기 위해

밤마다 소쩍새는 그리 울었나 보다!

― 서정주

한 송이 국화꽃보다 더 귀한 인생을 아름답고 탐스럽게 꽃피우기 위해 그에 맞는 수고로움이 어찌 뒤따르지 않을 것인가? 다른 사람에게 보여주기 위함이 아닌 스스로 생명가치를 가진 사람으로서 자라나기 위해서.

평생의 기쁨

일 그 자체는 수고로운 것이지만 일을 함으로써 그리고 일을 통해 거두어들인 결실로 인해 행복을 가져오는 여러 기쁨을 누릴 수 있다. 특히 주어진 일에 즐거워하는 것은 기뻐하며 살고 싶다는 내면의 갈망을 채워주는 것이기에 일은 기쁨의 전제가 되면서 삶을 행복하게 한다. 청소년은 열심히 공부하는 과정에서뿐 아니라 그 결과로 성적이 올랐을 때 마음이 뿌듯하고 기쁘다. 봉사활동을 하면서 나누고 섬길 때 보람을 갖고 기쁨을 누린다.

청소년에게 어떻게 하면 일이나 학업이 즐거울까? 적성이나 관심과 흥미, 성격에 맞는 일이면 즐거울 수 있다. 그러나 무엇보다 그 일을 하고자 하는 뜨거운 열정이 있거나 꼭 해야만 한다고 하는 소명이 있는 일이라면 더 바람직할 것이다. 자신이 진정으로 원하고 재능과 능력을 최대한 끌어낼 수 있는 일은 자긍심을 고취시키고 자아존중 욕구를 충족시켜 준다. 내면적으로나 사회적으로 자아가 성장하고 성숙할 갈 때 인간은 온전해져 가는 자신을 바라보면서 기쁨을 누린다.

세계적으로 유명한 화가이자 조각가인 미켈란젤로도 한때 남의 집 하인으로 지냈던 시절이 있었다. 그는 어린 시절에 부잣집 정원사로 일했는데 업무시간은 물론이고 업무가 끝난 후에도 화분에 꽃무늬를 조각하며 정원을 아름답게 꾸미는 일에 열중했다. 이를 눈여겨본 주인이 그 이유를 묻자 미켈란젤로는 그것이 자신을 즐겁게 하기 때문이라고 답했다. 결국 어린 정원사의 일에 대한 애정과 주인의식에 감탄한 주인은 그의 재능을 더욱 키울 수 있도록 후원해 주었다.

꿈으로 비전으로 동기 부여된 청소년들은 목표의식을 갖고 자기 주도적인 삶을 살고자 한다. 고교현장에서 자율 활동시간에 자율적이고 창의적인 동아리가 무수히 생겨나고 있는데, 스스로 동기 부여된 학생은 진로와 관련하여 탐색과 체험활동을 주도적으로 하지 않을 수 없다. 청소년들은 힘들고 어렵다고 여겨지는 학업에 몰입함으로써 자신의 존재를 실현하고 삶의 질을 향상시키며 행복을 누리고자 한다. 이러한 관점에서 자기 자신을 이해하고, 자기의 꿈, 재능, 성격, 포부 등을 실현할 수 있는 일을 찾으려는 노력이 뒤따라야 한다.

이 시대의 청소년은

화려한 인생

최근 중학교 1학년 교실에서 일일교사로 봉사했다. '학생들에게 미래에 어떠한 사람이 되고 싶은가?'라고 질문을 하고 그 예로 난 사람, 든 사람, 된 사람을 들었다. 손을 든 대부분의 학생들은 '난 사람'이 되고 싶다고 말했다. 수십 명의 인문계 고등학생에 같은 질문을 했더니 대부분의 학생들은 '화려한 인생'을 살고 싶다고 했다. 요즘 청소년들은 뽀대 나고 보기에도 빵빵하고 화려한 사람들이 되고 싶어 한다. '된 사람'이 되고 싶어 했던 베이비 붐 세대와의 모습과는 전혀 다르다. TV나 신문 등을 통해 연예인, 운동선수, 의사, 변호사, 금융전문가 등 직업을 수시로 접하게 된 요즈음의 학생들에게는 아주 자연스러운 것이리라.

역동적인 세대

청소년기본법에서는 청소년 나이를 9세 이상에서 24세 이하로 규정하고 있다. 노동법상 청년의 나이가 15세 이상 29세 이하까지이므로 청소년과 청년의 시기는 일정 부분 겹친다. 겹치는 부분은 청소년 후기에서 초기 성인 시기까지이다. 이 글에서의 청소년은 중학교 시기(14세~)에서 고등학교 시기를 포함하고 20대 초반의 대학교 시기도 포함한다. 세대의 명칭은 1980년대부터 최근까지 X세대, Y세대, Z세대, M세대, W세대, P세대, N세대, 포스트디지털세대, '나'세대 등으로 변화되었다. 각 세대는 다른 세대와 연령상의 차이뿐 아니라 다른 의식과 행동특성을 가지고 있다.

청소년들은 내일의 풍요를 위해 참고 견디는 것보다 현재의 행복을 더 중히 여기고, 재미와 도전을 즐기며, 요구표출이 자유롭고, 참거나 고민하지 않으며, 이것저것 따지지 않고, 자유롭고 즉흥적이다. 다른 세대보다 더 역동적이고 충동적이다. '싸이'처럼 튀고 싶어 하고 도전적이며 창의적이다. 같은 청소년세대지만 세대 간의 간격이 더욱 줄어들어 5살 터울 난 형제끼리도 서로 간 소통이 힘들다고 한다.

가능성의 세대

청소년은 누구나 행복해지고 부유해지고 아름다워지고 강해지고 싶어 한다. 행복은 더 많이 소유하고 붙잡음으로써 얻을 수 있다고 생각하여 최신, 최대, 최고, 최다의 것을 소유하고자 한다. 청소년 시기는 마음대로 꿈꿀 수 있고 또 그 꿈을 쉽게 바꿀 수 있기 시기이다. 비록 가진 것이 없다고 할지라도 꿈과 열정이 있고, 모든 가능성이 열려 있기 때문에 늘 푸르고 아름답다. 누구나 한 번쯤은 자신의 인생을 극대화(Possible Self)할 수 있다고 여긴다. 중학교 2학년 5명에게 '꿈'이 무엇이냐고 물어보았다. 5명 모두 '행복해지는 것'이라고 답했다. '행복하기 위해서는 무엇이 필요한가?'라고 물어보니, '내가 되고 싶은 것을 하는 것이다.'라고 답했다. '되고 싶은 것이 무엇이냐?'라고 물어보니 PD, 컴퓨터 게임 프로그래머, 로봇과학자 등이었다.

스마트 세대

우리나라는 OECD 국가 중 최고의 인터넷 사용 국가이다. 청소년 인구의 99.6%가 디지털환경에서 태어나 성장한 '디지털 네이티브'로 나타나 세계에서 가장 높은 인터넷 사용수준인 것으로 나타났다. 세계 최고의 인터넷 공화국 못지않게 인터넷 중독문제도 심각하다. 패배의식에 젖어있는 청소년, 희망을 찾을 수 없는 청소년, 무기력에 빠진 청소년들은 인터넷게임의 사이버 세계에서 영웅, 주인공, 정복자, 폭력자, 전능자로 자기만의 세계에 빠져든다.

청소년들은 스마트폰 등 정보통신기술을 활용하여 정보를 공유하는 것은 기본이고, 이전과는 다른 심리·정서적 교류를 통해 관계를 확인하며 네트워크 지배력을 확보하려 한다. 시대는 인간과 사물, 산업과 산업 간의 연결뿐 아니라 반은 현실세계(Physical World), 나머지 반은 가상세계(Virtual World)에 살면서 가치를 창출하도록 요청하고 있다.

'어린이리더 스쿨' 프로그램에서 조원 중 한 명이 맡겨진 과제는 하지 않고 스마트폰을 갖고 딴짓을 하고 있다. 그러면서 "선생님! 핫스팟(Hot Spot) 켜주세요", "데이터 좀 주세요!"라고 조른다. 그러자 다른 친구들도 합세하여 "선생님! 데이터 좀 주세요!"라고 조른다. "지금 과제할 시간인데, 스마트폰 하면 안 돼!"라고 거절하니 안색이 변한다. 그날 저녁 학생들이 왜 데이터를 주길 원하는지 이유에 알아 다음 주에 핫스팟을 켜주니 조원들이 내 주위를 따라다녀 사이좋게 지내게 되었다.

청소년세대는 후기 지식정보사회를 넘어 꿈의 사회로의 전환과정에 있는 사람들이다. 스마트기술의 영향이 좋은 의미에서든 나쁜 의미에서든 이들의 사고와 감정 및 행동에 깊은 영향을 미치고 있다. 자녀에게 '인터넷을 하지 마라.', '컴퓨터를 하지 마라.' 라고 말하기보다 현명하게 정보기술을 사용할 수 있는 지혜를 가르치는 것이 더 현실적이다.

위기의 세대

청소년이 사회에 진출하게 될 10년 후는 글로벌 금융위기, 경기침체, 저출산 등에 따른 구조적 저성장, 과도한 복지 및 보호제도, 고비용·저효율 교육제도, 과도한 국가부채 등이 더욱 심화되고 고실업에 따른 고용절벽으로 인해 2030세대를 위한 좋은 일자리는 더욱 줄어들어 지구촌의 젊은이들은 만성적인 취업난으로 몸살을 앓고 세대 간 기득권 싸움까지 치열하게 진행될 것으로 예견된다. 세계경제포럼(WEF)은 1980~2000년에 태어난 세대를 '위기의 세대'라고 지칭하면서 장기적인 관점에서 글로벌 경제의 발목을 잡을 수 있는 요인으로 지목했다.[6] 일하는 청년층이 줄어들어 고용률이 떨어지면 경제발전의 성장 동력도 훼손될 수밖에 없고, 이는 역으로 청년들의 삶을 더욱 옥죌 것이다. 사람들이 희망만을 이

...

6) 서울경제, 2014. 7. 2.

야기하기에는 너무나 암울한 현실이 다가온다. 요동치는 환경과 상황은 청소년들의 미래에 깊은 시련이자 기회의 장으로 다가온다.

미치도록 아픈 세대

청소년의 사춘기는 신체적·정서적·정신적 변화기이다. 이러한 심리적 격동기를 청소년 심리학의 아버지라 불리는 그랜빌 스탠리 홀(G. Stanley Hall)은 '질풍노도의 시기'라고 말했다. 성인이 되기 위해 신체적으로 급속히 성장하며, 정신적으로 '나는 누구인가?', '어디로 와서 어디로 가는가?', '왜 사는가?', '내게 가치 있는 것은 무엇인가?', '무엇을 하며 살아야 하는가?', '어떻게 살 것인가?' 등으로 자신의 정체성과 인생의 근원적 문제에 대해 질문하고, 심리적으로 부모의 품을 벗어나 새로운 내면적 유대관계를 갖고자 한다.

청소년의 내면은 권위적인 부모, 진로, 과중한 학업과 저조한 학업성적, 교우관계, 외모, 성격문제 등으로 어쩔 수 없는 무력감·수치심·죄책감, 상대적 박탈감, 불안감, 염려, 낮은 자존감, 자신감 결여 등으로 우울하다. 남학생은 학업에, 여학생은 대인관계에 고민이 많다. 초·중·고교 시기 가운데 중학 시절 정체성이 가장 불안하고 사춘기 청소년의 이상 징후가 가장 두드러지게 발생하여 '중2병'이라고 불린다.[7]

・・・

7) 서울신문, 2014. 3. 22.

우리 사회는 청소년들이 건강하고 행복하게 자랄 수 있도록 가만히 놔두지 않는다. 부모와 학교와 학원과 입시제도는 공모하여 아이들을 깨어지기 쉬운 유리공으로 만들어가고 있다. 청소년의 행복감은 세계 최하위이고, 우울증과 자살률은 세계 최고다. 청소년들이 어떠한 어려움도 극복해 낼 수 있는, 역경을 이겨내는 마음의 근력, '회복탄력성'을 키워 탄력 있는 고무공으로 만들어주어야 한다.[8]

미친 존재감

아이돌그룹 빅뱅(Big Bang)의 『세상에 너를 소리쳐!』(2009)는 현실의 벽에 좌절된 자신들의 희미한 존재감을 찾기에 갈구하는 청소년들에게 큰 반향을 일으켰다. 발달과정에서 보면 청소년들은 타인과의 만남 속에서 자신의 존재 확인과 삶의 위치 매김을 갈구한다. 자신의 존재감을 충만히 느낄 때 행복을 경험한다. 학업이나 진로문제, 교우관계, 외모, 성격, 가정문제 등은 청소년을 왜소하게 만들고, 우리 사회의 높은 불안정성은 심리적으로 더욱 불안하게 한다. K-pop에 열광하고 있는 것도 미친 존재감을 확인하고자 하는 몸부림이다. 청소년의 낮은 존재감은 대학 진학 후에도 고스란히 남아있다. 수백 명의 대학 1학년을 상담한 결과, 학생들이 가장 원하는 것은 '인정받고 칭찬받는 것'이었다.

...

8) 김주환, 『회복탄력성』, 위즈덤하우스, 2015, pp.18~19.

억눌려 있는 청소년들이 노래를 부르지도 춤을 추지도 않고 심지어 어떤 일에도 열광하지 않는다면 감정적으로 죽어 있는 것이다. 감성적 자극이 필요로 하는 이 시기에 그들에게 필요한 것은 강한 자극이 있는 음악이다.

청소년들은 자신이 누군가에게 소중한 사람이고, 진심에서 우러나오는 '네가 최고다!', '자랑스럽다!'라는 자긍심을 심어주는 말을 듣고 싶어 한다. 든 사람, 된 사람보다 '난 사람'이 되어 한 번쯤 자신도 '세상에 태어났다'라고 하는 소리를 지르고 싶어 하는 미친 존재감을 갖고자 하는 것은 자신을 발견하길 원하는 깊은 내면의 의식이 발현된 가녀린 몸짓은 아닐까?

빚어져 가는 질그릇

제자인 자공이 물었다. "저는 어떤 사람입니까?" 공자께서 말씀하셨다. "너는 그릇이다." "어떤 그릇입니까?" "너는 호련[9]이다."

— 『논어』, 「공야장」

진로를 고민하는 청소년은 '지금', '여기서' 다듬어지고 있는 질그릇과 같다. 제각기 모양과 색깔이 다르고 용도가 다르다. 큰 그릇으로 빚어지기도 하고, 작은 그릇으로 빚어지기도 한다. 다채로운 색깔로 무늬가 입

...

9) 종묘에서 사용되는 제기그릇. '훌륭한 인재'를 의미한다.

혀지기도 하고 투박한 모습으로 만들어지기도 한다. 농부의 밥상에 오르기도 하며, 임금의 수라상에 올려지기도 한다. 작은 그릇이라도 얼마든지 가치 있고, 맛있는, 아름다운 향기를 풍기는 것으로 채울 수 있다.

청소년은 다른 학생들과 학업성적, 외모, 가진 것 등을 비교하여 자신을 판단하고 가치를 폄하할 것이 아니라 자신만의 소중한 가치부여를 통해 마음의 중심에 높은 자존감으로 채워나가야 한다. 그러나 진정한 무언가를 담을 수 있는 쓸모 있는, 온전한 그릇으로 만들어지기 위해서는 뜨거운 시련을 겪어야 한다. 진로에 대한 고민도, 진로목표를 향해 나아가는 과정에서 맞부딪치게 되는 실패도 이러한 연단의 과정이요, 성숙으로 나아가는 계기이다. 고난과 역경은 자신의 존재가치와 사명을 발견할 수 있도록 이끈다.

그렇다면 청소년들을 에워싼 환경은 어떠한가? 이 시대의 지배적인 문화와 가치체계는 그들의 가치와 사고 및 행동에 지대한 영향을 미치고 있다. 여기에는 개인주의, 황금만능주의, 학력절대주의, 외모지상주의, 성취지상주의 등이 있다.

개인주의

　개인주의는 개인을 중시하는 특성으로 싫고 좋음에 대해 자신의 의견을 솔직하게 표현하며 사회발전을 위해서는 다양한 의견이 존재해야 한다고 믿는 등 개성과 다양성을 존중하는 것이다. 개인의 자유를 존중하되 그에 합당한 책임을 기꺼이 지고자 한다. 민주주의가 발달하여 감에 따라 자율성, 다양성과 개성 및 창의성을 존중하는 차원에서 개인주의가 발달할 필요가 있다. 그러나 한 가정 한 자녀로 자라난 청소년은 이 사회의 성취지상주의의 영향과 함께 자기만을 아는 이기주의로 점차 빠져들어 가, 집단이나 공동체의 가치나 유익보다 개인적 가치와 이익을 더 중시하는 폐단을 낳고 있다. 강남의 ○○학원에 다니는 K가 있었다. 친구인 B는 K가 다니는 학원에서 수학과목을 잘 가르친다는 말을 듣고 교재를 좀 보여줄 수 없겠느냐고 물었다. 그 말을 듣고 K는 학원명과 선생의 이름이 적혀 있는 앞 페이지는 떼어내고 B에게 교재를 보여주었다.

　온전한 인격을 이루는 것과 높은 성취를 이루는 것은 동전의 양면과 같다. 청소년들은 학업에 대한 지나친 성취욕구와 이기주의로 인해 주변 친구에 대한 배려와 인내가 부족하다. 지나치게 성취만을 향해 달려온 결과 성장하여서도 인간성이 결핍되어 조직이나 공동체의 일원으로서 조화를 이루며 사는 것이 힘들다.

　대입 수시 학생부종합전형 인성면접에서는 자기소개서, 봉사활동, 학생부종합의견, 교사추천서, 기타 서류를 통하여 공동체생활에 기본이 되는 배려, 나눔, 협력 등 인성과 공동체 의식을 점검하려고 노력하고 있다.

황금만능주의

전국 초·중·고등학생 2만 1천 명을 대상으로 발표된 청소년 정직지수 조사 결과에 따르면,[10] 고등학생 응답자의 47%가 '10억 원이 생긴다면 감옥에 가도 괜찮다.'고 답했다. 앞서 살펴본 돈이 행복의 관건이라고 하는 청소년들에 대한 의식조사 결과를 보면 알 수 있듯이 물질적 가치관이 청소년들의 삶의 가치를 지배하고 있다. 이 시대를 지배하는 사상은 더 이상 전통 있는 철학이나 고매한 이상주의가 아니다. 돈이 인생의 최고의 성공지표이다. 당연한 결과로 따뜻한 인간성과 삶을 사는 데 소중한 비금전적인 가치들이 점점 가치를 잃어가고 있다. 청소년들이 원하는 것과 같은 '화려한 인생'을 살려고 한다면 훨씬 더 많은 돈을 벌어야 할 것이다. 그렇지 못한 현실에 접했을 때 더 많은 박탈감과 무력감 그리고 불행을 느낄 것이다.

학력절대주의

우리 사회에서 자녀들의 성공을 가늠하는 잣대는 일류대학 진학이

...

10) 연합뉴스, 2013. 10. 10.

다. 직장인들을 대상으로 '당신이 다시 산다면 가장 바꾸고 싶은 것이 무엇입니까?' 라는 질문에 1순위는 '대학'이다. 서울에 사는 젊은 남성들은 우리 사회의 차별요인으로 교육수준(34.4%)을 소득수준(25.2%), 직업(14.4%), 외모(7.8%)보다 더 높게 꼽고 있다.[11]

어느 대학을 나왔느냐가 평생을 따라다니며 자신을 평가하는 잣대가 되고 있는 우리 현실을 잘 알고 있는 부모들은 자녀들을 조기 교육의 틀 속으로 몰아넣는다. 국제중, 선발형 고교(과학고, 외고, 자사고), SKY 등 소위 KS마크를 찍기를 원한다. 명문대 진학을 위해 '부모'보다 '학부모'가 되라고 억압하는 사회 분위기 속에서 부모들의 욕망만을 탓할 수 없다.

어린 청소년들의 꿈과 희망은 매우 높다. '어린이리더 스쿨'에서 초등학교 6학년에서 중학교 2학년을 대상으로 '미래 비전과 진로 희망 대학교' 등을 묻는 시간에 발표하러 나온 9명의 학생 중 2명은 하버드대학교, 1명은 프린스턴대학교, 나머지 6명은 모두 서울대학교에 갈 계획이라고 말했다. 이들이 대학을 가는 목적이 의사, 변호사 등 고소득 전문 직종으로의 진출을 통해 인정받고 특권을 누리고자 하는 것이라면 부모의 기대와 시대조류에 편승한 소지가 다분하다. 자사고 진로부장교사의 말을 빌자면, 자사고 졸업생의 재수율이 일반고보다 훨씬 높다고 한다. 학생이나 학부모가 처음 결정한 대학교에 반드시 들어가려 하기 때문이라는 것이다.

우리의 교육제도는 한마디로 학생들을 한 줄로 나란히 세워 상위 5%만 우승한 자(Winner)로 만들고 그 나머지는 패배자(Loser)로 규정짓는 시스

...

11) 세계일보, 2015. 6. 13.

템이다. 이들 상위 5% 학생들조차도 스스로를 상대적으로 패배자로 여겨 행복하지 않다. 낙오되지 않기 위해 청소년들은 끊임없이 계단을 오르고 있다. 지금 오르지 않으면 도태된다는 두려움만 남아 있다.[12]

옆 친구를 제치지 않으면 살아남기 힘든 우리 현실에서 어린 가슴에 분노와 경쟁심 그리고 좌절감만 안겨준다. 이런 분위기 속에서 소위 '행복'을 논한다는 것은 사치스러운 것으로 여겨진다. 청소년 모두가 피해자이다. 기성세대와 이 사회가 정해 주는 행복의 조건을 찾아가는 것이 아니라 다양성이 존중되는 사회에서 개성 있는 일을 통해 자신만의 행복을 찾아가는 노력이 필요하다.

---

12) 패자부활지수와 관련, '한 번 실패하면 다시 일어서기 어렵다.'는 부정적인 의견이 다수(65.1%)이다. 열심히 일해도 지금보다 더 나은 계층으로 올라가기 어렵다.'는 부정적인 인식도 다수(77.3%)이다. 한귀영, "이 땅에서 청년으로 산다는 것: 청년의식조사로 본 한국사회의 현재와 미래"(전국 1,500명 19~34세 청년 대상 온라인의식조사결과), 한겨레경제사회연구원 개원심포지엄자료, 2015. 8. 18, pp.24~25.

외모지상주의

 연예인들의 전유물이었던 성형 열풍이 청소년들 사이에서도 거세게 불고 있다. 방학이 되면 성형외과에는 '얼짱'이 되고 싶은 10대들의 문의 전화가 잇따른다. 성형수술을 바라보는 청소년들의 시선은 갈수록 긍정적으로 변하고 있다. 최근 조사에 따르면,[13] 서울 소재 15~19세 남성 청소년 중 49.4%는 외모를 가꾸기 위해 성형할 수 있다고 응답했다. 이는 2007년의 32.4%보다 훨씬 늘어난 수치이다. 청소년들은 외모를 사회에서 차별받는 주요 요인으로 꼽았다. 이 같은 현상은 '성형 공화국'이라고 불리는 우리 사회의 외모 지상주의 풍조가 낳은 결과이다. 외모가 빼어난 아이돌그룹 멤버들은 노래뿐 아니라 TV 연속극에서도 주인공으로 주가를 높이고 있다. 미래가 불안하고 두려우며 공허하기만 한 청소년들은 특히 이상 모델을 추종하기 쉽다. 아름답기 위해 변신하는 것은 무죄이다. 이들은 오늘도 나비가 되어 훌훌 나는 환상을 꿈꾼다.

• • •

13) 아주경제, 2014. 7. 17.

성취지상주의

한때 TV에서 유행했던 말이 있다. '1등만 기억하는 더러운 세상!' 청소년들은 가끔씩 스스로 자조하면서 이 어구를 되뇌곤 했을 것이다. 청소년 모두는 No.1이 되길 원하지만 모두가 No.1이 될 수는 없다. 그렇지만 청소년들은 지금 이 순간에도 뒤처지지 않기 위해 무한경쟁의 트랙 속에 자신을 몰아넣는다.

자기가 보기에도 땅덩어리가 쥐꼬리만큼밖에 되지 않는 한국에서 그래도 수많은 사람들이 잘 먹고 잘사는 것을 신기하게 여겼던 어느 외국인이 동행한 한국 지인에게 "한국 사람들은 어떻게 해서 이렇게 잘 먹고 잘살고 있어요?"라고 물었다. 그러자 그 지인이 "서로 살을 뜯어 먹고 살고 있지요"라고 답했다.[14]

고교현장은 대학입시를 준비하는 정교한 기계를 만들어내는 진학의 열기로 가득 차 있다. 청소년마다 관심과 강점이 다름에도 불구하고 공부라는 경쟁에서 이겨야만 인정을 받는 사회 분위기 속에서 매몰되어 있다. 학교장 등 학교관리책임자도, 담임선생님도, 진학·상담교사도 상위권 대학에 한 명이라고 더 입학시키는 것을 지상과제로 여기고, 이 순간 교문 앞에 합격자 명단이 가득한 플래카드를 높이 들어 올리기를 열망한다. 성취지상주의로 인해, 사랑과 의미로 연결되고 무조건적인 관심과 지지로 격려되어 건강한 자존감과 내적동기 유발을 통해 행복하게 자신

...

14) 최종태 서울대학교 명예교수 특강.

의 삶을 영위해 나갈 수 있도록 해 주어야 할 부모와 자녀와의 관계도 목적 지향적으로 바뀐 지도 오래다.

> 3년만 죽었다고 생각하고 공부해서 서울대에 들어가!
> 그러면 30년의 탄탄대로가 펼쳐져!

성취주의 무한경쟁의 과정이 끝나지 않는 한 참된 행복과 즐거움을 결코 느낄 수 없다. 대학에 입학하여도 학점을 잘 따서 취업을 잘할 방법에 대한 고민만 있지 정작 '왜'에 대해 생각할 기회가 없다. 고전이나 인문학에 대한 관심도 창의성이라는 이름으로 다가온다.

2014학년도 대학 신입생 150명을 대상으로 상담한 결과, 전공과 적성과 관계없이 취업이 잘되기 때문에 부모와 담임선생님의 권유로 입학한 학생들의 수가 훨씬 증가했다. 이들은 입학해도 취업에 대한 고민이 많은 반면, 진로에 대한 비전이나 열정이 없고 적성도 맞지 않아 대학생활이 힘들다.

학력절대주의, 성취지상주의는 비교를 당연시하고 상대적 우위를 만들어낸다. 자기보다 더 잘하거나 탁월한 학생이 나타나면 금방 주눅이 든다. 대학을 졸업하고 사회에 나와서도 이러한 삶은 연장된다. 낮은 자존감, 패배의식 그리고 불안과 두려움으로 영원히 자유를 누릴 수 없다. 어느 누가 청소년들에게 누구나 주어진 현실의 벽을 뛰어넘어 아름다운 꿈을 꿀 수 있고 당당하게 그 꿈을 향해 오늘도 나래를 펴 날아갈 수 있고 또 날아가야 한다고 말해 줄 수 있을 것인가?

행복한 일

청소년들은 이제 인생의 일모작을 진행 중이다. 그 일모작이 성공적이어야만 인생의 이모작을 시작하기에 앞서 놓여 있는 그 길, 바로 '가지 않은 길'을 보면서 후회하지 않을 것이다. 어떻게 하면 평생에 걸쳐 행복한 일이 될 수 있을까? 첫째, 건강한 근로의식을 가져야 한다. 둘째, 일을 행복하게 하는 조건들이 충족되어야 한다.

건강한 근로의식

건강한 근로의식은 첫째, 자기 자신이 누구인지를 알고, 자신의 존재가치에 합당한 일을 발견하여, 일을 통해 자신의 잠재능력을 최대한 끌어내려고 노력할 때 함양된다. 청소년이 건강한 정체성을 갖게 되면, 자신이 속한 그곳에서 일을 포함한 자신의 모든 행위가 존재목적과 의미를 실현하는 방향으로 나아가고자 노력한다. 자기 자신을 발견하고, 세상에 태어난 이유를 알아 부름 받은 곳에서 자신에게 맡겨진 그 일을 최대한 잠재능력을 발휘하여 성취하고자 하는 소명의식을 가진다. 이러한 삶은 적성이나 재능에 따라 살고자 하는 삶보다 더 차원 높고(High Road) 풍요로우며 질적으로 가치 있는 삶으로 이끈다.

옛날 어느 나라에 큰 성을 만들고 있었다. 하루는 왕이 성을 쌓기 위해서 고생하는 백성들을 위로하고 격려하기 위해 공사 현장을 찾았다.

왕은 힘들어하는 석공들을 찾아다니며 수고한다는 말과 함께 세 사람의 석공에게 이런 질문을 했다.

"자네는 무슨 생각을 하면서 바위를 다듬어서 돌을 만드는가?"

첫 번째 석공은 "나라에서 일을 하라니까 마지못해서 합니다."라고 말했다.

두 번째 석공은 "일을 하면 돈을 주니까 그걸로 먹고살려고 합니다."

세 번째 석공은 "저는 아름다운 성을 쌓는 데 한몫을 한다는 마음으로 일하고 있습니다."[15]

매일 반복되는 학업이 강요에 의한 의무감으로, 먹고 살기 위한 수단을 얻기 위해서라기보다, 자신의 꿈을 성취하고 다른 사람들에게 기쁨을 주며 긍정적인 영향을 끼칠 수 있을 것이라는 사실에 대해 보람을 가진다면, 자신과 주변 사람에게 기쁨을 주는 것은 물론 자아실현에도 많은 도움이 될 것이다. 이것이 행복한 사람이 가진 프레임이며 세상을 바라보는 관점이다. 돈과 생계만을 위해 일하지 않고 자신의 성장과 이웃에 기쁨이 되기 위해 일할 때 진정한 성공과 행복을 느낄 수 있다.

둘째, 정직과 근면·성실로 땀 흘린 노동을 통해 부를 축적해 가려는 근로정신을 가져야 한다. 서구 유럽 국가들의 엄청난 부의 축적에 대해 연구한 바 있는 막스 베버(Max Weber)는 『프로테스탄티즘의 윤리와 자본주의 정신』에서 그 원인을 '근면과 성실'에 찾고 있다. 이처럼 정직과 근면·성실로 땀 흘린 노동을 통해 부를 축적해 가려는 근로정신이 중요한데, 청소년에게 '돈'이 행복을 결정하고 성공의 가장 강력한 척도가 되고

...

15) http://blog.naver.com/moonipse

있다면, '일을 한다는 것'에 대한 주관적 의미는 경제적인 이유 이상으로 받아들여지지 않게 되고 더 이상 공동체의 이상가치나 거룩함, 최고의 정신적 문화 가치와 직접적인 연관을 가질 수 없게 된다. 이렇게 되면 사람들은 일을 하는 것에서 의미를 찾거나 일을 성실하고 책임 있게 해 나가는 것에 대해 정당성을 부여하기 어렵게 된다.

일을 행복하게 만드는 조건

행복한 일의 의미를 고려할 때 구체적으로 일과 관련하여 어떻게 해야 행복할 수 있을까?

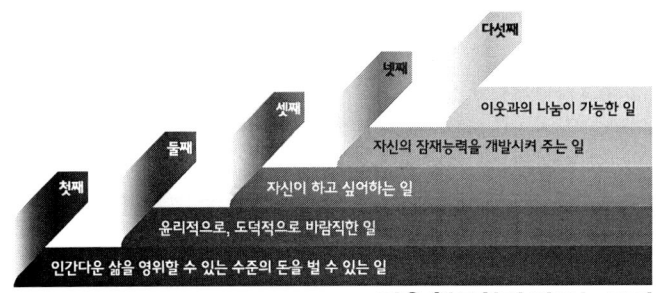

일을 행복하게 만드는 조건

첫째, 사회적 동물로서의 인간은 누구나 '사회적·경제적 삶을 유지하는 데 필요한 최소한의 인간다운 삶'을 영위할 수 있는 수준의 돈을 벌 수 있는 일(직업)이 있어야 한다. 우리는 노동한 대가로 임금을 받는데 이는 땀 흘려 벌어들인 돈이요, 소득이다. 이 돈은 자신과 가족의 최소한의 인간다운 삶을 살기 위한 기초가 된다. 요즘 많은 청소년들이 화려하고 멋진 인생을 살고 싶어 한다. 인생의 멋을 마음껏 부리고 싶다면 돈이 많아야 한다. 돈을 많이 벌기 위해서라도 공부를 열심히 할 필요가 있다. 잘할 수 있는 일을 발견하고 잠재가능성을 발현하여 높은 생산성을 낼 수 있어야 많은 돈을 벌 수 있다.

무용수는 화려한 무대 위에서 가슴 뛰는 희열로 존재감을 갖고 일하지만 1% 정도만이 생계유지가 가능하다. 나머지는 생계를 유지하기 위해 두세 가지 일(Two Jobs, Three Jobs)을 하고 있다.[16]

둘째, 생계를 유지하기 위해서라면 무슨 일이든 할 수 있겠지만 기본적으로 직업이라고 할 때는 윤리적이면서 도덕적이어야 한다. 근면과 성실, 수고와 땀을 들여 돈을 벌지 않으면 로또 당첨처럼 요행을 바라게 되거나 그렇지 않으면 다른 사람들이 벌어들인 돈을 사취하거나 갈취하는 불법을 저지르게 된다. 영화 '친구'에서 나오는 조폭생활이 비록 생계유지수단으로 불가피하다고 할지라도 사회적으로 바람직하지 않다.

셋째, 지금 하고 있는 일이 자신이 하기 원하고 활기차며 가슴 뛰게 하는 일이어야 한다. 돈은 필요조건이지만 충분조건이 아니다. 일을 하는 이유가 오직 돈을 벌기 위한 수단이 되면 그 일이 하기 싫어지고 죽지 못해 어쩔 수 없이 하게 되는 고된 노동이 된다. 따라서 일 자체가 목적이 되고 자신을 즐겁게 하고 기쁘게 해 주는 것이어야 행복하게 일할 수 있다. 불행하게도 '내 생각에는 무엇을 원하는지 항상 알 수 없다는 게 문제다.'(다니엘 길버트)는 말처럼 청소년들이 그것을 잘 알 수 없다는 것이 문제

• • •

16) 세계일보, 2014. 6. 28.

이다. 그러나 열정과 목적이 맞는다면 그것은 내가 하고 싶은 일이다.

> 음악은 제가 평생 하고 싶어 하던 모든 것이에요. 전 지금 세상에서 최고로 행복한 사람이 된 기분이에요. 자신이 너무 갈망하고 동경해 '이걸 위해 산다'라고 말해왔던 일(음악)에 어마어마한 열정으로 시간과 노력을 쏟아 부었는데, 그게 마침내 사람들에게 인정받고 보답을 받는 것을 제 눈으로 직접 확인하게 된다는 건, 정말 세계 최고로 행복한 일이잖아요?[17]
> - 아리아나 그란데, 가수 · 영화배우

많은 구직자가 부러워하는 교사, 공무원, 대기업 사원일지라도 단지 돈을 벌기 위해서 일한다면 그 일은 고통이고 기쁨이 되지 않는다. 아무리 작은 일일지라도 그것을 노동으로 생각하면 수고로운 것이고 기쁨으로 여기면 즐겁게 된다. 지금 하고 있는 일이나 학업이 전혀 즐겁지 않다면 시간을 내어서라도 그 이유를 따져 보아야 한다. 물론 지금 하고 있는 일을 당장 그만두고 무조건 하고 싶은 일을 하는 것은 위험하고 무모한 짓이다.

넷째, 미래의 직업은 자기가 좋아하는 일일 뿐 아니라 평생에 걸쳐 자신의 잠재능력을 최대한 개발시켜 줄 수 있는 일이어야 한다. 한창 자라가고자 하는 청소년에게 지금 하는 일이 성장의 기회가 되는지가 그 일을 즐겁게 지속하게 만드는 중요한 요소가 된다. 청년들이 중소기업에서 조기 퇴직하는 큰 이유 중 하나가 발전가능성 때문이다. 자신의 잠재능

---

17) http://blog.cosmopolitan.co.kr/220167307949

력을 최고로 끄집어낼 기회가 주어지고, 도전적이고 창의적인 일을 경험해 봄으로써 자긍심이 생겨나고 깊은 몰입을 통해 탁월한 성취를 냄으로써 자아성취로 나아갈 수 있다.

다섯째, 일을 통해 궁극적으로 나눔이 있어야 한다. 행복한 일은 개인적인 성취뿐 아니라 사회적으로 유형·무형의 봉사와 연결되어야 한다. 내가 하는 일이 나 자신을 초월해서 사회를 밝히고 많은 사람들을 이롭게 하는 것은 건강한 공동체를 만들어 나가는데 의미 있는 일이다. 좋은 직장, 높은 보수의 지위는 사회적 인정을 받고 또 자신이 그것을 누릴 수는 있지만 다른 사람에게 나누어 줄 수는 없다. 이웃에 대한 사랑과 봉사는 자신이 가지고 있는 것(재물, 시간, 능력, 마음, 몸 등)을 다른 사람과 나누게 함으로써 자아완성에 이르게 한다. '주지 못한 것은 모두 잃는 것이다.' (All that is not given is lost)라는 타고르의 말처럼, 자신의 일생보다 더 오래 남겨질 무언가를 위해 일할 수 있도록 자신의 가진 것을 쓸 수 있어야 한다. 이처럼 경제적 기초 위에 타인의 삶에 도움을 주기도 하고 사회에 공헌도 하며 사회발전에 기여하게 됨으로써 사회적 관계에서 성숙을 이루어 갈 때 우리의 삶은 행복하고 더 풍성해져 가게 된다.

전통적 교육관은 학창시절의 행복을 미루어가면서 공부에 전념해야 한다고 가르쳤다. 그러나 앞으로의 교육관은 즐겁고 재미있게 공부하면서 행복한 미래를 이룰 수 있다는 긍정적인 심리를 갖게 하는 것이다. 심리치료사인 티에리(Thierry Janssen)는 행복이 유전적인 요인 50%, 외부적 요인 10%, 본인의 노력 40%로 구성된다고 말한다. 청소년들은 지금 이 순간 행복하다고 결단하면 얼마든지 행복할 수 있으며 그 행복감은 노력으로 얼마든지 증진시킬 수 있다.

생각해 보기

1. 당신은 인생은 어떠한 길이라고 생각하십니까?
2. 당신은 현재의 삶에 대해 만족하십니까?
   그렇지 않다면 어떻게 하면 만족할 수 있겠습니까?
3. 당신은 장차 어떠한 사람이 되고 싶습니까? 그 이유는 무엇입니까?
4. 당신이 생각하는 행복에서 일이 어떠한 역할을 한다고 생각하십니까?
5. 당신이 지금 하고 있는 일(학업)이 힘들다고 여겨지십니까? 힘들다면, 그 이유는 무엇이라고 생각하십니까?
6. 당신은 지금 하고 있는 일(학업)이 즐겁습니까? 그렇다면 그 이유는 무엇이라고 생각하십니까?
7. 일(학업)을 하는 목적은 무엇입니까?
8. 일(학업)을 할 때 어떠한 자세와 태도가 필요하다고 생각하십니까?
9. 당신이 생각하는 행복한 일은 무엇입니까?

PART

2

진로와 진학

고뇌하면서 길을 찾는 사람,
그것이 참된 인간상이다

B. 파스칼

인생의 가장 행복한 고민

노란 숲 속에 길이 두 갈래로 났었습니다.
나는 두 길을 다 가지 못하는 것을 안타깝게 생각하면서,
오랫동안 서서 한 길이 굽어 꺾여 내려간 데까지,
바라다볼 수 있는 데까지 멀리 바라다보았습니다.

그리고 똑같이 아름다운 다른 길을 택했습니다.
그 길에는 풀이 더 있고 사람이 걸은 자취가 적어,
아마 더 걸어야 될 길이라고 나는 생각했었던 게지요.
그 길을 걸으므로, 그 길도 거의 같아질 것이지만.

그 날 아침 두 길에는
낙엽을 밟은 자취는 없었습니다.
아, 나는 다음 날을 위하여 한 길은 남겨 두었습니다.
길은 길에 연하여 끝없으므로
내가 다시 돌아올 것을 의심하면서…….

훗날에 훗날에 나는
어디선가
한숨을 쉬며 이야기할 것입니다.
숲 속에 두 갈래 길이 있었다고,

나는 사람이 적게 간 길을 택했다고.
그리고 그것 때문에 모든 것이 달라졌다고.

- R. 프로스트, 「가지 않는 길」

    청소년들이 안고 있는 고민 중 진로에 대한 고민이 가장 크다. 실제로 많은 청소년들이 성장하고 잠재력을 발현하기 위해 인생의 방향에 대해 고민하고 있는데, 진로 고민은 한 번뿐인 자신의 인생을 어떻게 하면 가장 가치 있게 보낼 것인가에 대한 고민이기에 더 심각하게 다가온다. 설혹 진로를 선택했다고 하더라도 R. 프로스트의 「가지 않는 길」에서와 같이 그것이 과연 바람직한가에 대한 의문과 함께 그 결과의 불확실성으로 인해 불안해한다. 진로 고민은 인생의 진정한 가치 실현에 대한 고민이기에 행복한 고민이다. 그러므로 풍요로움 가운데 진로에 대해 아무 생각 없이 그냥 살아가거나 대충 살려고 하는 것은 더 큰 문제이다.

진로 문제와 주체성

    청소년이 진로 고민을 해결하는 가장 좋은 방법은 진로와 관련하여 모든 여건이 저절로 주어지는 것이다. 자신이 나아가고자 하는 길에 필요한 자원이 충분하고 모든 것이 자기 뜻대로 손쉽게 성취되는 경우이다. 실패도 패배도 없는 환한 태양이 비추는 탄탄한 대로의 인생을 살 때는 세상에 바랄 것이 아무것도 없다. 비현실적인 세계를 소원하는 꿈을 가질 필요도 없고 달빛 같은 조그만 소망의 빛을 따라갈 필요도 없다. 그러나 누군가 떠 먹여주어서 그렇지 않으면 저절로 주어지는 것을 갖는 것은 그 가치의 소중함을 알기 어렵고 또 시간이 지나면 저절로 사라진다. 자기 것이 되지 않는다. 사람들은 때때로 자신이 만들어 놓은 상황, 즉 자신이 대충 지은 집에서 살아가야 하는 결코 유쾌하지 못한 사실에 스스로 놀란다.

어느 목공이 퇴직할 때가 다가오자 사장이 그 목공에게 말했다.
"이보게, 자네가 퇴직하기 전에 마지막으로 집 1채를 지어 주게!"
그 목공은 퇴직이 얼마 남지 않았기 때문에 대충 집을 지어 사장에게 주었다.
그러자 사장이 말했다.
"이 집은 그동안 회사에 헌신한 자네에게 주는 선물일세!"

대부분의 청소년은 자신이 주인공으로서 스스로 선택하는 진로를 갖고자 한다.

대학 신입생을 대상으로 "당신이 지금 진로에 대해 많은 고민을 하고 있는데, 만약 자신의 삶이 졸업 후 S 기업 취업, 4년 후 대리, 8년 후 과장, 12년 후 차장, 16년 후 부장… 이렇게 된다고 한다면 그걸 선택하기를 원하는가?"라고 물어보면 대부분의 학생이 이렇게 미래가 정해진 삶을 살기 원치 않는다고 답한다.

행복하게 산다는 것은 누군가에 의해 떠밀려서 살아가는 삶이 아니라 자기다운 삶을 스스로 산다는 것을 의미하기 때문이다. 자신이 바라는 것이 무엇이고 그것을 어떻게 구할 수 있고 또 스스로 구하는 것을 멈추지 않는 한 언젠가는 자신만의 아름다운 성을 쌓게 된다.

청소년의 진로에 대한 3가지 자세

진로 문제에 관해 청소년을 첫째, 진로에 대해 아무 생각 없이 살고 있는 학생, 둘째, 마음속에 계획만 가득한 학생, 셋째, 진로목표를 향해 도전하고 있는 학생으로 나누어 볼 수 있다.

첫째 부류	둘째 부류	셋째 부류
아무 생각 없는 학생	계획만 가득한 학생	도전하는 학생
◦ 자신이 하고 싶은 것이 무엇인지 잘 모름. ◦ 자신을 제대로 알지 못함. ◦ 목적의식이 없음.	◦ 자신이 하고 싶은 것이 무엇인지 알고 있지만 하고 있지 않음. ◦ 가정형편, 치러야 할 대가, 의지박약, 핑계, 실패에 대한 두려움이 있음.	◦ 자신이 하고 싶은 것을 알고, 실제로 행함. ◦ 자신을 잘 알고 있음. ◦ 목표 지향적 행동을 함 ◦ 열정이 넘침.

진로선택과 관련한 3가지 질문

자신의 인생을 가치 있게 살아가기 위해 청소년들은 늘 무엇(What)을, 어떻게(How) 할 것인가 생각한다. 그러나 많은 청소년들이 자신이 누구이며, 무엇을 원하며, 어떻게 살아야 할 것인가 라는 질문은 하지 않은 채 성적에 대해 고민하고, 중학교에서 어느 고등학교로, 고등학교에서 어느 대학교로 진학할지를 고민한다. 그러나 진로선택과정에서 항상 떠오르는 질문은 '왜(Why) 이런 선택을 하게 되었는가?', '나 자신을 위해 이러한 선택들이 과연 최상이었는가?', '나 자신의 꿈을 이루는 데 그것이 얼마나 도움이 되는가?'이다.

Why?	What?	How?
올바른 진로목표	평생의 일	준비와 노력
○ 나는 누구인가? ○ 나는 어떤 사람인가? ○ 나는 무엇을 추구하며 살고자 하는가? ○ 어떻게 살고자 하는가? ○ 무엇이 되고자 하는가? ○ 왜 공부해야 하는가? ○ 잘할 수 있는 것은? ○ 즐겁게 하는 것은?	○ 가장 적합한 직업 또는 일은 무엇인가? ○ 직업 선택 시 중요하게 생각하는 가치기준은? ○ 직업 선택에서 고려해야 할 사항은?	○ 고교 및 대학 진학이 필요하다면 어떻게 할 것인가? ○ 고교 및 대학 진학과 원하는 직업과는 어떤 연관이 있는가? ○ 현재의 위치와 여건은? ○ 장애물과 극복방법은?

진로선택 능력 키우기

청소년은 중학교, 고등학교, 대학교로 진학(특성화고교 졸업생 취업 등 제외)하고, 대학 졸업 후 취업함으로써 진로선택의 일차적인 과정은 끝난다. 학업을 통해 사회에서 필요로 하는 지적 능력을 습득하고 공동체 생활에 필요한 인성 및 사회적 관계역량을 습득한다. 이들 중 어느 하나가 결핍되면 균형적인 성장을 이룰 수 없다.

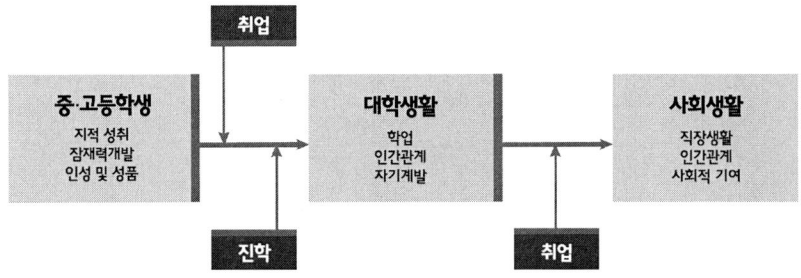

특히 학업수행능력은 청소년이 도전에 대처하고 어려운 문제를 끝까지 해결하려는 의지를 형성시켜 주기 때문에 어린 시절부터 동기부여와 자신감을 형성하기 위해 매우 중요하다. 다양한 역량개발은 진로와 관련한 올바른 질문 내에서 통합·관리되어야 한다. 따라서 청소년들이 행복한 진로를 스스로 개척해 나갈 수 있는 능력을 먼저 길러주는 것이 무엇보다 중요하다. 이 과정에서 중요한 것은 자신에 대한 이해와 바람직한 진로목표와 적합한 직업 및 진로방향에 맞추어 자신이 해야 할 준비와 노력이라고 할 수 있다.

진로선택의 과정

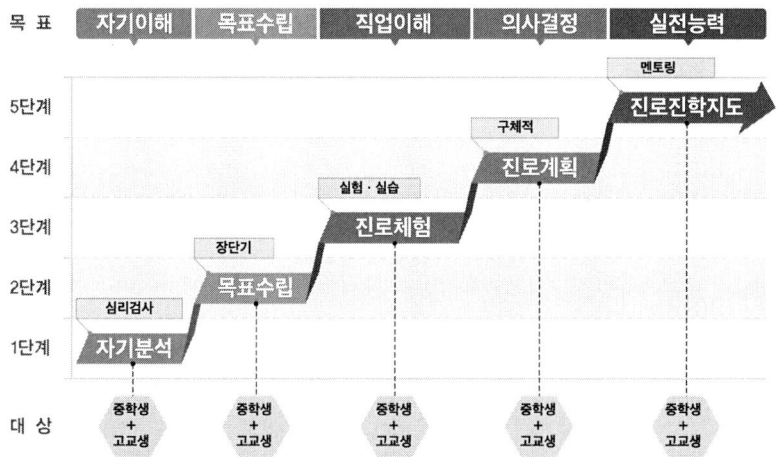

 진로선택은 위와 같이 1. 자기이해 → 2. 목표수립 → 3. 직업이해 → 4. 의사결정(진로계획 확정) → 5. 실전능력 배양(진로준비·노력)의 과정을 거친다.
 진로선택과정이 체계적이고 효율적으로 이루어지면 진로발달은 다음과 같이 전개된다.

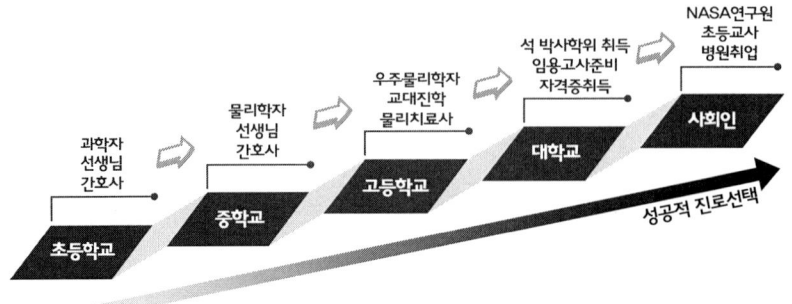

자기 이해

 진로선택과정에서 먼저 해야 할 일은 자기 자신에 대해 이해하는 것이다. 자기 자신을 아는 것은 목적지로 가는 길을 찾고자 지도에서 현 위치를 확인하는 것과 같다. 자기 자신에 대해 잘 알아야 자신이 무엇을 하길 원하고, 무엇을 할 수 있으며, 어떻게 해야 할지 알 수 있기 때문이다. 같은 목적지를 가더라도 내가 원해서 가는 것과 남에게 이끌려 마지못해 가는 것과는 천지 차이다.
 그러나 요즘 청소년들은 개념 없이 사는 경우가 많다.

말을 타고 질주하는 한 남자가 있었다.
바람처럼 달려가는 그를 보고 누군가가 외쳤다.
"어디로 가시오?"

말을 타고 달려가던 남자는 뒤를 돌아보며 목청껏 외쳤다.

"난 모르오! 말에게 물어보시오!"[1]

자기이해의 수준

청소년의 자기이해 수준을 다음과 같이 4단계로 나누어 볼 수 있다.

단계	수준	현상
1단계	뒤 의자에 앉아 있는 사람	○ 대부분의 생활을 부모에 의존함. ○ 부모가 권하는 대학에 진학함. ○ 학업, 진로 등을 여전히 부모가 결정함.
2단계	시키는 대로 운전하는 사람	○ 심리적으로 여전히 부모 품에 있음. ○ 물리적으로 부모 품에 벗어나 있으나 자신의 삶을 어떻게 영위해야 할지 잘 모름. ○ 과외, 학원 등 공부에서 주도적인 학습을 하지 못함.
3단계	어떻게 운전해야 할지 모르는 사람	○ 스스로 자기 인생을 살아야겠다고 생각함. ○ 부모로부터 심리적으로 벗어나 있으나 자기탐색과 이해가 충분하지 않음. ○ 어떻게 사는 것이 가치 있는지, 선택학과가 적성에 맞는지 헷갈려 함.
4단계	원하는 대로 운전해 가는 사람	○ 목표의식이 있고 주도적으로 살려고 함. ○ 대학 진학 전 진로가 명확하고 대학 진학과 함께 준비·실천함. ○ 고도의 자율성을 갖고 활기찬 삶을 영위함.

• • •

1) 틱낫한, 배인섭 옮김, 『지금 이 순간 그대로 행복하라』, 더난출판사, 2011, p.36.

Q. 당신은 어느 단계에 와 있는가?

자기 자신을 이해하기 위해, (1) 자아정체성 확립, (2) 잠재능력 파악, (3) 표준화 된 검사와 상담, (4) 학습과 경험 등의 과정을 밟아볼 수 있다.

자아정체성 확립

정체감 위기

'정체감 위기'라는 말을 만들어낸 발달심리학자인 에릭슨(E. H. Erikson)은 청소년 시기(12~20세)에 가장 중요한 것이 정체성 확립이라고 말했다.[2] 청소년은 한 번쯤 '나는 누구인가?'라는 질문을 하게 되는데, 청소년이 생각하는 '나'란 키·나이·가족관계·학교·학년 등과 같은 눈에 보이는 나와 성격·적성·흥미·가치관·태도 등과 같은 눈에 보이지 않는 나를 포함하고 있다. 이 '나' 즉 자아는 눈에 보이지 않지만 경험이나 인식, 생각의 주체가 된다. 이런 자아가 여러 영역에 걸쳐 통합되어 일관성을 가지게 될 때 자아정체성이 확립된다. 이러한 자아정체성은 취학 전과 초등학교 시절에 습득한 신뢰감, 자발성, 주도성, 근면과 성실 등을 토대로

...

2) 송명자, 『발달심리학』, 학지사, 2010, pp.332~335.

중·고교 시절에 확립된다.

정체성 확립이 중요한 이유는 자기 자신이 무엇을 원하고 좋아하며 잘할 수 있는지 등에 대해 잘 알아야 자신이 진정 원하는 행복을 찾아갈 수 있기 때문이다. 자신을 알고 확신에 근거한 선택은 직업 선택에서 만족과 확신을 갖게 한다. 그렇지 않을 경우, 직업 선택이나 성 역할, 가치관 확립에 혼란이 올 수 있다.

가장 중요한 건 내가 어떤 사람인가, 무엇을 원하는지 아는 겁니다.
— 이인실, 전문직여성 세계연맹 동아시아지역 의장[3]

학생부종합전형 신입생을 대상으로 상담해 보면 자신의 진로에 대해 '막연하다' '잘 모르겠다.'고 하는 학생들이 더러 있다. 자기소개서는 자기 자신에 대한 스토리를 적는 것인데, 자기소개서를 작성할 때 "어떻게 진로계획에 대해 자세히 적게 되었는가?"라고 물어보면, "어떻게 진로에 대해 자세히 알고 쓸 수 있겠어요? 대충 쓸 수밖에 없잖아요!"라고 말한다.

정체성 발견

먼저, '나는 누구인가(Who am I)?'라는 질문을 해 본다.

...

3) 매일경제, 2015. 1. 13.

청소년 시기에 '나는 누구인가?'라는 질문으로 정체성 위기가 시작되는데, 이러한 정체성 탐색과 혼미를 경험한 후에 정체성이 확립된다. 정체성 발견이 중요한 이유는 청소년이 다른 사람이 무슨 생각을 하든, 무엇을 말하든 스스로를 가치 있는 존재로 생각하고 행동하기 원하기 때문이다. 독특하고 개별적이며 존귀하고 사랑스러우며 자유로운 청소년의 '나'는 내적으로 그리고 외부세계에 대해 책임 있게 반응하면서 성장하고 성숙해 가고자 한다. 청소년이 평생에 걸친 자신만의 일을 선택한다는 것도 삶에 대해 책임을 지겠다는 의미이다.

정체성은 영어로 아이덴티티(Identity)로 표기되는데, 이는 무엇과 자신을 동일시한다는 말이다. 남자 어린아이가 자신을 남성(남자)과 동일시하고 여자 어린아이가 자신을 여성(여자)과 동일시하는 것을 성 정체성이 확립되어 있다고 말한다.

내가 누구인지를 알아 무엇이 되고 무엇이 되어서는 안 된다는 것을 알고 자신이 원하지 않는 것을 하지 않는, 내 길이 아닌 것에서 해방되는 것이야말로 자유롭고 행복한 진로의 첫걸음이다.

정체성을 발견하고자 하는 청소년은 첫째, 과거의 나를 이해함으로써 현재의 나를 이해할 수 있다.[4] 근대 심리학의 태두인 지그문트 프로이트를 포함한 저명한 심리학자들은 어릴 적 가정의 상처로 인하여 자신들을 (상처받은)아이로 규정하고 이를 해결하는 과정에서 다양한 심리학이론

...

4) '나'를 객관적으로 이해하기 위해 다음 사항을 점검한다. 이제까지 살아온 과정에서 가장 기억에 남는 추억은? 가장 인정받고 칭찬받았던 일은? 가장 자랑하고 싶은 것은? 가장 좋아하는 것은? 부모 등이 나를 어떤 사람으로 생각하는지? 그들의 나에 대한 기대는? 가장 싫어하는 것은? 즐거움·슬픔·두려움·화냄 등을 느끼게 한 일은? 가장 큰 영향을 준 사람과 그 내용은? 이무근·이찬, 『대학생의 진로 멘토링』, 교육과학사, 2012, pp.213~216.

들을 만들어 냈다. 둘째, 자신이 현재 어디에 속해 있는가를 확증해 봄으로써 자신을 이해할 수 있다. 어디에 속해 있는가에 따라 내가 누구인가로 관련하여 생각하기 때문이다. 상황과 환경과 여건은 자신을 발견하도록 이끈다.

영화 〈레미제라블〉에서 빵 한 조각을 훔친 죄로 19년 동안 감옥살이를 한 장발장은 우연히 만난 신부의 손길 아래 구원을 받고 정체를 숨기며 마들렌이란 이름으로 가난한 이웃을 도우면서 살아가게 된다. 이때 운명의 여인 판틴을 만나고 판틴은 죽기 전 자기의 유일한 희망인 딸 코제트를 부탁한다. 그러나 코제트를 만나기 전 경감 자베르가 장발장의 진짜 정체를 알아차리고 장발장에게 순순히 법의 심판을 받으라고 말한다. 장발장은 과거의 자신처럼 범죄자로 도망할 것인가 그렇지 않으면 변화된 자아를 가진 사람으로 당당하게 재판정에 설 것인가로 고뇌하면서 홀로 외친다. "Who are you?" "Who are you?" "Who are you?"

셋째, 자신과 동일시할 수 있는 역할모델을 찾아봄으로써 자신을 이해할 수 있다. 한국 최초의 장애인 박사인 강영우는 10대 시절 실명 선고를 받을 즈음에 일본의 시각장애인 재활분야 선구자인 이와하시 다케오의 스토리를 듣고 자신과 동일시할 역할모델로 삼고 해외유학을 가는 희망을 품게 되었다.[5] 이후 성경에서 사도 바울의 3가지 행동, 즉 장애를 극복하면서 세계적인 비전을 가지고, 무한긍정하며, 신앙과 용기를 가진 것을 본보기로 삼아 살려고 노력했다.[6]

・・・

5) 강영우, 『원동력』, 두란노, 2012, pp.116~118.
6) 강영우, 『우리가 오르지 못할 나무는 없다』, 생명의 말씀사, 2000, pp.123~126.

청소년은 보고 흉내 내고 배우면서 성장하여 간다.[7] 비전의 청소년은 매 순간 미래의 자기 모습을 그린다. '오늘'에서 보는 '미래', 또한 '미래'에서 '오늘'을 보게 한다. IBM이나 삼성전자 같은 기업을 일으키고 있는 모습, 테레사 수녀처럼 봉사활동을 하고 있는 모습을 매 순간 그린다.

존재이유 발견

자신이 누구인가를 발견하게 되면, 자신의 존재이유를 알게 되고, 자신의 존재가치를 깨닫게 되어, 어떻게 사는 것이 자신에게 가장 바람직한가로 연결하여 생각하게 된다. 청소년 각자에게 진정한 존재이유와 목적은 지극히 개인적이며 독특한 것이요, 열정의 대상이다. 그것은 무엇을 하기 위해 그리고 왜 여기에 있는지를 아는 것이다. 청소년들은 왜 살아야 하는가, 어떻게 살아야 하는가, 무엇을 해야 하는가 등의 질문을 끊임없이 하는데 이는 존재의 이유와 목적 및 실현에 관련된 질문이다.

영화 〈슈퍼맨〉에서 주인공으로 분하며 초인간적인 힘을 발휘하여 위기에 처한 수많은 사람들을 구했던 크리스토퍼 리브는 낙마 사고로 전신마비 장애인이 되었다. 그는 차라리 죽는 것이 낫다고 생각하고 어머니의 승낙을 얻은 후 아내 데이나에게도 자신의 생각을 말했다. 그러자 그녀가 말했다. "아직도 당신이에요(Still You)!" '두뇌가 살아있는 한 당신은 아직 그대로 당신이니 제발 살아주세요.'라고 말한 것이다. 크리스토퍼

- - -

7) 이무석, 『성격, 아는 만큼 자유로워진다』, 두란노, 2014, pp.86~87.

는 이 말을 듣고 죽음 앞에서 생명의 존엄성에 대한 믿음과 자신의 존재가치를 다시 발견하고 다시 일어서서 영화인의 길을 계속 가게 되었으며 장애인의 대변자로 척추신경재생연구과제에 도전함으로써 더 많은 사람에게 희망과 용기를 주는 인생을 살게 되었다.[8]

크리스토퍼가 전신마비 장애로 침대에 누워있을 때 죽고 싶다는 생각을 하게 된 것은 '내가 이 모습으로 생명을 유지한 채 세상에 존재할 가치가 무엇일까?'라는 질문 때문이었을 것이다. 그러나 그는 존재이유와 존재가치를 다시 발견했다. 긍정적인 자아상을 다시 회복했다.

존재이유와 존재가치를 발견하게 되면 외부환경이나 조건 및 상황이 아니라 내면의 깊은 동기와 필요에 따라 스스로 움직이게 된다. 청소년들이 인정과 칭찬을 그토록 갈망하는 것은 존재의 가치를 인정받고자 하는 내면의 깊은 욕구를 반영한다.

존재이유를 발견하면 존재가치에 합당한 의미를 부여하는 일을 찾고 행하고자 한다. 자신의 인생에 책임 있게 반응하고자 하는 청소년은 평생을 바쳐 헌신할 수 있는 일을 발견하려고 노력한다([부록 1] 참고).

가치관 정립

진로선택과정에서 청소년은 누구나 '나는 무엇을 추구하며 살고자 하는가?', '나는 어떠한 가치를 소중히 여기는가?', '어떻게 사는 것이 바

---

8) 강영우, 『우리가 오르지 못할 나무는 없다』, pp.81~89.

람직한 삶인가?' 등 삶의 목적과 방향을 묻게 된다. 이런 질문들은 모두 가치와 관련된 질문이다. 그런데 왜 이런 질문을 하게 되는 것일까? 가치는 청소년 자신을 움직이는 내적 원동력이 되면서 살아야 할 이유가 되고, 가치 있는 일을 발견했을 때 의미 있는 삶을 살 수 있고 행복하기 때문이다.

우리는 무엇을 추구하며 사는가에 따라 자신의 삶이 결정된다. 돈에 가치를 두는(Want) 사람은 돈을 벌 수만 있다면 어느 곳이든지 무슨 일이든지 할 것이다. 그러나 돈을 얼마나 벌든지 간에 그의 인생은 돈에 의해 좌우된다. 단순히 욕구대로, 본능에 따라 살게 되면 그렇게 사는 인생이 되고 진정한 가치를 잃어버리게 된다. 변하지 않는 고귀한 가치를 원하는 사람은 시간이 갈수록 그 고귀한 가치에 어울리는 삶을 살게 된다. 즉 가치가 천한 사람은 천한 인생을 살게 되고, 가치가 존귀한 사람은 존귀한 인생을 살게 된다. 건강한 정체성을 가진 청소년은 자신의 존재이유와 존재가치에 대한 깊은 인식을 갖고 있어 자연스럽게 자신이 중요하고 가치 있다고 생각하는 삶을 살 수 있는 방향으로 나아가게 된다.

사람은 누구나 바람직하고 소중하다고 여기는 것에 가치를 두고 살고자 하는데, 가치관은 사람들이 신성시하는 내면에 있는 믿음이라고 할 수 있으며, 특정 행동을 일으키게 하는 동기(Motive)와 포부의 원천이 되고, 세상에 대한 인식과 해석을 좌우하며, 어디에서 인생의 만족을 얻을 수 있는가를 결정한다. 가치는 흥미나 성격유형 같은 다른 측면을 사전에 평가하는 기준이 되기도 한다. 이러한 가치에는 인간의 존엄, 자유, 평등같이 누구나 받아들이는 보편적인 가치가 있는 반면 돈, 일, 학력, 인기, 명예, 권력, 성공 등 저마다 소중하다고 여기며 추구하고 있는 개

인적 가치가 있다. 지금 시간을 어디에 쓰고 있는지를 보면 어떤 가치를 두고 사는지 알 수 있다.[9]

가치는 올바른 진로와 직업선택에 커다란 영향을 미치고 있다. 청소년이 미래 직업을 선택할 때 다양한 요소(직업가치, 적성, 흥미, 성격 등)를 감안하여 선택할 수 있지만 자신이 소중하게 여기는 가치(보수, 안정, 명예, 인정, 봉사, 성취, 봉사, 창의 등에서 하나 또는 그 이상)가 충족되었을 때 진정한 만족과 행복을 느낄 수 있다. 그러므로 청소년은 직업추구에 있어서 자신이 추구하는 소중한 가치가 충족될 가능성이 큰 직업을 선택해야 한다.

일을 통해 지식추구, 자율, 여유 등 내적인 가치만족을 얻고자 하는 사람은 직업흥미를 기준으로 직업을 선택하고, 성취, 영향력 행사, 인정 등 외적인 능력발휘를 통해 가치만족을 얻고자 하는 사람은 직업적성에 맞추어 직업을 선택하면 좋을 것이다.

가치관은 꿈의 나침반이라고 할 수 있다.[10] 같은 가수의 길을 걷는 사람이라고 하더라도 어떤 가수(가창력 있는 가수, 최고의 싱어송라이터, 사람에게 감동을 주는 가수)가 되느냐에 따라 삶의 형태와 방향이 완전히 달라진다. 자신이 추구하는 직업가치들이 육체적으로 편안하거나 돈을 많이 벌거나 다른 사람으로부터 인정받기를 추구하는 등 편안한 성공만을 위한 것일 때 그것은 참다운 가치를 실현할 수 없게 된다. 경험이 부족하거나 서로 모순이 되는 학습을 경험하거나 적절한 자기탐색이 이루어지지 않으

• • •

9) 김원태, 『가치혁명』, 도서출판NCD, 2009, p.29.
10) 김미경, 『김미경의 드림 온: 드림워크로 살아라』, 샘앤파커스, 2013, p.86.

면 분명한 가치관을 형성하지 못한다.[11] 그리고 이들 가치가 모두 충족되었다고 해서 행복이 자연스럽게 보장되는 것은 아니다. 따라서 직업을 통해 추구하고자 하는 가치가 무엇이며 어떤 목적으로 사용되고 있느냐를 자세히 살펴보아야 한다. 직업가치관검사(Value Test)를 통해 직업가치체계 중에서 자신이 소중하게 생각하는 가치관에 대해 점검해 볼 수 있다.

> 중요한 것은 우리가 지금 어디에 있느냐보다는 어디를 향하고 있는가이다.
> – 괴테

청소년이 지금 이 순간 '왜 공부를 치열하게 해야 하는가?'라고 질문해 보는 것은 가치 있게 살고자 하는 내면의 동기를 점검하는 것과 같다. 부모님이 시켜서 또는 마지못해 하는 공부라면 힘들다. 자신이 소중히 여기는 것을 성취하기 위해 하는 공부라면 열정을 불러일으키고 자기 주도적이 되며 성취를 가져와 열매를 맺게 해 준다. 거창고등학교의 '직업 선택의 십계명'은 직업 선택에서 세상 사람들이 보는 성공과 출세가 보장된 탄탄한 길을 버리고 내면의 깊은 동기와 신념과 필요에 따라 선택하고 살아가는, 즉 내가 꿈꾸는 삶을 살아가도록 격려하고 용기를 주고 있다. 직업 선택에서 동기가 명확하고 올바르다면 상황이 아무리 나빠져도 이겨낼 수 있는 내면의 힘이 생겨난다.

---

11) Duane Brown · Linde Brooks, 김충기 · 김희수 옮김, 『진로상담의 기술』, 시그마프레스, 2009, pp.124~125.

Q. 당신이 가장 가치 있다고 여기는 것은 무엇인가?

중요한 가치항목으로 권력, 우정, 가족, 정의, 예술, 건강, 자녀, 부, 안정, 성취, 봉사, 명예, 성실, 정직, 용기, 사랑, 개척, 도전, 자아실현, 신념, 자유 등을 들 수 있다. 자신이 중요하다고 생각하는 상위 3순위를 선택하고 왜 그 가치가 중요한지, 직업을 통해 어떻게 실현해 나갈 수 있을 것인지에 대해 이야기해 보자.[12]

소명의 일 발견

직업을 나타내는 단어인 Vocation의 본뜻은 '소명'이다.[13] 소명(Calling)은 '부르심'을 뜻한다. 우리나라 사람들은 예로부터 '천직天職'이라는 말을 즐겨 사용해 왔는데, 이는 하늘이 주신 직업이 있다고 생각한 것이다. 가치 있는 삶의 최고의 형태는 소명에 따라 사는 삶이다. 소명에 따라 사는 삶이란 부르심을 받은 자리에 합당한 일을 하는 삶을 의미한다. 부르심이 있는 그 자리에서 자신의 잠재능력을 최대한 발현시켜 사용하는 것이다. 소명은 청소년 안에서 가장 깊고도 강한 열정을 불러일으킨다. 성품과 재능의 깊은 잠재력에 불을 붙여 찬란한 불꽃으로 타오르게 한다. 청소년이 소명에 합당한 일을 찾게 되면 신명을 바쳐 일하게 되고 기꺼

・・・
12) 고봉익·윤정은, 『진로 로드맵』, 웅진윙스, 2014, pp.112~113.
13) 이동원, 『인생레슨』, 규장문화사, 2001, p.171.

이 그 일을 감당하고자 한다.

　소명을 발견한 청소년은 왜 내가 공부를 해야 하며, 무엇을 공부해야 하고, 어떻게 공부해야 하는지를 잘 알고 자기 주도적으로 실천한다. 이것은 진로선택에서 무조건 적성에 맞추어 결정하기보다 먼저 그 일을 왜 해야 하는지, 그로 인해 무엇을 얻으려 하는지, 어떻게 해야 하는지를 알고 실천하는 것과 같다.

　소명은 다양한 곳으로부터 온다. 일반적으로 소명은 가장 가치 있는 삶이 무엇인가를 꾸준히 질문하는 가운데 찾아올 수 있다.

> 인생의 가장 끊임없고 다급한 질문은 내가 남을 위해 무엇을 하고 있느냐는 것이다.
>
> – 마틴 루터 킹

　정하린은 미래가 보장된 본교에서의 교수직 제의도 뿌리치고 살아 있는 사람을 치료하는 것도 아닌 평생 시신을 부검하는 일을 스스로 택했다. 곱게 키운 딸이 법의관이 되겠다는 '폭탄선언'을 하자 부모님은 "험한 일도 정도가 있다. 평생 시체에 둘러싸여 살 거냐."며 정 씨의 마음을 돌리려 했다. 그러나 딸의 고집을 꺾지 못했다. 어릴 적부터 세계 최고의 여류 추리소설가로 꼽히는 영국의 애거사 크리스티의 책들과 함께 자랐다. 추리소설 속에서 과학적·객관적 증거의 중요성을 일찌감치 깨달았다. 그녀는 "돈 잘 버는 전공을 선택할까 하는 생각이 없었던 것은 아니었지

만 사회적으로 의미 있는 일을 해야 한다는 생각이 앞섰다."고 말한다.[14]

간혹 드라마틱하게 소명의 일이 찾아올 수도 있다.

31세의 파스칼은 마차사고로 죽기 직전까지 갔다. 볼테르는 "뉴델리 다리 사고 이후로 파스칼의 뇌가 손상되었다는 이야기는 아무리 반복해서 말해도 싫증이 안 나는군!"이라며 조롱했다. 파스칼의 극적 체험은 2시간 동안 계속되었다. 이것이 그의 인생의 행로를 바꾸었다. '불' 경험은 너무나 극적이어서 그 단어를 평생 양피지에 적어 윗옷 안쪽 심장 옆에 붙이고 다녔다.[15]

내면의 강한 열망이나 충동이 소명으로 몰아갈 수 있으며, 자신이 늘 바라보는 방향에서 벗어나 다른 시야에서 삶을 바라볼 때 발견할 수 있다.

청소년 자신이 정말 간절히 원하는 것이 있다면 그 길은 다른 누군가가 찾아주는 것이 아니라 스스로 찾아가야 한다. 마치 어린이가 백화점에 들어서자마자 자기가 좋아하는 장난감이 놓여 있는 코너로 쏜살같이 달려가듯이.

건강한 정체성을 가진 청소년은 자신이 누구인지 무엇을 해야 하는지 알고, 미래 진로에 대해 자기긍정의 확신을 가지며, 자기 진로에 대해 의미 있는 가치판단을 내리고, 미래의 자신의 정체성의 모습이 반영된 진로설계를 해 나간다.

• • •

14) 조선일보, 2011. 6. 9.
15) 오스 기니스, 홍병룡 옮김, 『소명』, IVP, 2014, p.136.

잠재능력 파악

청소년은 자신의 소질과 적성, 흥미, 성격 등 잠재능력의 파악을 통해 자신에 대한 이해의 폭을 넓혀 나감으로써 바람직한 진로선택으로 나갈 수 있다. 잠재능력은 표준화된 검사, 학습, 경험, 관찰 등의 방법을 통해 파악할 수 있다.

소질 및 적성 발견

나의 소질은? 나의 적성은? 나의 재능은? 내가 잘할 수 있는 것은? 나의 끼는? 이들 모두는 잠재능력과 관련한 것이다. 재능은 자기가 가진 여러 가지 소질 중 가장 두드러진 것이다. 적성과 가깝다. 언어, 수리, 공간 능력 등 지적 능력은 사회에서 가장 필요로 하는 능력인데 지금까지 IQ테스트, 언어 · 수학 · 과학 등 교과목 성취를 통해 측정되었다.

대학입시에서 언어, 수리, 과학 능력이 중시된다. 입사시험에서 전공면접은 이 능력을 측정한다. 따라서 진로선택과정에서 적성을 파악하는 것은 매우 중요하다. 진로상담에서 적성을 통한 진로설계가 많이 활용되고 있다. 학생들이 진로를 결정하는 데 고려하는 요인으로도 소질과 적성(57.1%)이 압도적으로 많다.[16] 의사는 논리수학지능이, 디자이너는 공간지능이 높아야 한다.

적성(Aptitude)은 어느 정도로 그 일을 잘할 수 있는가를 나타내는 정신적 능력을 의미한다. 청소년에게 어느 학과목을 얼마나 잘하는지는 중요하다. 그러나 초등학교와 중학교의 저학년 학생들은 자신이 무엇을 얼마나 잘하는지 또는 잘하는지, 못하는지 정확히 알지 못한다. 수학점수가 낮아서 자기는 문과 적성이라고 생각하는 학생들이 있다. 이들 중 절반은 인지기능과 지능검사에서 수학과 공간지각능력이 언어능력보다 우수한 것으로 나타난다. 공부하다 어려운 부분이 계속 나오면 공부하기 싫어지는데, 자신감과 의욕을 잃어버리고 자질 탓으로 돌려버린다.

어떠한 재능도 하찮은 재능은 없다. 사람마다 각자 고유한 재능(Talent)을 타고 태어나는데, 이를 통해 다른 사람보다 차이를 만들어 냄으로써 독특한 삶의 열매를 맺을 수 있다. 재능이 있으면 흥미와 관심이 있다.

...

16) 교과부가 한국직업능력개발원에 의뢰하여 진로진학상담교사가 배치된 고등학교의 학생과 학부모를 대상으로 조사한 '2011년 학교 진로교육 현황조사 결과'를 발표했다. http://if-blog.tistory.com/1528

삶의 만족은 대부분 우리가 자연스럽게 하고 싶은 일 즉 자신만이 가지고 있는 독특한 재능을 사용하여 할 수 있는 일을 하는 데서 나온다. 청소년 자신이 아름다운 성전 건축물을 짓기 위해 예정된 사람이라는 것을 안다면 아무리 유명한 음악회의 피아니스트라고 할지라도 되려고 애쓰지 않을 것이다.

재능에는 반드시 전문적인 기술이 따라야만 하는 것이 아니다. 자신에게 어울리도록 특별하게 디자인된 흥미나 관심일 수 있다. 하고 싶은 일에 지나치게 매달리기보다 잘할 수 있는 일 또는 흥미로운 일에 집중해야 한다. 일차적으로는 드러난 '끼'를 살펴보고, 잘하는 일이 무엇인지 모를 때는 경험을 돌아보며 자질을 발견하는 것이 필요하다. 수리능력이 탁월한 사람, 대인관계능력이 탁월한 사람, 공감능력이 탁월한 사람, 언어능력이 탁월한 사람, 예능능력이 탁월한 사람은 잘 드러난다. 하나의 지능이 여러 학문 및 직업분야에 두루 활용될 수 있고, 하나의 학문 및 직업분야에 여러 가지 지능이 두루 활용될 수 있다.[17] 따라서 부단한 연습과 훈련을 통해 재능을 연마하고 강점 재능에 적합한 전공분야를 찾아가야 한다.

청소년에 따라서 쉽게 자신의 재능을 발견하는 경우가 있다. 어릴 적부터 자신이 관심과 흥미를 느껴 온 것을 바탕으로 지속적으로 능력을 개발하고 진로로 확정한 경우이다. 그렇지만 어떤 청소년은 자신의 재능을 찾아내고 발달시켜나가는 데 어려움이 있을 수 있다. 첫째, 자신에

---

17) 공간지능은 조각이나 항해, 건축설계, 외과수술에 사용될 수 있다. 음악분야에는 음악지능 이외에 신체운동지능과 인간친화지능도 필요하다. 홍성훈, 『다중지능혁명』, 랜덤하우스, 2009, pp.196~203.

게 큰 영향을 미치는 사람 특히 가족으로부터 받은 영향으로 인해 재능을 찾아내는데 어려움이 따른다. 부모의 관심사, 가치관, 열정까지도 자녀의 것이 되기 쉽다. '너는 ~될 수는 없어!', '너는 ~이 되어야 해!', '너는 ~을 물려받아야 해' 등의 예단은 자녀로 하여금 그 분야에 재능이 있는지 알아볼 기회조차 갖지 못하게 한다. 점수에 따라 묻지 마 입학을 하거나 부모의 강요로 전공이나 직업을 구할 수 있다.

둘째, 그릇된 동기로 직업이나 일을 구하는 경우이다. 그냥 다른 사람이 정해주는 직업을 선택할 수 있다. 국내 대기업 임원의 자녀는 그 대기업에 취업할 수 있는 자격이 주어지는데, 어떤 임원의 자녀는 아버지가 다니는 그룹에는 절대 취업하지 않고 창업을 하겠다고 하여 걱정거리가 되었다고 한다. 직업을 통해 비현실적인 야망을 이루고자 할 수 있다. 자신에게 맞지 않는 일을 하여 뭔가를 얻으려고 하면 더 많은 에너지를 사용해야 한다. 이 또한 무력감을 주고 고통스러운 일이 된다.

셋째, 자존감이 낮아 자신이 가진 재능 자체를 부끄러워하여 남들에게 보이지 않기를 바라며 묻어두고자 하는 경우이다. 자신이 재능을 활용하여 좋은 성취를 이루었음에도 '너무 많이 실수한 것 같아!'라며 과소평가한다. 재능을 발전적으로 사용하지 못하게 만든다.

청소년은 타고난 소질과 적성을 발견하고 개발하여 자기만의 강점으로 발전시켜 나가야 한다. 좋은 의도만으로는 안 되며 주어진 위치와 장소에 걸맞은 적절한 재능이 반드시 있어야 한다. 취업에서 기업이 요구하는 적격요건을 갖추기 위해서도 그에 걸맞은 능력을 갖추어야 한다. 가장 바람직한 것은 적성 → 흥미 → 가치(의미)로 발전하는 것이다.

할 수 없는 것을 포기하고 할 수 있는 것을 하려 하라. 할 수 있는 능력이 없는 것을 하려는 것은 어리석다. 할 수 없는 것을 꿈꾸지 않는 자는 지혜롭다.

– 레오나르도 다 빈치

　적성을 발견하려면, 첫째, 자기 스스로 관찰을 통해 적성을 파악해 본다. 둘째, 타인의 관찰결과를 활용한다. 부모, 친구 등의 관찰결과가 유용하다. 셋째, 표준화된 적성검사방법을 활용한다. 넷째, 전문가와 상담한다. 다섯째, 현장경험 등 체험을 통해 파악한다.

　인문계 출신인 L은 대학 입학 시 산경학과로 결정하고 자기소개서에서 진로를 IT컨설턴트로 정했다. 대학입학 후 1년 동안 경영학을 배워보니 컴퓨터 관련 지식을 배울 수가 없었기에 진로를 감안하여 컴퓨터 학과로 복수전공도 생각해 보았다. 고등학교 때 수학을 좋아하고 물리도 그리 싫어하지 않았기에 최근에는 기계공학이나 메카 등 공학 분야도 재미있을 것 같아 자신의 진로를 바꾸기로 결정하고 1학년 말에 전과하기로 했다.

　심리학자들에 의하면 IQ 110만 넘어가면 지능지수는 성공가능성과 아무런 상관이 없다고 한다. 아웃라이어의 저자 말콤 글래드웰에 따르면,[18] 2007년 이후 노벨의학상 수상자 중 미국학자 25명의 출신 대학을 살펴보면 잘 알려지지 않은 대학 출신이 많았고, 노벨화학상 수상자도 마찬가지라고 했다. 하버드대 심리학 교수인 하워드 가드너(Howard Gardner)는 다중지능이론에서 인간은 기본적으로 10개 분야의 능력을 갖추고 있

---

18) 김주환, 전게서, pp.98~99.

으며, 여러 분야별 지능이 사람마다 다른 형태로 조합되고 발달된다고 하면서, 어느 한 가지 이상의 지능과 함께 반드시 자기이해 지능(자존감, 자기향상욕구, 문제해결력)이 높아야만 뛰어난 업적을 이룰 수 있게 된다고 밝혔다. 긍정심리학 창시자 셀리그만(Martin Seligman)도 모든 사람은 성공할 수 있는 각각의 특유한 잠재력이 있고, 여기에는 지식 이외에 지혜, 용기, 사랑, 정의, 극기, 영적인 힘, 긍정관념 등이 포함된다고 했다. 소질과 적성은 지속적인 교육과 훈련, 노력으로 계발될 수 있으므로 청소년에게 희망이 있다. 할보슨(H. G. Halvorson)은 지적, 육체적 능력이나 심지어 개성, 성실성, 담력(Grit), 의지(Willpower)도 제한적이지 않고 노력으로 신장될 수 있음을 밝혔다.[19] 따라서 청소년기에는 자신의 잠재능력을 발견하고 확인하며 개발하기 위해 다양한 학습과 현장경험이 필요하다.

> 연속극 〈주몽〉 이후 1년간 연기를 하지 않았다. 주몽 촬영장에 갈 때 공포를 느꼈다. 그 이유는 연기에 대한 부담감이 너무 컸기 때문이다. 연기를 너무 못한다는 것에 대한 부담감이었다. 〈힐링캠프〉에 참여하게 된 것은 정말 우연이었다. 정말 하고 싶은 역이 있었으나 하지 못했다. 〈힐링캠프〉를 하면서 '정말 자신이 잘할 수 있는 것이 있구나.'라는 것을 느꼈다.
>
> – 한혜진, 배우

・・・

19) 권오율, 『꿈꾸는 청년들아! 비전을 가져라』, 나남, 2013, pp.76~77.

소질과 적성을 확인하기 위해 IQ테스트(지적 지능), EQ테스트(정서지능), 다중지능검사 등 여러 가지 방법을 활용할 수 있다. 직업에 관한 의사결정을 함에 있어서 직업적성검사(Aptitude Test)를 해 볼 수 있다.[20]

흥미 발견

'흥미(Interest)'는 특정 사람이나 사물, 활동에 대해 지속적이고 일관적으로 관심을 갖는 것을 말한다.

흥미와 가치와 소질 및 적성은 밀접하게 관련되어 있다. 일반적으로 사람들은 자기가 능숙하게 잘하는 일이나 활동에 높은 가치를 두고 흥미를 가진다. 가치가 사람들이 원하고 갈망하는 것, 어떤 상태와 결과가 중요한지 등 방향성을 결정해주는 것이라면, 흥미는 중요한 것을 획득하는 다양한 방법에 대한 선호활동을 의미한다. 예를 들면, '나는 ~한 사람들을 돕고 싶다.'는 가치관을 가졌다면, 흥미는 사람들을 돕는 것을 어떻게 얼마나 선호(여행계획 돕기, 상담하기, 봉사단체 활동, 권익옹호활동 등)하느냐로 나타날 수 있다.

어떤 일을 하려면 직업적인 흥미를 느껴야 하는데, 흥미는 성격의 일부분으로서 내면의 가치를 추구하고 나아가 욕구를 충족시키려는 활동이기도 하려니와 흥미가 있어야 만족의 기본이 되는 몰입의 기쁨을 누릴

---

20) 무료적성검사사이트로는 고용노동부(http://www.moel.go.kr), 한국산업인력공단 청소년워크넷(http://www.work.go.kr/youth), 한국직업능력개발원 커리어넷(http://www.career.go.kr) 등이 있다.

수 있고 자발적으로 에너지를 집중하여 성취를 거둘 수 있다. 따라서 청소년이 자신에게 맞는 일을 통해 행복하려면 재능과 소질뿐 아니라 관심과 흥미에 대해 보다 정확하게 이해하는 것이 바람직하다. 예를 들면, 창의성이라는 가치를 염두에 두고 있는 청소년이라면, 예술분야 또는 과학분야에 흥미를 느끼고 있는지 우선 살펴보아야 한다.

나는 내가 좋아하는 것만 만든다.

– 마크 주커버그, 페이스북 창업자

흥미를 어떻게 알 수 있을까? 첫째, 자기 자신이 무엇에 흥미와 관심이 있는지 스스로 생각해 보는 것이다. 그러면 어떤 활동이나 직업에 대해 자연스럽게 '좋다', '싫다'라고 표현해 볼 수 있다. 어릴 때 IQ 210으로 천재라고 알려진 신한대학교 교양학부 김웅용 교수는 강의 첫날 학생들로부터 '나는 누구인가?'라는 자기소개서를 받는다고 한다. 그래야 학생들이 무엇에 관심이 있는지 충분히 알 수 있다고 말한다. 둘째, 특정 직업 활동을 보여주며 어떻게 생각하는지 물어보는 것이다. 셋째, 표준화된 검사를 통해 흥미유형을 확인해 보는 것이다. 넷째, 직접적인 체험을 통해 흥미여부를 확인해보는 것이다. 봉사활동이나 직업체험, 인턴활동 등에서 특별히 흥미를 유발시키거나 관심이 가는 대상이나 활동을 찾아본다.

청소년들이 어떤 일을 할 때 재미있고 즐거운가? 어떤 일을 잘하기에 앞서 그 일에 관심과 흥미가 있어야 한다. 그러나 많은 청소년들이 자신이 좋아하는 일이 무엇인지 잘 알지 못하기 때문에 열정을 갖고 일하지 못한다. 자신이 좋아하는 것이 무엇인지 우선 알아야 주의를 집중하게 되고 몰입하게 되어 성취를 이룰 수 있다. 수학을 좋아하고 흥미가 있으면 열심히 하게 되고 그 결과 성취가 있어 다른 학생과 차별되는 강점으로 활용할 수 있다. 학생부종합전형에서 자기소개서를 쓰는 데 경쟁력이 있다.

관심과 흥미에 대한 분별이 필요하다

청소년들이 공통적으로 좋아하는 것들이 있다. 즉 아이돌그룹의 음악과 춤, 인터넷 게임이다. 이것들은 성장기에 있는 청소년들의 감성을 자극하기에 충분하다. 청소년이 좋아하고 또 따라 할 수 있지만 이것이 반드시 자신에게 내재된 관심과 흥미를 의미하는 것은 아니다. 또래집단이나 대중문화의 영향력으로 청소년 시절의 '끼'가 발동될 수 있지만 자기만의 특별한 재능이 아닌 일시적 흥미(몸짓이나 손놀림)에 지나지 않을 수 있다.

학과목 중 특히 수학이나 영어에 관심이나 흥미가 있는 학생이 있다. 수학을 좋아하고 점수 등급이 높으면 이과계열에 적성이 맞고, 영어를 잘하고 점수등급이 높으면 문과계열에 적합하다고 생각한다. 선생님의 칭찬을 받고 싶어서 또는 정말로 쉽게 잘 가르치는 선생님의 도움으로 수학이나 영어를 좋아하게 되고 그 결과 좋은 점수를 얻게 될 수 있다. 수학은 논리력을 키워주는 학과목이기 때문에 문과와 이과계열 모두 필요한 과목이다. 특정한 과목의 선호경향을 확대해석하여 전공분야를 정하게 되면 지나치게 일반화하는 오류를 범할 수 있다.

가끔 청소년 중 '그냥 좋아서' 하는 경우가 있다.

A: 뭘 그렇게 열심히 하고 있어요?

B: 제가 좋아서 하는 일이에요!

A: 그러면 5년 뒤, 10년 뒤 전망은 어때요?

B: 그런 건 모르겠어요!

C는 대학 졸업 후 이것저것 자기가 좋아하는 것으로 젊은 시절을 보냈다. 중년의 나이가 들어서 실직을 여러 번 하고 어려움을 겪게 되면서 자신이 어느 한 분야에 전념하지 못하고 그 결과 전문성도, 특별한 능력도 갖춘 것도 없다는 사실에 지난 세월이 무척 후회되었다.

자신이 좋아하는 것이 무엇인지 모를 때도 있다

청소년들은 흔히 '좋아하는 것과 잘하는 것이 없어요!'라고 말한다. 학과나 체험활동 등에서 자신의 감정을 자연스럽게 표현하는 법을 배워 나가거나 직접적인 체험을 통해 관심과 흥미분야에 대한 수행능력을 길러가는 것이 필요하다.

J는 취업률이 높고 등록금이 낮다는 이유는 H 대학 전기학과에 입학했다. 고등학교에서 자기소개서를 쓸 무렵의 꿈은 전기 관련 엔지니어가 되는 것이었고, 대기업 취업이 진로목표였다. 대학에 입학하여 1학기 동안 생각 없이 놀다 보니 대학생활이 생각보다 힘들고 또 전공분야의 심화학습으로 들어가자 학업에 어려움을 느끼게 되었다. 그러다 보니 흥미가 없어졌다. 원래 대기업에 취업하려고 했으나 이제는 그것이 과연 옳은 생각인가 하는 회의가 들었다. 진로 문제에 대해 아무런 생각도 없이 그냥 지낸다.

관심과 흥미가 변할 때도 있다

자신이 하는 모든 일이 언제나 흥미 있고 재미있는 것은 아니다. 흥미가 있을 때는 재미가 있고 열중하지만 그렇지 않게 되면 싫증이 나고 그만두고 싶어 하게 된다. S는 고등학교 때 화학을 특히 좋아했다. 그래서 대학의 화공학과에 진학했다. 대학 진학 후 전공학과에 대해 더 깊이 공부하게 되자 어느 순간 화학이 싫어졌고 흥미가 없게 되었다.

관심과 흥미가 있는 일이라고 하더라도 반드시 경제적인 풍요를 보장해 주지 않는다

사진작가 등 예술계통의 종사자는 자기 직업에 대한 만족도가 최고수준(약 90%)이다. 그러나 부유하지 않다. 이에 반하여 많은 사람들이 부러워하는 의사는 직업만족도가 거의 바닥 수준이지만(31%) 경제적으로 여유 있는 삶을 산다. 좋아하는 일을 하다 보면 돈이 자연스럽게 따라오는 경우도 있다.

> 나 자신이 좋아하는 일을 하면서 즐겁게 지내다 보니 돈은 자연스럽게 따라왔다.
>
> – 마크 주커버그

잘할 수 있는 일을 적극 개발하고 흥미 있는 일로 보완할 수 있다

A는 대학 영문학과에 입학했으나 재학 중 전문직종 자격증을 취득해야겠다는 생각으로 관련 정보를 수집했고 그중 가장 관심이 있고 적성이 맞은 회계와 경제가 혼합된 공인회계사를 택하여 공부했고 합격 후 고등

학교부터 좋아하고 잘했던 영어를 바탕으로 업무능력을 극대화하려고 노력하고 있다.

잘하는 일과 좋아하는 일을 병행할 수 있다

영국 케임브리지대학의 학부생들은 전공 이외에 부전공을 예능과 체육 과목에서 각각 1과목씩을 의무적으로 하게 한다. 잘하는 전공 이외에 자기가 좋아하는 취미로 부전공을 갖게 하는 것이다. 일부 자사고에서도 이 방법을 도입하고 있다.

중요한 일이지만 흥미가 없는 경우도 있다

감성적인 청소년은 조금이라고 마음에 들지 않으면 특정 학과나 과제를 쉽사리 포기한다. 중요하다고 생각하는 학과목은 언젠가 도움이 될 것으로 생각하고 자율적으로 학습해 나감으로써 기회의 문을 열어갈 필요가 있다.

흥미 있는 일의 통합도 가능하다

이전의 다양한 흥미 경험이 발전적으로 통합될 수 있다.

소설가 김중혁은 20대에 자신이 좋아하는 일을 찾기 위해 10년을 보냈다. 남들이 보기에 백수였지만 그 기간 동안 음악, 웹디자인, 일러스트레이션의 달인이 되었다. 소설가가 된 지금, 문학콘서트의 DJ도 보며 자신의 책 표지도 직접 그리고, 책 본문의 삽화도 맡는다.[21]

• • •

21) 조선일보, 2011. 10. 24.

직업흥미검사(Interest Test)를 통해 자신의 관심과 흥미를 더 자세히 살펴볼 수 있다. 직업흥미는 개인의 능력을 측정하는 것이 아니므로 검사결과를 직업선택의 결정적인 단서로 활용하기보다 다양한 직업세계에서 흥미가 어떻게 나타나고 있는지, 좋아하는 학과목과 장래희망 그리고 좋아하는 활동 등을 함께 고려하여 미래 진로와 직업에 대해 폭넓게 탐색해 볼 기회로 활용하는 것이 바람직하다.

성격 파악

같은 청소년이지만 한 학생은 책임이 강하고 다른 학생은 무책임하다. 한 학생은 감정표현을 잘하고 또 다른 학생은 그렇지 못하다. 옆 친구는 예술이나 음악을 좋아하는 데 자신은 스포츠나 돈 버는 일에 관심이 많다. 무엇을 좋아하거나 잘하거나 누구를 좋아하거나 싫어하는 것도 성격적 특성의 한 단면이 나타난 결과이다. 성격이 다르면 생각이나 감정, 욕구, 의사소통을 포함한 관계행동양식도 다르다.

일반적으로 직업은 다양한 성격유형을 포용하고 있다고 말할 수 있다. 즉 어떤 직업에 반드시 특정 성격유형을 가진 사람이 일해야 한다는 것은 아니다. 그러나 진로선택에서 개인적 특성이 중요한 것은 이러한 성격이 업무수행과 대인관계에 그대로 반영되기 때문이다. 요즘 젊은 이들은 스트레스에 지나치게 노출되어 있다고 할 수 있는데, 이러한 스트레스에 유난히 강한 사람이 있는 반면 그렇지 않은 사람도 있다. 칭찬을 받고자 열심히 일했는데 상관으로부터 칭찬을 받지 못해 의기소침하고 죽고 싶은 심정이 들 때, 이러한 내적인 고통은 스트레스 때문이라기보다 성격 차이에서 오는 것이다. 성격이 내성적이고 분석적이면 혼자서 집중할 수 있는 연구·조사 분야에서, 외향적이고 성취 지향적이라면 사람들을 많이 접촉하고 눈에 보이는 성취를 낼 수 있는 영업분야에서 일해야 행복하다.

성격이 맞지 않는 일이나 직업을 선택하면, 약점이 많이 드러나고 하기 싫은데 마지못해 하는 것처럼 피곤하고 지친 모습으로 일하게 된다. 이에 반하여 성격에 맞는 일을 하게 되면, 자신이 좋아하고 자신만의 강점을 최고도로 발휘할 수 있게 되어 자신의 진정한 모습을 찾아갈 수 있다. 환경과 본인의 선택에 따라 성격이 단련될 수 있는데, 의지가 나약하더라도 어려운 환경 속에서 시련을 겪고 그것에 적극적으로 반응하여 나갔다면 성격적으로 강인한 사람이 되어 있다.

성격이나 기질은 각각 장단점이 있다.[22] 일반적으로 이공계 전공학생들은 우울질이나 점액질의 내향적인 성격이 많다. 어느 성격이 더 우월하다고 단정적으로 말할 수는 없지만, 성격을 알게 되면 기본욕구와 행동양식을 알게 되어 내가 왜 그때 그런 행동을 했는가를 이해하게 되고 자신을 긍정적으로 변화시켜 나갈 수 있다. TCI기질검사, DISC성격유형, 도형검사, MBTI, 에니어그램(Anneagram)성격검사, INFO행동유형검사, U&I학습 및 성격유형검사 등을 통해 자신의 성격을 알아볼 수 있다.

・・・

22) 성격(Personality)은 부모로부터 타고난 특성(기질)을 바탕으로 환경이나 본인의 선택에 의해 형성된다. 히포크라테스는 인간의 타고난 체액에 기초하여 기질을 담즙질, 다혈질, 점액질, 우울질 4가지로 구분했고 이를 행동주의심리학에서는 DISC(D:주도형, I: 사교형, S: 안정형, C: 신중형) 성격유형으로 발전시켰다. 인지주의 심리학에서는 칼 융(C. G. Jung)의 심리유형론을 기초로 MBTI로 발전시켰다. 자세한 내용은 박윤희, 『진로탐색 및 직업선택』, 시그마프레스, 2012, pp.20~52. 참조.

다양한 심리검사 및 상담

표준화된 심리검사

자신의 성격, 흥미, 적성, 가치관 등에 대해 잘 모르는 청소년은 표준화된 심리검사를 통해 자기 자신에 대한 이해의 폭을 넓힐 수 있다. 심리검사는 면대면 심리검사와 온라인 심리검사가 있다. 면대면 심리검사는 학교나 상담기관에서 직접 심리검사를 받고 해석을 받는 방법이며, 온라인 진로적성검사는 온라인 검사 사이트를 활용하여 검사를 실시하고 검사결과를 다운로드해서 받아보는 방법이다. 중·고등학생 심리검사에는 성격검사, 직업적성검사, 직업흥미검사, 직업가치관검사, 진로성숙도검사 등이 있으며, 대학생 일반 심리검사에는 진로개발준비도검사, 이공계 전공적합도 검사, 주요능력효능감검사, 직업가치관검사 등이 있다. 진로 및 직업 관련 검사 사이트로는 커리어넷, 워크넷, 에듀팟, 창의인성교육넷, 대학특성화알리미, 민간자격정보서비스 등이 있다.

자유학기제 등으로 심리검사가 지나치게 남용되고 있는데, 모든 검사를 다 해 보아야 하는 것이 아니라 자신에게 필요한 검사를 통해 참고자료로 활용하는 것이 바람직하다. 심리검사는 인지검사이므로 인지능력이 떨어지거나 다양한 경험이 없거나 낮은 자존감 등이 있는 경우 변별력이 없다. 따라서 중학교 때에는 가치관검사보다 흥미검사가, 자신의 학습유형과 진로에 대한 그림을 그릴 수 있는 성격 및 학습유형검사가 더 적절하다.

상담과 조언

부모나 선생님 등 자신을 잘 아는 사람들로부터 상담과 조언을 구하고 도움을 얻는다. 일반적으로 청소년은 부모 등 가까운 사람과 자연스러운 관계 속에서 코칭, 멘토링, 상담 등을 받을 수 있다. 그러나 이러한 여건이 여의치 않은 경우도 있다. 좋은 멘토를 만날 수 있는 결정적인 힘은 성장하고자 하는 청소년 자신의 내적 동기에 달려 있다고 할 수 있기 때문에 열정을 갖고 찾아 나서야 한다.

부모

부모는 자녀의 성장에 가장 깊은 영향을 미치고 있는 역할모델이자 훌륭한 멘토이다. 부모는 자녀의 능력, 취향, 가치, 성격, 신체적 조건 등을 가장 잘 안다. 깊은 이해와 애정으로 자녀를 잘 지지해 줄 수 있는 전문상담가의 위치에 있다. 열성적인 부모들은 자녀와 함께 대학 입학처에 와서 진로·진학상담을 한다.

이러한 부모의 긍정적인 역할에도 불구하고 부모와 자녀 간 갈등 중 가장 큰 것이 진로에 관한 것이다. 부모가 원하는 것과 자녀가 원하는 것이 다르기 때문이다. 고등학교·대학교 진학 및 학과선택, 그리고 직업선택 등에서 자녀의 진로에 대한 부모의 지나친 개입은 타고난 재능에 맞추어 자신의 진로와 진학 및 직업을 연결하고자 하는 자녀의 바람과 노력을 헛되게 만들 수 있다.

담임선생님, 진로상담교사

담임선생님 또는 진로상담교사는 중·고등학교에서 진로·진학 관련 전문상담을 먼저 해 줄 수 있는 위치에 있다. 상담을 통해 더 객관적이고 정확한 자기이해를 얻을 수 있다.

멘토

직업세계에 대해 많은 경험을 가진 친인척, 선배, 진로 관련 유명한 책의 저자, TV 등장인물 등은 진로와 올바른 직업 선택에 도움을 줄 수 있다. 중고교 진로교실에서 '직업인과의 대화', '선배와의 대화', '성공한 전문가 또는 CEO 특강' 등 진로탐색활동이 점차 강화되고 있다.

학습 및 경험적 체험

청소년은 중고교 학교생활에서 교과활동 이외에 동아리활동, 자율활동, 독서활동, 봉사활동, 진로활동 등 다양한 비교과활동 수행을 통해 자기 자신에 대한 이해의 폭을 넓혀 갈 수 있다. 대학생활에서 아르바이트나 자원봉사활동, 현장실습, 인턴, 국내외 각종 연수 등을 통해 다양한

진로탐색이나 적성 파악의 기회를 가질 수 있다.[23]

신체적·정서적 건강,
기타 사회·경제적 여건 등 확인

    직업선택에서 외모, 근력 등 신체적 조건에서 오는 차별이 점차 감소하고 있다. 여성들이 주로 종사하던 간호사직업에 남성들이 지원하고, 근력운동이 필요한 직업에 여성들이 지원한다. 그러나 특정직업은 신체적 조건의 적합성 여부가 중요한 경우가 있다. 신체적으로 건강하지 못한 청소년은 직업군인, 파일럿 등 신체적 능력을 요구하는 직업에 종사하지 못한다. 나아가 신체적 질병, 정서적 취약 등이 있는 경우 일정한 직업에는 취업이 불가능하다. 가족을 부양해야 할 책임이 있는 경우 좋은 기회를 포기하지 않으면 안 될 형편에 처할 수 있다.

---

[23] 자유학기제 도입으로 중학교에서의 진로탐색과 직업체험이 강화되고 있다. 제도운영 면에서 보면, 외부에서의 체험은 대상기관의 제한, 적절성, 체험내용의 깊이 등에서 어려움이 있고, 학교 내에서의 체험도 예산과 인력, 대상직업 종류와 다양성, 강사초청 등에서 어려움이 많다. 고교의 진로탐색은 자기이해보다 주로 진학 관련, 전공학과 탐색과 실험실습을 중시하고 있다. 진로적성탐색은 상대적으로 대학에서 체험학습을 통해 효율적으로 이루어질 수 있다. 예를 들면, 한국기술교육대학교(Korea Tech)의 IPP제도(기업연계형 장기현장실습제도, 3~4학년 대상, 재학 중 6~10개월)는 진로 및 적성발견을 통해 비경험자보다 평균 4% 이상 취업률을 높인 것으로 나타났으며, 특히 이 제도에 참여한 산경학부 학생들의 취업률은 96.9%로 비참여자들의 취업률(67.9%)보다 30% 이상 높아 일자리 미스매치에도 기여하고 있는 것으로 나타났다. 한국대학신문, 2015. 4. 13.~18., p.9.

인생목표 수립

청소년은 자기이해를 통해 '어떤 사람이 되고자 하는가?', '무엇을 하고자 하는가?', '어떤 삶을 살고자 하는가?' 등 가치 있게 살고자 하는 바람이나 열망이 포함된 인생과제를 끌어내면서 이를 자연스럽게 자기만의 꿈이나 인생목표의 형태로 구체화시켜 볼 수 있다.

청소년에게 왜(Why) 공부를 해야 하는가를 물을 수 있는데, 공부의 진정한 목적을 알게 되면 무엇을 공부해야 하고 어떻게 공부할 것인지에 대한 답을 자연스럽게 얻을 수 있다. 불행하게도 대학교 3~4학년이 되어서도 자신이 왜 살아야 하는지, 어떤 사람이 되어야 하는지, 어떻게 살아야 하는지, 무엇을 해야 하는지 등에 대해 구체적인 그림도 없는 학생들이 있다.

그렇다면 청소년이 어떻게 인생목표를 설정하고 이룰 수 있을까? 지적 능력수준이 낮아 아직 추상적인 사고를 하는 것이 어려운 청소년 초기의 학생들이 인생목표를 설정해 보기를 원할 때, '내 인생의 초상'을 작성해 보고 고인이 된 자신의 강점과 이 땅에 남길 선물을 생각하며 머릿속에 떠오르는 목표 5가지를 적어보거나, 영화 〈버킷리스트〉나 〈라스트 홀리데이〉를 보고 죽기 전 하고 싶은 100가지 일 목록을 적어보거나, 랜디 포시의 '마지막 강의' 동영상을 찾아서 보거나, 역할모델을 찾아서 그들의 인생목표 목록을 살펴보고 도움을 얻을 수 있다.[24]

• • •

24) 캐롤라인 애덤스 밀러·마이클 프리슈, 우문식·박선령 옮김, 『어떻게 인생목표를 이룰까』, 물푸레, 2012, p.37.

보통 청소년은 '인생에서 무엇이 되느냐?' 라는 질문을 중심으로 진로에 대해 고민하게 되는데, 교사, 의사, 변호사, 기술자 등이 되는 것은 최상위수준의 과정목적은 될 수 있어도 자신의 인생 전체에 걸친 궁극적인 목적이 될 수 없다. 이러한 직업을 가진 후 어떻게 살 것이냐가 남은 인생에서 더 중요한 것이다. 자신의 전 인생에 걸친 자신이 생각할 수 있는 또는 자기 생각을 넘어서는 최고의 이상가치를 향한 이상목적 또는 궁극적인 목적은 꾸준한 질문이나 내면적인 성찰을 통해 오기도 하고 드라마틱하게 찾아오기도 하며 객관적으로 찾으려고 노력하는 과정에서 다가오기도 한다. 이렇게 이상목적이 설정되면 이 목적을 달성하기 위해 나아가는 과정으로서 단계적으로 상·하위 과정목적을 설정할 수 있다. 고교진학, 대학진학, 대학원진학, 취업, 결혼 등은 중요한 과정목적이 된다. 고등학교 3년을 어떻게 잘 보낼 것인가, 1학년, 2학년, 3학년 과정을 어떻게 잘 보낼 것인가를 중심으로 달성할 교과 및 비교과활동목표를 정하는 것도 과정목표가 된다. 과정목표설정이 끝나면 현재 내가 행동을 취해야 할 행동목적 또는 실천목적을 설정할 수 있다. 인생의 분명한 목표와 방향이 설정되면 이를 달성할 수 있게 하는 성취동기도 적극 발현된다.

청소년은 중학교 시기에 꿈의 목록을, 고등학교 시기에 장기적인 인생목표와 중장기적인 진학목표를, 대학교 시기에 장기적인 인생목표와 취업목표로 나누어 만들어 볼 수 있다.

진학 및 직업세계 이해

자신을 이해하고 진로목표가 구체화되면 그다음으로 진학 및 직업의 세계에 대해 이해한다. 진로와 관련된 학교 및 학과정보 등의 수집·분석과 함께 진로와 진학을 위해 무엇을 공부해야 하는지, 이과로 갈 것인지 또는 문과로 갈 것인지, 어떤 고등학교 또는 대학으로 진학할 것인지 등에 대해 검토해 보며 필요 시 대학교 등을 방문해 볼 수 있다. 미국에서 대학교에 가기 원하는 많은 고등학교 졸업반 학생들이 전국에 걸쳐있는 대학교 중 자기가 가고 싶어하는 대학을 중심으로 차례로 탐방한다. 대학 명성뿐만 아니라 캠퍼스 전경, 면학 분위기 등을 확인하여 가능하면 자기 마음에 드는 학교를 선택한다.

한편, 직업에 대한 탐색도 이루어져야 한다. 직업세계, 취업 가능성 및 장래전망, 직업가치관, 구비능력 등에 대한 자세한 정보가 필요하다. 청소년이 직업에 대해 생각할 때 부모에게서 들은 지식, 주변에서 자주 보아온 직업, TV 등에서 자주 등장하는 직업(연예인, 운동선수, CEO, 사업가, 변호사, 교사 등)만을 자기가 나아갈 수 있는 직업이라는 인식을 가질 수 있다. 대중에게 알려진 직업은 100종 미만이다. 따라서 대부분 생소한 직업이다. 대중이 선호하는 직업은 자신이 갈 수 있거나 가야 하는 길과 많이 다를 수 있다. 주위들은 직업 관련 지식만으로는 합리적인 의사결정을 하기 어렵다. 따라서 직업세계에 대한 충분한 정보수집과 분석이 뒤따라야 한다. 관심직업을 탐색하기 위해 커리어넷(www.career.go.kr)의 미래의 직업세계, 워크넷(www.work.go.kr)의 직업진로자료실(직종별 직업사전)

등을 활용하고, 다양한 직업세계 또는 특정 직업세계를 소개는 책을 읽고 필요한 정보를 얻을 수 있다. 자신에게 맞는 직업을 탐색해 보기 위해 홀랜드(Holland)직업유형검사 등을 해 볼 수 있다.

청소년들은 직업이나 일에 대해 다분히 로망(Roman)을 가지고 있기 때문에 실제 현장에서 일어나고 있는 일이 얼마나 힘든지, 가치가 있는 것인지, 어떤 자세로 일하고 있는지, 사업의 전망은 어떠한지, 일을 하려면 어떠한 능력이나 자격을 구비해야 하는지, 일터의 문화는 어떠한지, 복지수준은 어떠한지 등의 궁금증을 직업종사자와의 면담을 통해 직접 해결해 나가는 과정에서 현실감을 가질 수 있다.

최근 EBS에서 중학교 2학년을 대상으로 1년간에 걸쳐 '인생여행'이라는 주제를 갖고 자기발견, 꿈, 직업탐색 등의 일련의 프로젝트를 방영했는데,[25] 이 프로그램을 통하여 학생들은 실제로 현업 종사자를 찾아가 현장의 이야기를 듣고 실습해보는 시간을 가졌다. 무대 안무가를 희망하는 학생들이 실제 안무 연습을 해봄으로써 자신들이 생각하는 꿈속의 직업과 현실의 직업이 얼마나 다른지를 실감하는 등 현장직업 탐색을 통해 직업에 대한 안목을 높이고 자기가 택해야 할 직업을 얻기 위한 구체적인 준비와 노력 등에 대한 새로운 자세를 갖게 되는 기회가 되었다.

청소년이 '평생의 일'을 찾아가는 과정에서 다음을 고려해 보아야 한다.

• • •

25) 2014년 3월 16일, EBS '15세 교육혁신을 가다.'

잘할 수 있는 일과 좋아하는 일

잘할 수 있는 일과 좋아하는 일이 일치하는 것(유형 1)이 바람직하지만, 이들 중 하나만 해야 할 때이다.

	좋아하는 일	좋아하지 않는 일
잘할 수 있는 일	유형 1	유형 3
잘할 수 없는 일	유형 2	유형 4

S는 춤추는 것을 좋아했다. 졸업 후 가정형편이 어려워 밤에 노래를 하면서 생활하고 있었다. 마음속의 고민은 '내가 좋아하는 춤을 추고 싶다. 그래서 노래를 그만두어야 하는가?'였다.

'좋아하는 일'과 '잘할 수 있는 일'은 항상 일치하는 것은 아니다. 생계를 유지하고 또 그 분야에서 성공하려면 잘하는 일을 직업적으로 우선하는 것이 바람직하다. 물론 자신이 관심을 가지고 좋아하는 일을 지속하게 되면 자질이 개발되고 상당한 성취를 이룰 수 있다. 성취를 이루면 그 일을 더 좋아하게 된다. 그 결과 긍정적인 선순환을 이루게 된다. 현실적 여건 등을 고려하여 이들 간의 우선순위를 정해야 한다.

잘할 수 있는 일과 좋아하지 않는 일

Y는 우수한 학생으로서 대학 1학년 때부터 각종 직업에 대한 평가를

꼼꼼하게 해왔다. 최종직업으로 병리사를 선택했는데, 그 이유는 직업적으로 성공할 기회가 높고 직업의 안정성이 컸기 때문이었다. 시간이 지남에 따라 자신이 학술연구나 진단법을 개선하는 일에 열심이 없다는 것을 깨달았다. 병리검사에 흥미가 없었던 것이다. 그동안 승진하면서 좋아하던 행정관리업무를 떠나 병리검사만을 해왔었다. 일에 더욱 열중하다 보면 좀 더 나아질 것으로 생각했지만 그렇지 않았다.

잘할 수 없는 일과 좋아하는 일

자기 혼자 좋아서 막무가내로 하고자 하는 경우도 있다. Y는 음악을 매우 좋아했다. 너무나 음악을 좋아해서 음악가의 길을 걸었다. 그의 음악을 접한 사람들은 그의 음악을 듣고 별 반응이 없었다. 그런 반응을 보고 그는 비참함을 느꼈다. 그는 음악을 좋아하긴 했지만 음악을 잘할 수 있는 재능은 없었던 것이다.

잘할 수 없는 일과 원하는 일

자신이 하고 싶어하는 것을 하더라도 적성이 맞지 않으면 평생 몸에 맞지 않는 옷을 입고 사는 것과 같다. 많은 청소년들이 경험을 해보고 싶다며 이것저것을 하다가 샛길로 빠진다. 원하는 일을 무조건 하다 보면, 마치 토끼가 수영과 나무타기를 하거나, 오리가 달리기와 나무타기를 하거나, 다람쥐가 수영과 달리기에 치중하듯이 평생 몸에 맞지 않는 옷을 입고 삶을 허비하다가 주특기를 살리지 못하게 된다. 그렇다고 진로적성에서 무조건 적성만을 고려할 수는 없다. 많은 사람들이 삶의 실제적인 필요 때문에 일을 한다. 예를 들면 화학을 얼마나 잘하느냐가 중요한 것은 유기화학자로 진로를 결정했을 때이다. 그렇지 않으면 그것은 하나의 수강과목에 지나지 않는다.

잘할 수 있는 일과 가치 있는 일

'잘할 수 있는 일'과 '가치 있는 일'은 다르다. 돈 잘 버는 의사가 반드시 좋은 의사가 아니다. 마찬가지로 유능한 법관이 반드시 정의로운 법관이 아니다. 가치 있는 일은 재능과 무관하다. 문제는 그런 차이를 어떻게 극복할 것이냐이다. 자신의 재능을 가지고 가치 있는 일에 종사하게 된다면 금상첨화가 될 것이다. 재능과 가치관이 일치하면 더할 나위 없이 좋겠지만, 상충될 때 어차피 하나를 선택해야 한다. 강점을 우선하되 가치를 극대화할 수도 있고, 가치를 먼저 선택하고 그 안에서 강점을 살릴 수도 있다.

진로계획 수립

진로결정은 계획수립의 형태로 구체화된다. 자기를 이해하고 인생 목표가 설정되고 진학 및 직업세계에 대한 이해와 탐색이 이루어졌으면 이를 바탕으로 부모나 선생님 등의 도움을 얻어 자기 인생의 로드맵(Career Roadmap)을 작성해 본다. 진로계획 및 의사결정에는 진로목표와 달성 전략, 진학, 학과 및 계열 결정, 학습 및 학업 성취목표, 취업, 진로결정의 수정 등의 내용이 포함된다.

장·단기 진로계획의 작성

저학년 시기에 진로 로드맵은 바라는 목록(Wish List) 형식으로 작성해 본다. 중요도에 따라 우선순위를 매기고 언제까지 무엇을 하겠다고 작정한다. 고학년에 올라갈수록 진로 로드맵은 구체적으로 작성한다. 생애설계처럼 장기계획(20~70대까지)으로도 작성하고, 대입을 목표로 하는 중기계획(3년 계획 이상)으로 또는 학년 단위의 단기계획(1년 계획)으로 작성한다. 진로 로드맵은 다른 학생의 것을 참고할 수 있으나 자신에게 맞도록 그려야 한다.

생애진로 로드맵

생애진로 로드맵은 자기 인생 전체에 대한 그림이다. 정답은 없다. 일단 그려놓는 것이 중요하고 이를 바탕으로 자신의 삶을 구체적으로 디자인해 나가는 것이 필요하다([부록 4] 참고). 아래에 간단한 이력서 형태로 표현해 보았다. 당초 계획했던 연도보다 훨씬 빨리 목표를 달성했고 더 오랫동안 현역으로 활동했다.[26]

〈미래 이력서〉

장기진로목표	훌륭한 교육자		
	당초 달성연도	실제 달성연도	비고
교수 시작	1961년	1961년	실제계획보다 학장은 11년, 총장은 7년 조기달성
단과대 학장	1980년	1969년	
종합대학총장	1992년	1985년	
은퇴	2000년	2010년	

---

26) 강헌구, 『가슴 뛰는 삶』, 샘앤파커스, 2008, p.53. 생애진로 로드맵의 자세한 사례는 고봉익·윤정은, 『진로 로드맵』, 웅진윙스, 2014. pp.296~361 참고.

중기진로계획(3년)

대학 진학을 위한 고등학교 3년간의 학업계획은 다음과 같다.

진로목표	방송전문직								
진학목표	K 대학 신문방송학과, Y 대학 언론학과, S 대학 커뮤니케이션 학과								
하위목표	학업과제 목표								건강유지
	내신교과(등급)				모의수능(등급)			비교과	체력유지
	과목	1년	2년	3년	과목	1년	2년	3년	임원활동, 비교과자율활동 등
	국어	2	2	1	국어	3	2	1	
	영어	2	2	2	영어	2	2	1	
	수학	2	1	1	수학	2	1	1	
	사탐	1	1	1	사탐	2	1	1	
전략	1안	내신 목표치 달성(+모의수능 부분달성) → 학생부교과							
	2안	내신 성적 미달성(+모의수능 미달) → 학생부종합전형							
	3안	내신 목표치 부분달성+모의수능 달성 → 논술							
	4안	내신 목표치 미달성+모의수능 달성 → 정시							
방법	ⓐ영·수 선행학습 ⓑ주당 2시간 추가확보 ⓒ비교과자율활동 ⓓ운동시간 줄이기								
제약	ⓐ비주도적 공부방법 ⓑ성적상승 부진 ⓒ체력 허약 ⓓ어려운 가정형편								
최종선택	공부진척, 성적추이 등에 따라 지원 대학 및 모집전형 최종 결정								

단기진로계획(1년)

학업성적을 향상시키기 위한 1년 계획은 다음과 같다.

목표	수학내신 3등급에서 2등급으로 1등급 올리기			
전략	1안 기본개념이해 강화	2안 오답문제풀이 점검	3안 응용문제 따라가기	4안 예·복습 철저
방법	학교수업 충실, 방과 후 교과 관련 활동	방과 후 교과 관련 활동, 선행학습	선행학습	30분 이상 투자하기
제약	ⓐ타 공부 지장초래 ⓑ단기 성적상승 부진 ⓒ체력 허약 ⓓ어려운 가정형편			
평가	1학기 성적추이를 검토하여 2학기에 방법 등 수정 보완			

진로의사결정의 어려움

진로의사결정에는 항상 어려움이 따른다. 미래사회에 대한 예측이 어렵거나, 진로결정 당시 가치관에 혼란을 겪을 때 특히 그렇다.

사회변화와 진로예측 불확실성

1980년대 초 ○○공고를 수석으로 졸업한 K는 담임선생님의 권유로 지방의 공대를 지원하여 졸업하고 취업했으나 정리해고되어 지금은 택시기사로 일하고 있다. 그런데 이 학생보다 공부를 잘하지 못한 두 친구들은 선생님의 권유를 마다하고 사회과학대, 의대로 진학하여 지금까지 변호사와 의사로 전문분야에서 활발하게 일하고 있다.

최종진로결정에서 가치관의 혼란

카이스트 졸업반 학생인 C는 앞으로의 진로에 대해 매우 고민스럽다. 같이 졸업하는 친구들 대부분이 의학전문원이나 로스쿨로 진학하고 있기 때문이다. 지도교수와 상담을 해 보니 의사나 법조인으로 진출하여 전공을 확장하는 것도 나쁘지 않다고 조언해 주었다. 많은 고민 끝에 그는 사회에서 별로 대우를 받지 못하고 있는 과학자의 길을 가기로 최종 결정했다.

진로의사결정에서 가치관의 역할

청소년은 상담 등을 통해 자신의 진로에 대해 깊이 있는 지식을 구할 수 있다. 그러나 자신의 미래에 대한 최종적 결정권은 본인 스스로에게 달려 있다. 최종진로결정에서 초석(Cornerstone) 역할을 하는 것은 가치관이다. 청소년들이 지식적으로 알고 있는 자신의 가치관과 실제 삶을 통해 표출되는 가치행동과는 차이가 있다. 따라서 실제 의사결정에 앞서 자신이 어떠한 결정을 내리고 있는지를 깊이 있게 물어보아야 한다. 많은 청소년들이 직업 선택에서 '나 자신만을 위한 것이 아닌' 삶을 살아야겠다고 입버릇처럼 외치다가 실제 직업 선택에서 '안정성'을 선택한다. 자신의 가치관을 정확하게 아는 것도 중요하지만 핵심 가치관의 변화는 자신의 재능을 긍정적인 방향으로 활용할 수 있도록 견인해 준다.

자신의 가치관을 알면 결정을 내리기 쉽다.

— 로이 디즈니, 월트 디즈니 회장

미국 중산층의 직업선택기준에서의 가치관 비중

미국 중산층 1,500명을 대상으로 한 '사회생활의 첫발을 내디딜 때, 무엇을 직업 선택의 기준으로 삼았느냐?'는 설문조사 결과, 83%(1,245명)가 봉급이 많고 승진도 빠른 직장을 선택했고, 17%(255명)가 하고 싶은 일, 즉 자신에게 가장 소중한 일을 선택했다. 20년 후 확인한 결과, 1,500명 중 101명의 백만장자가 나왔는데, 101명 중 100명이 모두가 '자신이 하고 싶은 일'을 선택한 17%에 속한 사람이었다.[27]

교육을 통한 직업가치관의 변화

연변과기대 학생들은 입학할 때와 졸업할 때 반드시 자전적인 에세이를 쓴다. 입학할 때 대부분의 학생들은 '나는 가난하다. 그러므로 성공해야 한다.'라는 내용으로 자신의 정체성을 규정한다. 그들이 졸업할 무렵 '내 인생은 남을 위해 사는 것이 가장 값진 삶임을 배우고 돌아갑니다.'라는 내용으로 정체성이 바뀐다.[28]

직업적 재능을 포기하고 핵심가치관을 선택

젊은 은행가였던 피터 드러커(Peter Drucker)는 인생의 숙명적인 키워드가 '금융업'으로 보였다. 분명 재능과 적성에 맞았다. 그러나 은행가 직업을 가지고 사회에 어떻게 공헌할 수 있을까 고민하게 되었고, 다른 모습으로 많은 사람에게 영향력을 주는 것을 상상하기 시작했고, '인간경영'

・・・
27) 강현구, 상게서, p.53.
28) 김진경 연변과기대 총장, 한국기술교육대학교 특강, 2011. 11. 2.

이라는 새로운 키워드를 찾아냈다. '세상에서 가장 가치 있는 삶은 무엇인가?', '이 시대에 가장 필요로 하는 일은 무엇인가?'를 물으며 자신의 강점보다 자신의 가치관에서 숙명적인 키워드를 찾았다.[29]

진로의사결정의 유형

청소년은 각자 의사결정유형이 다르다. 객관적인 분석을 통해 이성적으로 합리적인 의사결정을 내리는 사람, 자신의 상황에 대한 직관과 느낌을 바탕으로 의사결정을 내리는 사람, 부모나 중요한 사람에 의하여 의사결정이 내려지는 사람도 있다. 청소년 스스로의 성숙 정도와 상황에 따라 의사결정 방법이 다를 수 있기 때문에 진로에 관한 결정이 어디에 해당하는지 자문자답해 볼 필요가 있다. 진로와 관련하여 바람직하다고 여겨지는 경우 언제든지 수정할 수 있다.

진로의사결정 사례

각종 검사결과 추천되고, 신체·가정환경·자신의 포부·직업조건·직업환경변화 등을 고려하여 선택할 수 있는 직업군 중에서 청소년 자신이 원하고, 담임선생님, 상담교사 등이 추천하는 직업 중 교집합이 가장

...

29) 강현구, 전게서, pp.71~73.

큰 영역이 미래 직업으로 적합하다.

〈진로 관련 검사와 바람직한 일 찾아가기〉

구분	나의 특징	적합한 진로 및 직업
가치관검사	정직, 선을 추구, 나눔, 공익서비스	사회복지분야(사회복지사), 공공서비스(공무원), 교육직(교사)
적성검사	언어능력, 자기이해 능력	교육직(교사), 사회봉사직(상담가)
흥미검사	인간의 삶, 성장과 배움에 관심	교육훈련직, 상담직
성격검사	쾌활, 명랑, 나눠주기 좋아함	홍보서비스직, 교육직
신체조건	건강함	어느 직업도 가능
가정환경	하	의대, 외국 대학 진학 어려움
학습능력	내신 2등급, 수능 2~3등급	적성 찾기 용이
부모님 의견	안정	교사
자신의 꿈 (포부)	글로벌 활동, 봉사	환경전문가, 국제단체종사자

진로 및 진학을 위한 준비와 노력

진로선택과정의 마지막 단계는 진로 및 진학을 위한 준비와 노력이다. 청소년 시기는 늘 푸르지만(Ever-green) 그 푸름은 아침 안개가 서려 있는 새벽과 같다. 그 안개는 태양이 떠오르면 사라지게 된다. 따라서 새벽안개가 거치기 전에 기회의 문을 향해 앞으로 나아가야 한다. 이때 앞이 보이지 않는 인생길을 밝혀주는 나침반의 역할을 해 주는 등불이 커리어디자인(Career Design)이다. 커리어디자인은 청소년 자신의 인생설계도이며 청사진(Blueprint)이다. 이제 이 설계도에 따라 자신의 인생을 건축해 나가야 한다. 진로 준비는 가능한 저학년 때부터 체계적으로 준비하되 자신이 원하고 잘하는 것을 발견하여 그것에 자신의 모든 에너지를 모을 수 있어야 한다.

진로발달과정

진로의 발달과정(Career Development Process)은 초등학교에서 진로에 대한 인식, 중학교에서 진로탐색, 고등학교에서 진로계획, 대학교에서 진로준비, 성인시절에는 진로적응과 진로전환의 과정을 순차적으로 밟게 된다. 이 과정은 체계적으로 연결되어 있으므로 진로발달은 장기적인 관점에서 통합적으로 준비되어야 한다. 현재 중·고교에서는 개인맞춤형 진로교육프로그램을 실시하고 있을 뿐 아니라 아일랜드의 전환학년제와 영국의 갭이어(Gap Year)를 본떠 초6, 중3, 고3 학교급 전환기 진로지도프로그램을 운영함으로써 상급학교로의 원활한 적응이 이루어지도록 진로교육을 지원하고 있다. 대학에서는 전공별·학과별 진로탐색 프로그램, 역량강화 프로그램, 융합기술교육 프로그램, 창업지원 프로그램 등 진로 관련 다양한 프로그램이 운영되고 있다.

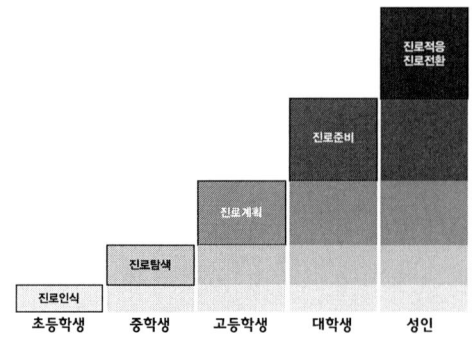

중학교 시기

주도적인 진로탐색

진로발달과정을 보면 중학교 시기는 자기 인생에 대해 발견적 삶을 살려 하는 때이다. 따라서 진로목표를 설정하고 고등학교 진학을 포함한 인생 전체의 로드맵을 그려볼 수 있는 시기이다. 중학교 시기에 바르게 탐색된 진로설계는 학업과 학교생활, 고등학교와 대학교 진학 및 평생의 일과의 연관성을 높여주고 일관성을 갖게 해준다. 이 시기를 그냥 보내면 진로에 대해 자유로이, 폭넓고 깊게 그리고 심각하게 고민해 볼 기회가 좀처럼 찾아오지 않는다. 고등학교에 진학하면 진로에 대한 고민은 거의 할 수 없게 될 만큼 바로 대학 진학이 눈앞의 현실이 된다. 어떻게 하면 성적을 올리고 성적에 맞추어 대학교와 희망학과에 진학할 것인가가 더 절박하다.

　우리나라는 그동안 정부 차원에서 체계적인 진로교육이 부재한 상태였다. 최근 자유학기제 도입, 진로교육법제정 등을 통해 진로교육을 제도화하기 위해 노력하고 있다. 이제 진로교육이 중학교에서 고등학교, 고등학교에서 대학교로 단순히 입시를 위한 진학에만 초점을 맞추는 것이 아니라 각 학교급별에 맞는 체계적인 진로교육을 통해 학생들의 진로 역량을 개발할 수 있도록 초중고가 연속적인 학기가 될 수 있도록 구성되어야 한다.[30] 이는 대학이 학업성적이 아니라 목표의식이 뚜렷하고 배움에 대한 긍정적인 태도를 가지고 있는 학생, 즉 창의성과 인성, 자기주도성을 갖춘 학생을 선발하도록 영향을 미치고 있다.

　자유학기제가 도입된 지 얼마 되지 않아 중학생의 진로탐색과 직업체험이 아직 전문적이고 체계적으로 구성되지 못하고 있다. 진로의 관점에서 보면, 정체성이 형성과정에 있는 중학교 시기에 대부분의 중학생들은 자기 자신이 누구이며, 어떻게 살기 원하고, 무엇을 하기 원하는지를 잘 모른다. 청소년 스스로 주체적인 자기인식과 발견적 탐색을 자연스럽게 해 나간다는 것은 여간해서 되지 않는다. 어떤 일을 하겠다거나 어떤 직업을 가지겠다고 마음먹고 있는 것도 부모나 선생님, 친구, TV 등의 영향으로 주입된 것이 대부분이다. 자기 자신을 발견하기 위하여 우선 흥미검사, 적성검사, 지능검사, 창의력검사, 가치관검사 등 각종 표준화된 검사와 그 결과를 활용할 수 있다. 검사결과에만 의존하기보다 독서나

---

30) 김동일, '자유학기제를 위한 대학의 연계협력', 『자유학기제를 위한 대학의 협력방안』, 제9차자유학기제포럼, 2015. 9. 3., pp.13~14.

여행, 경험, 관찰 등을 통해 스스로의 삶과 인생 여정에 대해 생각해 볼 내적인 힘을 키워주고 이를 구체화할 수 있도록 코칭해 주는 것이 바람직하다. 자기이해가 어느 정도 이루어지면 가치 있게 살고자 하는 열망이나 욕구를 반영한 자기만의 꿈이나 인생목표를 설정해 볼 수 있다. 스스로 생각하는 '꿈'(○○고등학교)을 아무런 제약 없이 바라는 목록(Wish List)으로 적어보고 목표로 바꾸어 구체화시켜 나갈 수 있다. 꿈이나 비전은 크든 작든, 실현 가능하든 그렇지 않든, 명료하든 그렇지 않든 간에 자연스럽게 표현 가능하다.

그런 다음 꿈이나 목표를 구체화할 수 있는 진로와 진학 및 직업에 대해 탐색해 볼 수 있다. 진로와 진학을 위해 무엇을 공부할 것인지, 이과로 갈 것인지 또는 문과로 갈 것인지, 어떤 고등학교 또는 어느 대학으로 진학할 것인지 등에 대해 검토해 보며 필요 시 대학교 등을 방문해 볼 수 있을 것이다. 직업에 대한 이해, 직업군 탐색을 하면서 진출 가능성 및 장래 전망 등에 대해 알아보고 일의 종류와 내용 등을 통해 자신에게 적합한지 여부를 점검하며 직업현장을 방문하여 현업 종사자들의 고충과 애로사항을 들어봄으로써 현실 감각을 키우는 것도 필요하다. 책에서 읽고 주위에서 듣고 배운 지식과 현업에서 종사하는 사람에게 직접 듣는 이야기는 사뭇 다르게 다가오기 때문이다. '공교육혁신프로그램'에서도 잡 월드를 연계한 진로직업체험 등 진로·직업·현장체험 등의 프로그램을 통해 학생 개개인의 재능과 창의력을 살린 창의인재 양성을 구상하고 있다.

이러한 지식과 경험 및 자료를 바탕으로 부모나 선생님 등의 도움을 얻어 자기 인생의 장기 로드맵을 개략적으로 작성해본다. 이 시기에 작성하는 로드맵이 지나치게 구체적이면 진로가능성과 발전가능성을 제한

할 수 있다. 그렇다고 지나치게 추상적이면 실효성이 없을 것이다. 잠재능력과 기질 형성이 아직 초기수준에 머무는 이 시기에 전반적인 진로설계는 자신의 진로에 대한 밑그림을 그리는 수준에 머물게 된다.

진로발달과정에서 보면 내면의 기질과 정서 등이 충분히 형성되어 있지 않은 중학교 시기의 진로선택은 고등학교 시기처럼 성적에 바탕을 둔 능력과 적성 및 가치관에 따라 결정된다고 할 수 있기보다 마음의 소원과 흥미에 기초하기 쉽다. 그러므로 중학교 시기에 진로는 수시로 바뀔 수 있다. 부모를 포함한 인생 멘토는 자녀가 스스로 진로를 찾아가는 데 도움이 될 수 있도록 좋은 코치역할을 할 필요가 있다. 특정한 방향으로 진로를 사전에 결정해 놓고 고등학교 입학시험을 준비하도록 하기보다 시행착오를 거쳐서라도 진로를 탐색할 수 있는 방향으로 이끌어 주어 꿈이 자신의 학습과 성장을 견인해 타고난 잠재능력을 최대로 이끌어내어 최고의 존재로 자라날 수 있도록 해 주어야 한다.

이 시기에 학교교육과정 내에서 진로이론 학습이나 심리검사 등을 통한 진로탐색도 필요하지만 몸으로 부딪혀 알게 되는 현장체험이 중요하다. 최근 자유학기제 시행 등으로 중학교 학생과 학부모의 진로탐색과 직업체험에 대한 관심이 그 어느 때보다 높다. 종전에는 친인척 등을 동원한 직업소개, 직장탐방이 주류를 이루었지만 이제는 학급단위, 학교단위에서 민간기업과 공공기관, 사회적 기업, 대학 등을 포함한 다양한 범위와 수준의 직업탐방과 직업체험 프로그램에 대한 요구가 제기되고 이를 지원할 수 있도록 법적으로, 정책적으로 지원되고 있다. 따라서 청소년들은 이들 프로그램에 적극 참여하여 진로 및 직업탐색의 기회를 가져야 할 것이다.

진로방향에 맞춘 고교 선택

중학교 시기의 최우선 관심 대상은 어느 고등학교로 진학하느냐이다. 교육과정에 따라 고등학교 유형은 과학영재학교 등 일부 학교를 제외하면 대부분의 학교는 일반고, 특목고(과학고, 외국어고·국제고, 예술고·체육고, 마이스터고), 자율고(자율형사립고, 자율형공립고), 특성화고(직업, 대안) 이상 4가지로 구분할 수 있다. 고교유형에 따라 건학이념은 물론 교육과정편성과 학사운영이 다르다. 모집시기와 모집방법 등 선발방식이 상이하다.

진로 및 진학 선택

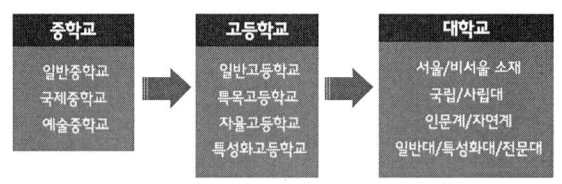

특목고와 특성화고, 자율형 사립고는 전기모집을, 일반고와 자율형 공립고는 후기모집을 하고 있다. 2015학년도 고입전형부터 내신 성적이 상대평가방식인 석차(백분율) 대신 절대평가방식인 성취평가제가 도입된다. 일반고의 경우 평준화지역은 추첨과 배정을 통한 입학전형이, 비평준화지역은 내신과 선발고사를 통한 입학전형이 실시되고 있다. 외국어고·국제고·과학고는 광역단위 모집을 하고 자기 주도 학습전형 등으로 선발하고 있다. 예술고·체육고·마이스터고는 전국단위로 모집하고 내신, 서류, 면접 등을 통해 선발하고 있다. 특성화고는 광역·전국단위로 신입생을 모집하는데 내신, 면접, 실기 등의 전형으로 선발하고 있다.

자율형사립고는 광역단위(전국단위포함)로 모집하고 평준화지역은 내신성적을 반영한 추첨에 의해, 비평준화지역은 자기주도적 학습전형(성적+면접)으로 선발하고, 자율형공립고는 광역단위로 모집하고 평준화지역은 선지원후추첨에 의해, 비평준화지역은 학교자율로 선발한다. 전국단위 자사고의 자기주도학습전형은 서류와 면접을 통해 선발하고 있다.

일반계 고등학교를 제외하고 고등학교입시에서 자기 주도적 학습이나 창의력, 학업적합성 등 잠재능력에 대한 측정을 점차 중시하고 있다. 자기 미래에 대한 명확한 진로비전과 목표가 없는 학생이나 사교육의존형으로 자기 주도적 학습능력이 결여된 학생은 고교진학 후 경쟁력이 떨어진다. 학생부전형이 대학입시의 화두로 떠오르고 해마다 선발비율이 높아져 가고 있는 현실에서 종래 특목고, 자사고 등을 목표로 하는 일부 학생들이 챙겨왔던 학생부도 이제는 잘 관리해 나가야 한다는 인식이 점차 퍼져가고 있으며 교과뿐만 아니라 봉사활동, 동아리, 진로활동, 방과후 활동 등 비교과활동도 점차 활발하게 이루어지고 있다. 이제는 대학에서 성적 등 정량적 지표에만 의존하여 인재를 선발하던 방식에서 벗어나 다양한 측면에서 학생의 창의성과 성장잠재력을 측정하려 하고, 기업에서도 GPA, 자격증 등 스펙만으로 인재를 선발하는 방식에서 벗어나 지원자의 업무수행능력과 창의성, 문제해결능력 등의 측정을 통해 선발하고 있기 때문에 이제 학생들도 진로와 관련한 다양한 체험과 자기계발이 적극 요구되고 있다.

주요 상위권대학은 수시비중이 높고, 학생부 종합전형과 논술전형으로 많이 선발한다. 진학률은 국·영·수 능력과 직결되는데 이는 중3까지 거의 결정된다. 주요 교과목의 성적이 우수하면 정시에 강하고 입시성공률이 높다. 꿈과 끼를 발현시키기 위해 반드시 자녀를 선발형 고교에 진학시켜야 할 필요가 있는 것은 아니지만 강남 엄마들은 소위 '3·3·3' 법칙에 따라 자녀를 원하는 모습으로 만들고자 한다. 자녀를 좋은 중학교에 보내기 위해 초등학교 4학년부터, 좋은 고등학교에 보내기 위해 중학교 3년을, 좋은 대학에 보내기 위해 고등학교 3년을 올인하도록 하는 것이다. 이러한 자원을 가지지 못하고 있는 일반학생들은 자신만의 강점을 키워나가기 위해 진로방향을 가능한 조기에 정하고 자신의 에너지를 한 방향으로 집중하여 투입해야 할 것이다. 진로에 따른 학업성취는 짧은 시간 내에 이루어낼 수 있는 것이 아니므로 중학교 때부터 진로목표를 감안한 대학입시를 생각하는 긴 안목으로 준비하는 자세가 필요하다.

고등학교를 선택할 때 다음 사항을 유념하여 접근하면 좋을 것이다.

방향	주요 내용
1. 꿈 실현에 유리한 학교	◦ 자신이 원하는 진로(일)로 나가는 데 도움이 되는 학교인가? ◦ 자신의 꿈과 연결된 대학 입학을 준비할 수 있는 학교인가? ◦ 자신의 학업진로목표달성에 적합한 학교인가?
2. 적성을 충분히 발현시켜 주는 학교	◦ 자신의 특별한 재능(어학, 과학, 수학 등)을 개발시켜 주는 학교인가? – 영어 등 우수 → 외고, 국제고, 마이스터고 – 수학·과학 우수 이과성향의 상위권 학생인가? • 영재학교 → 특목고(과학고 등) → 자사고 ◦ 전 과목 내신 성적 갖춘 학생인가? – 전국단위 자사고 ◦ 보통 성적 학생 – 과학중점학교·일반고 진학: 내신관리 → 비교과 활동 → 수능준비

방향	주요 내용
3. 진로 · 진학에 유리한 학교(교육과정 등)	○ 쉽게 진학할 수 있는 고등학교인가? 　–입학전형, 모집시기, 모집방법 등 고려 ○ 국 · 영 · 수 · 과 · 탐 등 주요과목이 얼마나 편성되어 있는가? ○ 수능과 내신을 동시에 대비할 수 있는가? (영재고, 과학고는 수능 불리) ○ 전공역량 강화 · 진로탐색이 가능한 방과 후 과정이 잘 운영되고 있는가?
4. 진학률이 높은 학교	○ 해당 고교의 대학 진학률이 어떠한가? ○ 정시와 수시의 비중이 어떠한가? ○ 수시 중 어떤 전형이 강한가? 　–과고 · 외고: 특기자전형, 자사고: 종합전형 · 논술 · 수능, 일반고: 교과전형
5. 계획과 실천의지	○ 자신의 역량을 잘 발휘할 수 있는 학습 환경(경쟁력 발휘, 통제력, 적응력, 스트레스 관리 등)인가? ○ 집중력과 끈기가 필요한데 과연 가능한가? ○ 효율적인 시간관리가 가능한가? ○ 진로 관련 학업에 대한 관심과 열정이 있는가? ○ 경제적 · 기술적으로 실현 가능한가?

고등학교 시기

　중학교에서 고등학교로 진학하게 되면 많은 학생들이 진로와 함께 진학에 대해 고민하게 된다. 진로가 구체적이지 않거나 자신의 성향을 잘 모를 경우 혼자 고민하게 되는 경우가 많다. 고등학교에서도 자신의 진로나 직업에 대한 깊이 있는 탐색이 이루어지지 않으면 대학 진학과 이후의 진로발달과정에서 후회하기 쉽다. 대학생 10명 중 7명이 '현재 전공을 선택한 것을 후회(72.7%)하고 있다.'고 한다. 후회하는 이유로 '생각했던 것과 달라서'(42.3%, 복수응답)를 가장 많이 선택했고, 그다음으로 '적성이 맞지 않아서'(30.7%), '학과 취업률이 낮아서'(25.3%), '성적에 맞춰 지원했던 거라서'(21.3%) 등으로 나타났다.[31]

학생들의 진로 고민과는 달리 고등학교의 당면과제는 대학 진학(율)이다. 그러다 보니 진로진학지도는 성적 등 객관적인 지표가 관건이 되고 그 성취에 따라 대학과 전공학부가 결정될 수밖에 없다. 이는 진로 불일치를 더욱 부채질하게 된다.

고등학교 3년간의 진로진학활동

고등학교 3년간의 진로진학활동은 어떻게 해야 할까?[32] 학년별 주요 활동을 살펴보면 다음과 같다.

시기	주요 활동
1학년	○ 고등학교 전체 생활의 밑그림을 그린다. 진학보다 진로라는 큰 그림에서 학교생활을 그려 나간다. ○ 3년의 기간 동안 부닥치게 될 진로 · 계열선택 · 진학 등 다양한 도전에 직면하면서 자신을 이해하고 탐색하며 학업에 정진한다.

・・・
31) 온라인취업포털 사람인, 대학생 484명 대상 설문조사 결과. 이데일리. 2014. 8. 15.
32) 내일신문 2014년 2~4월 발간분 중 발췌 인용.

시기	주요 활동
2학년	○ 1학년 때 계획한 것을 잘 실행하고 있는지 점검하며 진로에서 구체화된 진학을 향해 매진한다. ○ 문·이과계열선택에 따른 진로의 구체적인 계획을 수립하고 이에 따라 구체적인 노력과 활동을 한다. ○ 교내활동을 가장 활발히 하면서 희망하는 진로와 대학 및 학과와 관련한 비교과활동을 주도적으로 행한다. ○ 진로와 관련한 학업성취를 위해 학습동기를 지속적으로 고양시켜 나간다.
3학년	○ 지난 2년간의 실적을 점검하면서 자신에게 유리한 대학과 전형을 찾아 맞춤형으로 준비한다. ○ 수시와 정시에 대해 본격적인 계획을 세워 실천한다. ○ 1~2학년에 걸쳐 차근차근 준비해온 활동과 결과물을 바탕으로 강점을 최대한 발휘할 수 있는 전형을 선택하도록 한다.

진로 진학 관련 학교생활점검표

진로 진학 관련 학교생활점검표는 【부록 2】를 참고하기 바란다.

진로·진학 지형도

종전에는 공부만 잘하면 원하는 대학에 갈 수 있었다. 지금은 공부만으로 2%가 부족하다. 결과보다 과정을 더 중시한다. 2014년 자연계 수능 전국 1등 학생이 면접을 6번 치르는 서울대 의대시험과 면접을 보는 고려대 의대시험에서 낙방하고 수능성적으로만 선발하는 연세대 의대에 입학했다.[33] 대학은 단순히 성적(지적 능력)만 높은 학생을 선발(커트라인 방식)하는 것이 아니라 다양한 잠재능력을 가진 학생들을 선발(커트레인지 방식)하려 한다. 따라서 학생들은 조기에 재능을 발견하고 개발하여 대학과 전공 및 직업을 찾아가야 한다.

꿈을 발견한 학생은, 자신의 꿈을 실현하기 위해 학업과 활동 및 관계 등을 통해 진로와 관련한 다양한 사건과 사실들을 만들어내고, 이들을 의미 있게 엮어 자기만의 가치를 가진 고유한 스토리를 만들어냄으로써 자신만의 독특한 이미지를 구축하며, 그 결과 다른 사람과 차별되는 브랜드를 창출할 수 있다.

---

33) 연합뉴스, 2014. 2. 6.

진로 · 진학 선택과정

대학 1학년 가운데 전공학과가 자신의 진로나 적성에 맞지 않아 고민하는 학생이 많다. 단순히 흥미 위주, 성적 위주 또는 취업이 잘 되기 때문에 진학했기 때문이다. 전공학과를 바꾸고 싶어도 필요한 학점을 이수하지 못하여 전과가 쉽지 않다. 현재의 학업을 포기하고 다시 대학에 입학하는 것도 쉽지 않다.

K는 적성검사에서는 문과로 나왔고 언어 분야에 높은 점수가 나왔다. 수시마감에 이르러 인문계열 5곳과 이공계열 1곳을 지원했다. 인문계열 2곳과 이공계열 1곳에 합격했지만 주변에서는 취업전망이 밝다고 이공계열을 선택하라고 권하여 이공계열 학과로 진학했다. 대학에 진학하고 한 학기를 마칠 무렵 자기가 배우는 과목에 대한 흥미를 잃게 되었고 학업의욕을 상실했다. 전과를 하려 해도 쉽지 않고 다시 공부하여 대학을 가야 할지 고민 중이다.

또 적성에 맞추어 진학했다고 하더라도 졸업 후 취업 전망이 불투명하여 현재의 전공을 선택한 것에 대해 후회하고 있다. 인문계(인문, 상경, 사회과학) 출신 절반 이상(55%)이 '전공이 취업에 도움이 되지 않아 학과선택을 후회한다.'고 답했다. 인문계열 응답자 중 67.2%는 다시 대학에 진학할 경우 '지금의 전공을 선택하지 않겠다.'고 답했다.[34]

• • •

34) 뉴스토마토, 2015. 7. 14.

전공분야 선택

• 문과지망과 자질

인문·사회계열은 인간과 삶, 사회경제문제 및 문화 등을 주된 연구 영역으로 하고 있으므로 다음의 자질이 필요하다.

자질	주요 내용
언어능력	◦ 인간과 사회를 이해하기 위한 기초능력 ◦ 국어 및 영어, 중국어 등 외국어 흥미와 성취 ◦ 다양한 독서 능력 등
자기이해 능력	◦ 인간과 관계의 문제가 학문연구의 핵심과제
사회문제의식	◦ 인간과 사건이 발생하고 진전되는 사회 및 가치와 규범이 녹아 있는 문화에 대한 관심과 호기심 ◦ 사회문제에 대한 문제의식과 비판의식
논리적·체계적 사고	◦ 사회문제 이해·설명에 필요한 논리적이고 체계적인 사고 – 주요 대학입시에서 국어·영어과목보다 수학과목의 반영비율이 더 높음.
다양한 인문학적 소양능력	◦ 인문계열은 학과의 경계가 거의 없을 만큼 경계가 모호 ◦ 다양한 인문학적 소양은 물론 사회학, 경영학, 심리학, 통계학 등을 포함한 융합적 사고능력을 갖춘 인재 ◦ 인문학적 상상력 요구

• 이과지망과 자질

이과계열은 자연과학과 공학 등을 주된 연구영역으로 하고 있으므로 다음의 자질이 필요하다.

자질	주요 내용
수학	○ 이과계열의 기초언어는 수학 ○ 자연계열(자연과학적 실험), 공학(응용연구): 수학적 논리 → 추론 → 자연과학문제·산업경제문제 해결 ○ 공학교육 화두 → 실용 → 문제해결과 개선
논리력	○ 수학적 논리력(공학적 사고): 1+1=2
과학적 창의력	○ 문제를 해결하기 위한 창의력: 질문, 연구, 대안제시, 실험, 토론 등 ○ 문제 해결을 위한 풍부한 과학적 상상력 필요 ○ 논리를 넘어서는 과학적 탐구정신과 창의력, 과학 분야 관심과 잠재능력
물리 등 교과 우수	○ 과학(물리, 화학, 생물 등)

• 활동 지향성과 전공분야 선택

학생부종합전형에서 지원자의 비교과활동 서류를 평가할 때, 전공교과목만 열심히 한 학생이 있고, 인문학 분야에도 깊은 관심을 가지고 활동한 학생이 있다. 후자의 경우 창의성·다양성 측면에서 더 높은 점수를 받을 수 있다. 고등학교에서의 리더십이 인간관계 중심적이면 인문사회계열에, 호기심이나 열정이 많으나 한 가지 일에 집중하는 성격이라면 이과계열에 가깝다.

• 고교이수과목과 전공학과 학업적합성

고등학교에서 배운 교과과목(생물)으로 이공계 대학에 진학했더라도 전공학과(기계학과: 물리) 수업에 전혀 도움이 되지 않을 수 있다.

문·이과 진학의 질 높이기[35]

• 문·이과 성향 판단의 준거

	첫째 유형	둘째 유형	셋째 유형
유형	이(문)과를 선택했지만 적성은 문(이)과이고 성적도 문·이과 모두 잘 나오는 학생	적성은 문과나 이과로 확연히 구분되나 현실적으로 관련 학과 과목 성적이 이를 받쳐주지 않는 학생	문과와 이과계열별 흥미와 성적이 어중간한 학생
선택 폭	다양	○ 수학을 잘하면 이과, 못하면 문과라는 도식 탈피 ○ 물리를 좋아하면 이과 ○ 수학이 안 되어도 적성이 이과이면 이과 선택	○ 문·이과 혼재 학과 지원 ○ 관심과 흥미 학과 지원

자신이 문과 성향인지 이과 성향인지 헷갈려 하는 경우가 더러 있다. 교육과정이 점차 문·이과 통합으로 바뀌어 가고 있으므로 다음 사항을 고려해 본다.

• 진로의 다양성과 유연성의 확대

문·이과 성향이 모호한 학생의 경우, 성적을 고려한 진학 가능성 등 현실적 요인을 고려하여 유연하게 진학을 선택한다.

장래희망	진로 유연성
펀드매니저	① 사회계열 경영학전공 → 경영대학원 ② 이공계열 수학과 전공 → 경영대학원

• • •

35) 내일신문 2014년 2~4월, 2015년 9월 11일~17일 발간분을 수정보완

장래희망	진로 유연성
뇌전문가	① 이과 생물학과 → 대학원
	② 심리학과 → 인지과학 전공
의학분야 종사	① 의료경영학과, 임상병리학과 전공
	② 의과대학 진학
법조분야 종사	① 법과대학 → 사법시험
	② 이공계학과 → 법학전문대학원

• **문·이과 성향이 혼재된 학부로 지원**

문·이과 성향이 혼재된 학부로 진학하는 것도 한 방법이다. 고교교육에서 문과와 이과 교육을 통합하고, 대학에서도 학제 간 장벽을 허물고 있다. 많은 학부·과 커리큘럼이 학제 간 지식이 없으면 따라가지 못할 정도로 융합되어 있다.

학부과	주요 소양 내용
경영학과(인문계열)	수학을 기반으로 한 분석능력
산업공학과(자연계열)	공학기술과 경영전략의 접목
문화재보존학과(인문계열)	자연과학과 기술학 기반
시각디자인학과(예술계열)	물리학기초지식
애니메이션학과	컴퓨터그래픽 등 멀티미디어 관련 지식
문헌정보학과	사회과학지식과 데이터베이스구축 공학적 지식
심리학과	인문사회과학지식과 통계학, 실험설계지식
도시지역학과	지방행정지식, 도시설계, 지리정보 등 공학지식
통계학과(상경대, 자연과학대)	이론·응용통계 관련 수학지식, 사회경제분야 흥미

• 기타, 주거환경학과, 빅데이터학과, 지리학과, 생명과학과, 정보통신학과, 건축학과, 식품영양학과, 항공교통학과, 도시공학과, 가정관리학과, 의무행정과 등이 있음.

- **적절한 교차지원 활용**

　문과 학생이 이과계열, 이과 학생이 문과계열을 지원하는 교차지원은 문·이과 성향이 섞인 학생들이 잘 활용해야 할 대학 진학방법이다. 수시모집에서 교차지원은 전형별로 달라지는 유·불리를 잘 살펴야 한다. 학생부교과전형은 내신 성적 산출이 모집단위에 따라 결정되므로 인문계열로 지원한 학생은 국어·영어·수학·사회 성적을, 자연계열로 지원한 학생은 국어·영어·수학·과학 성적을 비교하여 상대평가해 보아야 한다. 특히 논술전형에서 교차지원을 한 경우 문과 학생은 자연계 논술을, 이과 학생은 인문계 논술을 봐야 하는데 현실적으로 준비에 어려움이 있다. 학생부종합전형 심층면접에서 전공적성 관련 지식을 묻는 면접이 있으므로 이에 대비해야 한다. 문·이과 성향이 모두 있지만 아직 진로목표가 뚜렷하지 않고 성적도 어중간한 학생일수록 학생부관리를 잘하고 교차지원을 염두에 두어야 할 것이다.

　교차지원의 경우 수학, 물리 등 이공계 전공 수학 관련 기초학문을 고등학교에서 깊이 있게 배우지 않은 경우 대학에서 수학하는 데 어려움이 따른다. 특성화고 출신, 일반계고등학교 출신 중 교차지원 한 문과생, 이과생이라고 하더라도 고등학교에서 해당 전공과 관련한 교과목을 배우지 않은 학생들은 수학·과학·컴퓨터 등 공학인증교양과목(MSC)을 이수하고 전공심화교육을 습득해 나가는 데 어려움을 겪는다.

- **문·이과 주요과목에 대한 기본 성취에 중점 두기**

일부 학생 중에는 과학과목에는 관심이 많지만 사회과목은 교과서만 펼쳐도 바로 졸음이 오는 학생이 있고 그 반대 경우의 학생도 있다. 특정 과목을 싫어하는 학생은 단순히 공부하기 싫어서 그럴 수도 있고, 기질적으로 특정 과목에 관심이 없는 경우도 있다. 중학교 단계에서 특정 과목에 대한 흥미를 잃어 좋은 점수를 받지 못한다면 고등학교까지 연장되어 힘들다. 대입 학생부전형에서 서울대, 국립 종합대, 교육대는 전 교과 내신 성적을 반영하는 경우가 대다수이며, 주요 사립대도 해당 계열의 주요과목을 반영하고 있으므로 이·문과 공통과목은 기본적 성적을 유지할 수 있도록 흥미와 호기심을 높여야 한다.

계열 및 학과 탐색하기

자신의 꿈과 진로에 맞는 계열과 학과를 탐색해 보기 위해 커리어넷, 대학 홈페이지 학과설명자료 등을 활용할 수 있다. 커리어넷(www.career.go.kr) '미래의 직업세계 → 자료실 → 계열별학과정보', '미래의 직업세계 → 학과정보 → 대학교 → 전공계열 → 선택검색결과보기 → 관심학과', '동영상 → 학과정보 → 학과인터뷰 → 관심학과'를 통해 다음과 같이 구체적인 정보를 확인해 본다. 대학과 학과 진학목표가 결정되고 나면 자신이 갖추어야 할 요건과 현재 상황을 점검하여 부족한 부분을 보완해 나가도록 한다.

계열 및 학과 탐색 항목

- 나의 관심계열(인문, 사회, 교육, 공학, 자연, 의약, 예체능 등)이 어디인가?
- 계열별 특성은 어떠한가?
- 계열의 관련 분야는?
- 세부 관련 학과는 어떻게 나누어지는가?
- 각 학과 개요는 어떠한가?
- 무엇을 배우는가?
- 주요 교과목은 무엇인가?
- 세부 전공은 어떻게 나누어지는가?
- 졸업 후의 진로는 어떠한가?
- 취업률은 높은가?
- 관련 직업은 무엇인가?
- 관련 자격증이 있는가?
- 기업이 원하는 능력이 무엇이고 어떻게 배양할 수 있는가?
- 내가 희망하는 학과는 어떠한 것이 있는가?
- 여러 대학의 희망 관련 학과 중 내가 관심이 있는 대학은 어디인가?
- 입학하려면 무엇을 준비해야 하는가?
- 수시와 정시에서 최근의 동향은 어떠한가?
- 경쟁률은 높은가 낮은가? 커트라인은 어떠한가?
- 결원 충원율은 높은가?

수시와 정시, 어디에 중점을 둘 것인가?

7~8월 수시 입학설명회 시기가 되면 진로와 진학에 대해 고민하는 많은 학생들이 대학입학 설명회장을 찾는다.

Q 이 대학교에 대해 설명 좀 해주세요!
A 이 학생은 방문한 대학교에 대한 지식이 전혀 없는 경우이다. 마치 여행을 지금 떠나야 하는데 목적지도 모르는 사람과 같다. 전반적으로 자세한 설명이 필요하다.

Q 반드시 이 학교에 오고 싶어요!
A 이 학생은 성적이 되지 않지만 본인이나 부모님이 꼭 오고 싶어 하는 경우이다. 학생의 현재 성적을 감안하여 입학 가능한 적합한 전형이 무엇이 있는지를 자세히 안내해 줄 필요가 있다.

Q 그냥 성적에 맞추어 들어가고 싶어요!
A 이 학생은 입학성적은 되지만 어느 학과에 들어가야 할지를 정해 놓고 있지 않은 경우이다. 성적에 맞추어 가는 것보다 학생의 꿈과 비전 및 적성에 가장 맞는 학과를 선택하도록 안내해 줄 필요가 있다.

Q 성적이 ~한데 입학할 수 있을까요?
A 이 학생은 교과내신을 반영하는 학생부전형으로 입학할 성적이 되지 않는 경우이다. 학생부종합전형 등 입학 가능한 전형을 안내해 줄 필요가 있다.

Q 문과계열인데 이과계열로 교차지원이 되나요?
A 이 학생은 취업 등의 이유로 교차지원하고자 하는 경우이다. 입학 후 학업 적응 등에 어려움이 있을 수 있음을 안내해 주어야 한다.

진로 · 진학 준비 전략

대학 진학을 눈앞에 두고 있는 학생들은 수시로 갈 것인가, 정시로 갈 것인가, 수시에서는 어떤 전형으로 갈 것인가 등을 고민한다. K 군은 서울 강남 소재 고등학교에서 중상위권의 내신 성적과 수능우선선발기준을 통과할 수 있는 수능성적을 얻었지만 수시와 정시 모두 불합격했다.

그 주된 이유는 수시와 정시지원에 대한 이해가 부족했기 때문이었다. 수능 전 논술전형에 지원한 대학의 정시 합격선보다 수능점수가 높게 나왔다는 판단으로 논술시험 응시를 포기하고, 자신의 수능점수로 수시에 지원한 대학보다 높은 대학에 갈 수 있다고 판단했으나 정시에서의 하향 안정지원추세로 인해 합격선이 올라감으로 인해 탈락했다.

진로진학준비와 관련하여, 먼저 자신의 진로가 명확하게 설정되어 있는지를 확인한다. 진로목표가 명확하게 설정되어 있으면 어느 대학, 어느 학과로 입학하고자 하는지 그림이 그려지게 되고, 구체적인 진로 관련 활동이 가능하다.

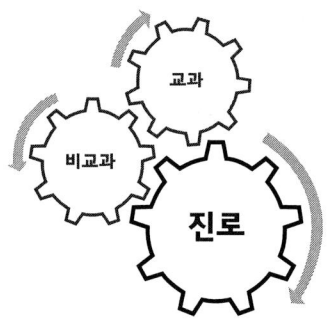

다음으로 지원하고자 하는 대학과 전형별 특징을 분석한다.

그다음으로 주요 전형 및 전형요소별 자신의 강점을 중심으로 접근한다. 대부분의 전형은 학생부 교과내신을 중심으로 1~2개의 전형요소를 추가하는 방식으로 구성되어 있다.

학년별 전형요소에 따른 준비전략을 살펴보면 다음과 같다.[36]

학년	준비전략
1학년	◦ 학교공부를 중심으로 학교활동에 열심히 참가하면서 학교시험과 모의고사로 자신의 강점을 찾아간다. ◦ 1학년 때에는 내신과 수능준비 비율이 8대2가 되도록 한다.
2학년	◦ 모의고사 성적 추이를 보면서 내신과 수능준비 비율을 7대3 또는 6대4로 한다. ◦ 내신은 좋은데 모의고사 성적이 떨어지면 수능준비에 더 신경 쓴다. ◦ 모의고사 성적이 생각보다 낮으면 학생부 교과전형, 논술고사, 학생부종합전형을 제각기 고려해 본다. ◦ 내신은 높지 않지만 모의고사 성적이 잘 나오면 논술전형이나 정시까지 고려한다.
3학년	◦ 중간·기말고사 때를 제외하고는 수능준비에 올인한다. 시험기간 중에는 내신 80%, 수능 20% 비율로 하고, 평소에는 수능 80%, 내신 20% 비율로 한다. ◦ 내신이 기준이 되고 있으므로 내신 성적이 잘 나오지 않고 모의고사 성적이 잘 나오면 수능전략으로 나간다. ◦ 교과 성적이 안 나오는 학생은 논술고사, 학생부종합전형을 준비하고, 수능도 몇 과목을 주력하여 최저 요건에 맞추도록 한다. ◦ 교과 성적이 잘 나오면 학생부교과전형으로 준비하고 최저요건을 맞추도록 한다. 교과 성적이 좋으나 모의고사 성적이 좋지 않으면 학생부종합전형으로 지원한다.

﹒﹒﹒

36) 내일신문 2014년 2~4월 발간분 발췌 인용.

지원전략

마지막으로 전형별 주요 전형요소와 그 비중을 살펴보고, 자신의 강점을 고려하여 지원전략을 수립한다.

구분	교과	비교과	수능	논술	면접
학생부교과전형	★	△	○(△)	-	-
학생부종합전형	○	★	(△)	-	★
논술전형	○	○	○	★	
실기전형	○	★	△	-	★
적성고사전형	○	-	○	-	-
정시	△	-	★	-	-

(★ 매우 중요, ○ 중요, △ 약간 중요 또는 최저요건)

수능 전에 모두 수시에 지원해야 하므로 모의고사 성적 등을 기준으로 정시로 합격 가능한 대학을 가늠해 보고 나서 대학별, 전형별로 학생부 교과, 학생부 종합, 논술, 실기 위주, 기타전형의 평가기준을 활용하여 그보다 약간 높은 대학을 목표대학으로 선정하여 지원해야 한다. 수시는 총 6회 지원할 수 있지만 희망대학을 목표로 무조건 상향 지원하는 것은 희망고문이 될 수 있다.

학생부교과

학교활동이 적고 학교공부는 열심히 하여 교과 성적이 강하나 수능성적이 불안한 학생들이 지원한다. 수능최저기준만 충족 가능하다면 공격적으로 지원해 볼 수 있다. 학생부 내신 성적이 합격에서 가장 중요한 요소로 작용하고 있으므로 다른 전형에 비해 경쟁률이 낮고 중복 합격자가 많으며 최초 등록률이 낮아 충원합격이나 정시이월 인원이 많다. 모집인원이 증가하고 수시 1, 2차 분할모집이 폐지되면서 수능최저요건을 맞추는 데 유의해야 한다.

상위권 대학은 2단계에서 비교과 일부 반영, 면접 그리고 수능최저요건을 두고 있는 대학이 많아 순수한 의미에서의 학생부 교과전형이라고 할 수 없다. 특정 대학은 낮은 수능최저기준 적용함으로써 타 우수대학으로 지원할 학생들을 유인하기도 한다. 학생부 교과전형을 준비하는 학생들은 내신과 비교과 모두 충실히 준비하고 수능최저요건을 통과해야 하므로 수능준비도 열심히 해야 하는 부담이 있다.

학생부 교과전형에서는 전형요소별 반영비율, 수능최저학력기준, 교과목 관련 성적반영 방식—내신 반영률, 반영 교과목 수 및 과목별 반영비율, 반영지표(석차등급, 영역의 합 등), 학년·학기별 반영비율, 이수단위충족여부—등을 어떻게 적용하는지 숙지하여 자신에게 유리한 전형요소를 찾아야 한다.

학생부종합

합격률이 5%에 불과한 논술전형과 수능성적 100% 반영이 대세가 된 정시모집은 재수생이 초강세가 확인된 전형이고, 교육부가 학교활동 이외의 학업 관련 수상실적이나 활동 등 외부 스펙을 철저히 통제하고 있으므로, 학생부종합전형은 재학생들이 수능성적이 상대적으로 월등한 재수생들과의 경쟁을 피해 합격 가능성을 높일 수 있는 가장 적합한 전형이다. 내신 성적이 다소 부족하더라도 진로목표가 뚜렷하고 관련 비교과활동이 많으면 유리하다. 내신 성적은 좋지만 수능모의고사 성적으로 다른 전형을 고려하기 어려운 학생들에게도 적합하다.

입학설명회에서 간혹 수능최저요건이 있는 학생부교과전형에만 매달리는 학생이 있는데 내신 성적이 어느 정도 갖추어져 있으면 비교과활동을 잘 구성하여 학생부종합전형을 지원하면 될 것이다. 수능을 준비하고 있는 경우 전공면접에서 좋은 점수를 받을 수 있다.

이 전형은 대학의 건학이념과 인재상에 부합하는 핵심역량을 가진 학생을 선발하기 위해 도입된 전형이므로, 평가의 최저기준은 '지원자가 과연 대학교에서 원하는 인재역량을 가지고 있는가?'의 적격 여부이다. 따라서 지원자는 자신의 진로준비전략에 맞추어([부록 3] 참고) 대학에 지원해야 한다. 이 전형은 농어촌 학생, 저소득층, 특성화고 학생, 고졸 취업자, 지역인재 등 다양한 선발전형을 포함하고 있다. 따라서 지원자는 해당사항을 잘 살펴볼 필요가 있다.

최근 전공 적합성을 강화하는 흐름이다. 대학 입장에서는 특별한 비교과활동이나 이력이 없는 학생들이 다수 지원하므로 전공 적합성, 학업 성실성 등을 파악하기 위해 교과 성적 및 성적 추이, 학업 관련 탐구활동, 교과 관련 수상실적, 방과 후 교과 관련 활동, 진로탐색활동, 교과 관련 교사 평가 등 교과 관련 활동을 예의주시하여 심층면접을 통해 이를 확인한다.

자기소개서 4번 항목 '진학 후 학업계획'을 깊이 있게 작성해 봄으로써 자기에게 맞는 대학 및 학과로 진학하는 데 도움이 된다. 초등학교 시절부터 그림 그리기에 소질이 있는 학생이 중학교, 고등학교를 거치면서 디자인에 흥미를 가지고 있다가 입시 가까이에 무턱대고 디자인 관련 학과를 지원했다고 할 경우 이 학과는 자신의 진로에 맞는 학과가 아닐 수 있다. S는 '만화캐릭터'를 그리는 것이 꿈이지만 취업이 잘된다고 하여 산업디자인학과로 진학했다. 현재 비전에 맞지 않고 열정을 끄집어낼 수 없어서 고민이다.

평가기준	지원 팁
1. 선발방식과 전형요소 비교로 대학 선택	ⓐ 1단계 서류평가만으로 선발 ⓑ 서류와 면접 합산 선발 ⓒ 서류와 면접+수능최저요건 선발 *교과와 비교과 반영비율 고려
2. 전형요소별 강점 대학과 전형 선택	ⓐ 내신 강점 → 교과 성적 반영비율 높은 전형 ⓑ 서류 강점 → 서류만으로 선발하는 전형, 서류반영비율 높은 전형, 1단계 선발인원이 적은 전형 ⓒ 면접강점 → 면접반영비율 높은 전형
3. 교과성적기준	ⓐ 낮은 경우 → 비교과활동 우수하면 지원 ⓑ 높은 경우 → 모의고사 성적이 낮으면 지원 ⓒ 교과성적, 모의고사 성적 모두 낮은 경우 → 비교과 진로적합성 강화
4. 수능기준	ⓐ 모의수능성적 저조 → 학생부 충실하면 지원 ⓑ 수능최저기준 적용 여부 확인(의과대, 상위권대)
5. 종합적 고려	정시에 지원했을 때 실제 다닐 수 있는 대학을 기준으로 또는 약간 상회하는 기준으로 지원

논술전형

논술전형은 대학별 고사로서 정부의 대입전형 간소화 방침에서 가급적 지양을 권장하는 전형이다. 수도권의 상위권 대학에서 주로 시행하고 있고 많은 인원을 선발하고 있으므로 그 비중은 크게 줄지 않고 있다. 논술은 우선선발이 폐지되면서 수능최저학력기준은 작년보다 높아졌으나 논술반영비율은 50~80%이고 학생부 비율은 다소 높아졌다. 그러나 주요 대학은 내신 등급별 점수 차이를 좁혀 내신비중을 낮추고 있으므로 논술실력으로 합격할 수 있는 기회가 더 커졌다. 수능최저기준이 높게 설정되어 있으므로 특목고 학생에게 보다 유리하게 되어 있다. 논술준비는 수능최저학력기준 통과 여부를 우선 판단하고, 대학별 논술고사 실시 시기(수능 이전, 수능 이후)를 고려하며, 자신에게 유리한 응시과목과 출제 및 평가방식을 고려하여 대학별 기출문제를 통한 유형을 파악해 볼 필요가 있다.

정시전략

'정시는 수시에 비해 간단하다.'는 인식이 있으나 정시준비에서 대학별·계열별·학과별 모집군과 경쟁률은 기본이고 추가합격률, 정시이월 인원, 대학별 반영점수 등을 고려해야 할 사항이 많아 지원이 간단하지 않다. 정시는 12월 말부터 다음 해 2월까지 선발하는 전형으로 4년제 일반대학(교육대학 포함)은 '가', '나', '다' 군에서 각각 1번씩 총 3번 지원할 기회가 주어지므로 주력군에 집중해야 한다. 대부분의 대학에서 학생부 반영을 없애거나 대폭 줄이고 있으므로 수능의 영향력이 절대적이다. 수시모집에서 정원을 채우지 못하고 정시로 이월되는 인원도 반드시 살펴보아야 한다. 대학별, 계열별 반영비율(내지 변환점수)에 따라 본인에게 유리한 대학과 학과를 선택해야 한다. 대학이 표준점수와 백분위를 어떻게 활용하는지도 고려해야 한다.

대학교 시기

대학 진학과 커리어관리

　우리나라 대학 진학률은 2014년 기준 70.9%로 세계 최고수준이다. 인문계고등학교 출신 학생의 대학 진학률은 92%이고, 특성화고 출신 학생의 대학 진학률은 75%이다. 2015년 OECD직업능력개발전망보고서에 따르면 대학 및 직업교육을 이수한 25~34세 청년비율은 우리나라가 67.1%로 OECD 평균 42.7%보다 25%나 높다. 향후 학령인구가 감소하여 대학입학이 더 수월해지는 상황이 온다고 하더라도 상위권 대학의 경쟁 역시 지금처럼 치열할 것이다. 최고의 학교가 원하는 것이 무엇이든 할 수 있게 해 줄 것이라는 환상으로 부모들은 자녀에게 가능한 최고의 대학교로 가라고 말한다. 큰 연못이 기회를 넓혀 준다는 것을 당연히 여기고 있다. '더 많이', '더 크게' 성장해야 한다는 강박관념을 가진 청소년은 진로와 적성과 관계없이 대학에 진학한 결과 진로나 취업에서 고민은 깊어져만 간다.

　청소년들이 대학에 굳이 진학하고자 하는 이유를 살펴보면, 첫째, 대학 진학은 여전히 구직과 기대소득 면에서의 이득이 다른 수단보다 크기 때문이다. 서울 소재 대학, 인기학과일수록 취업이 잘된다.[37] 최근 미국 대기업 가운데 처음으로 전 직원에게 대학 학자금 무상지원을 하겠다고

---

37) '청년이 살고 싶은 나라로'(좋은 회사 가려면 학벌이 가장 중요. 서울-수도권대 진학), 동아일보, 2014. 9. 11.

밝힌 하워드 슐츠 스타벅스 회장은 자신의 어려웠던 시절을 회고하면서 '대학을 졸업하지 못했다면 대기업에 입사하지 못했을 테고 오늘날 성공도 거두기 어려웠을 것'이라며 점차 희미해져 가는 아메리칸 드림을 되살리기 위해 노력하는 것이라고 말했다.

둘째, 대학의 명성(Prestige)에서 오는 혜택 때문이다. 이름 있는 대학일수록 졸업장에 새겨진 대학 이름의 브랜드 가치를 통해 자신의 존재감을 드러낼 수 있고 취업, 경력발달, 사회 활동 등에서 더 유리하다.[38] 이들 대학의 대부분은 서울 소재이다.

셋째, 대학은 새로운 시대정신을 창조하고 사회의 변화를 선도하기 때문이다.[39] 이 땅에서 선한 영향력을 끼치는 리더로 살고자 하는 청소년은 대학생활을 통하여 지적 갈증을 채우고 아름다운 우정을 쌓으며 새로운 사회를 꿈꾸며 사는 데 필요한 능력과 자원을 얻을 수 있기를 바란다. 평생학습사회, 평생 직업사회, 인생 3모작 사회, 지식기반사회의 도래로 다양하고도 차별적인 교육을 통해 잠재능력을 발견하고 강점을 적극 개발하여 평생의 일을 찾아 자아실현으로 나아가고자 한다. 적성을 찾아 인문계열로 진학했더라도 취업으로 절망하는 것이 아니라 인문학적 상상력을 발휘하여 이공계 학생들이 발휘한 것과는 다른 차원의 독특한 가치를 창출할 수 있기를 원한다.[40] 다시 가고 싶은 대학을 고를 때 그 대학

* * *

38) 대학에 가는 것이 좋다는 이유로 '취업기회제한 등 현실적 불이익(66.2%)이 크므로', '더 나은 배움의 기회를 얻기 위해(22.7%)', '인맥네트워크 위해(10.9%)'를 들고 있다(한귀영, 상게글, p.52.)
39) 김기영, '수평적 진보가 아닌 수직적 진보 필요', UCN-PS 총장단 정책제언, 한국대학신문, 2015.9.7., p.8.
40) '인문대생 제약사 취업시킨 별난 수업', 중앙일보, 2015.9.8., p.1.

을 고른 가장 큰 이유로 '교육여건과 교육의 질'을 꼽고 있다는 것은[41] 우리 대학의 변화된 환경에 대한 존재이유가 무엇이 되어야 하는지를 짐작하게 해준다.

대학생활과 인생과제

대학에 진학하면 누구나 보람차고 행복한 대학생활을 하게 되기를 꿈꾼다. 지적 갈증을 채우고 삶의 목표를 이루기 위해 신선한 우물을 찾아 온 대학생들은 인생에 대한 탐구와 학구열이 뜨겁다. 그러나 자신이 그토록 원하는 대학에 진학했지만 전공공부와 대학생활은 만족스럽지 못하다.

캐롤라인 색스는 어린 시절 글쓰기와 그림그리기를 좋아했고, 공립 고등학교에서 과학과 생물을 좋아했으며, 수의사나 어류학자의 꿈을 갖고 있었다. 고등학교 모든 수업에서 A를 받았고, 정치학과 미적분수업의 대학선수과목(AP)도 완벽하게 이수했다. 고등학교 3학년 여름 아버지와 미국 대학 5개를 둘러본 후 가장 명성이 있는 브라운대학에 지원했고 합격했다. 대학 1학년 봄 화학과목에 낙제를 하면서 과학을 좋아하는 마음에 커다란 상처를 입었고 자존심이 곤두박질쳤다. 자신은 완전한 실패자

...

41) 중앙일보 '2015 대학교육의 질 평가' 결과. 37개 대 6,800명 재학생 대상 설문조사에서 다시 가고 싶은 대학을 고른 이유로 '교육여건과 교육의 질'(51.7%, 복수응답), '대외적 이미지와 평판'(49.8%), '우수 교수진과 연구경쟁력'(44.3%), '진로와 취업에 도움'(34.6%)으로 답했다.(중앙일보, 2015.9.8.)

로 여겨졌다.[42]

대학생활을 시작하게 되면서 학생들은 가치(Value)리더십, 관계(Relationship)리더십, 셀프(Self)리더십의 영역에서 삶의 과제를 맞이하게 된다. 다음 그림에서 보는 바와 같이, 가치리더십은 삶의 의미와 진로에 관한 문제를 포함하고, 관계리더십은 대인관계와 관련한 문제를 포함하며, 셀프리더십은 자기관리와 관련한 문제를 포함하고 있다.

---

42) 말콤 글래드웰, 선대인 옮김, 『다윗과 골리앗: 강자를 이기는 약자의 기술』, 21세기북스, 2015, pp.83~118.

가치리더십 영역

진로 문제: 묻지 마 입학

S는 진로에 대한 탐색 없이 '묻지 마 입학'으로 성적에 맞추어 대학에 입학했다. 자신의 삶을 견인해 줄 비전이나 열정이 없기 때문에 삶에 방향성이 없고 활력이 없으며 전공학과수업이나 대학과제 자체가 재미가 없고 힘들다. 자신의 위치를 찾기 힘들며 무엇을 어떻게 해야 할지 모른다.

전공적응문제: 교차지원

최근에는 취업문제가 심각하여 교차지원을 통해 이공계 전공학과를 선택하거나 취업이 잘되기에 특정 학과에 진학하는 경우도 있다. 이들 학생은 경제적 안정을 추구할 목적으로 진학했지만, 뚜렷한 진로방향이 설정되어 있지 않아 열정을 끄집어내기가 쉽지 않고, 때로는 적성이 맞지 않아 성취가 없으며 게다가 흥미조차 없어 더 큰 문제이다. 특히 이공계 학업에 필요한 수학, 과학, 물리학 과목은 흥미나 적성이 없으면 따라가기 힘들기에 더 심각하게 다가온다.

진로탐색 미흡

K는 이공계 전공학과에 진학했으나 다니다 보니 자신의 진로성향이 인문사회계열에 더 가깝다는 것을 확인했다.

진로방향 및 비전설정문제

비입학사정관제 전형으로 입학한 학생들은 '자신이 추구할 삶의 목표를 잘 알고 이를 잘 추진하고 있는가?'라는 질문에 대해 '보통 이하'라고 답변하는 경우가 많다. 이는 비전이 없거나 진로목표가 불분명하기 때문이다. 특히 인문사회계열 학생들은 이공계열 학생들보다 진로나 취업에 대한 불안감이 더 크다.

진로명료화 도움질문

① 스스로가 가치 있고 의미 있다고 생각하는 삶이 있는가? ② 다음의 진로방향 중 어느 쪽을 고려할 수 있는가? 대학졸업 후 취업, 대학원 진학, 자격증 취득 후 전문가로 성장, 창업 등 ③ 본인이 원하는 방향을 가고자 하는 데 필요한 잠재능력(적성, GPA 등)과 여건(경제력, 의지력, 건강 등)이 얼마나 구비되어 있는가? ④ 재학 기간 중 자신의 진로방향에 맞추어 자기관리, 관계관리, 학업 등 능력과 자원을 구비하여 나갈 수 있는가?

관계리더십 영역

관계리더십 문제 사례
- 학업을 이유로 동아리 등 활동을 전혀 하지 않는 경우
- 동아리활동에서 잘 어울리지 못하는 경우
- 학과에서 상대적으로 소외감을 느끼는 경우
- 관계에 어려움을 느껴 한 사람도 사귀지 못하는 경우
- 지나치게 많은 활동으로 중심을 잡고 있지 못한 경우
- 관계 활동을 열심히 하고 있으나 진심을 나누지 못하고 피상적인 관계에 머물러 있는 경우

- 룸메이트와 관계가 어려운 경우
- 팀 프로젝트 활동에서 소통이 어려운 경우
- 가족 간 관계불화 및 소통의 부재로 힘들어하는 경우
- SNS 등에 지나치게 몰입하여 학업이나 건강에 지장이 있는 경우
- 이성 문제로 힘들어하는 경우
- 강요에 의한 선후배 관계 활동 등

혼자 도는 팔랑개비

A는 어릴 적 부모의 이혼으로 편모슬하에서 자랐다. 경제적으로 매우 힘들었던 어린 시절을 지나 지금은 형편이 그런대로 괜찮아졌으나 심리적·정서적으로는 힘들다. 친구를 사귀기도 어렵다. 대학에 진학한 후 단 한 명의 친구도 없다. 친구를 사귀고 싶고 누군가를 가까이하고 싶으나 어떻게 해야 할지 모른다. 공부도 늘 혼자 하려고 하니 능률이 오르지 않고 가까운 친구도 없어 물어보지도 못한다. 주변에 많은 학생들이 있으나 언제나 혼자가 된 기분이다.

셀프리더십 영역

셀프리더십의 문제 사례

- 주어진 일에 책임감을 갖고 우선순위에 따라 잘 관리하지 못하는 경우
- 대인관계 등에서 분노와 거절 등 감정 관리를 잘 조절하지 못하는 경우

- 낮은 자존감으로 인해 힘들어하고 긍정적인 자부심이 결여된 경우
- 등록금 마련과 생활비 조달 등 경제적인 어려움으로 인해 힘들어하는 경우
- 원거리 학교통근 등 학업기반 시설이 취약한 경우

자율성 결여

C, H, J는 시간관리 문제로 인해 매우 힘들다. 고등학교 때는 부모와 학교에서 시키는 것을 잘하기만 하면 되었다. 대학교에 들어오자 어느 누구의 지시도 간섭도 없고 너무 자유로워 좋아하는 대로 살았다. 밤새 술을 마셔 아침에 늦게 일어나 수업에 빠지기도 했다. 동아리활동과 학과활동, 학교행사도 열심히 참여한다. 좋아하는 것이 우선이다 보니 학업 등 중요한 것은 우선순위에서 실종된다. 공부와 학업, 동아리, 과별 활동, 조별활동, 기타 학교활동이 한꺼번에 몰아닥칠 때는 어떻게 해야 할지 혼란스럽다. 동아리 등 관계 활동에 치중하다 보니 공부할 시간이 너무 부족하여 스트레스가 더 심해진다.

다양한 과제와 우선순위 정하기

Y는 과대표 활동에 시간을 너무 많이 쏟아 부어 학업에 힘쓸 시간이 부족하여 장학금을 유지할 수 있을까, 공인노무사와 공무원 어느 쪽으로 자신의 진로를 택하여 나아가야 할까, 남학생의 학과 단체 활동 및 축제활동 참여율 저조로 과대표로서 어떻게 하면 전체 참여율을 높일 수 있을까의 문제로 고민하고 있다. 첫 번째는 자기관리 문제이고, 두 번째는 진로 문제이며, 세 번째는 관계문제이다. 시간 관리문제는 '중요한 것

을 우선한다.'(First Thing, First Do)는 시간관리 원칙을 지켜 긴급하지 않지만 중요한 공부를 평소 꾸준히 해 나감으로써 중간고사와 기말고사 직전의 과대표활동 등으로 인한 긴급한 일로 인해 자신이 원하는 학점취득이 방해받지 않도록 하고, 진로 문제는 고용노동부 취업으로 진로를 잡으면 자연스럽게 두 마리 토끼를 잡으며, 남학생 참여율 제고문제는 활동적이고 주도적인 남학생(King Pin)과 접촉을 넓히고 그들의 도움을 요청하도록 한다.

대학생활 학년별 진로활동 로드맵

대학 4년 동안 학년별 진로 관련 주요활동을 살펴보면 다음과 같다.

단계	특징	전략목표	주요 프로그램
입학 전	탐색기	대학생활 탐색	신입생캠프, OT 등
1학년	안정기	자기이해, 대학생활 설계	인·적성 상담, 멘토링, 진로캠프, 전공 지식 및 어학능력 향상, 동아리활동, 인문학강좌
2학년	성장기	지적 능력 개발, 진로탐색 강화	멘토링, 진로캠프, 전공학과 지식 및 어학능력 배양, 자격증 취득, 진로 관련 대내외 활동 등
3학년	자아 존중기	재능과 잠재력 개발, 취업기회 탐색	전공학과 지식심화, 어학연수, 대외활동 체험(경진대회 등), 장단기 기업현장실습, 취업캠프 및 취업상담, 리더십 및 대인관계 향상 프로그램 등
4학년	자아실현· 성숙기	맞춤능력개발, 진로결정	인턴(국내외), 취업설명회, 사이버교육 등을 통한 취업 및 진로결정 지원, 창업 등 성공사례 세미나, 취업역량강화프로그램, 선후배 간 대화, 학업성취 및 최종진로 점검 등

대학입학과 진로방향성

대학에 입학하면서 학생들은 진로에 대해 어떻게 생각하고 있을까? 신입생 150여 명을 대상으로 상담한 결과, 다음과 같이 분류했다.

	진로방향성 유형	주요 내용
1	진로에 대해 생각해 보지 않은 학생	◦ 진로에 대해 아무런 생각도 하지 않은 경우 ◦ '묻지 마' 대학지원의 경우
2	진로에 대해 막연하게 생각하고 있는 학생	◦ 자신이 지원한 학과로 진학하면 무엇인가가 이루어질 것이라는 생각을 가진 경우 ◦ 기계공학부에 진학하면서 자동차 분야로 나갈 수 있다고 생각하는 경우 ◦ 막연하게 친환경에너지를 전공하고 싶어 에너지신소재화학과로 진학하는 경우
3	진로에 대해 대체적인 방향을 수립하고 있는 학생	◦ LG 디스플레이 분야에서 일하고 싶어 기계공학과에 입학하는 경우 ◦ 마케팅을 전공하고 싶어 경영학부로 진학한 경우 ◦ 대학입학과 동시에 전공학부·과가 정해지므로 대체적인 진로방향이 결정되었다고 생각하는 경우
4	진로에 대해 보다 구체적인 목표가 설정된 학생	◦ 기계공학부로 지원하고 디스플레이 분야로 나아가 기계공학자가 되는 꿈을 가진 경우 ◦ 대학입학 시 진로에 대한 구체적인 목표를 수립해 놓고 어린 시절부터 준비해 온 경우
5	구체적인 진로목표에 따라 준비와 실천을 하고 있는 학생	◦ 대학입학 시 진로의 방향과 진출하고자 하는 취업분야를 이미 확고하게 정해 놓은 경우 ◦ 컴퓨터 소프트웨어 전문가가 되기 위해 대학입학과 함께 1학년 말에 소프트웨어 전공으로 지원하고 학부과정을 거쳐 대학원으로 진학목표를 세워놓고 있는 경우

진로에 대해 생각해 보지 않은 경우

K는 부모님의 말씀에 따라 열심히 공부했다. 지금 다니는 대학은 어디에 있는지조차도 몰랐다. 대학 수시 지원 무렵 고등학교 선생님이 자기가 지원하고자 하는 대학을 찾아보라고 하면서 참고자료를 나누어 주었다. 고1보다 고3으로 올라올수록 내신 성적이 좋았기 때문에 고학년 성적반영비율이 높은 대학이 어디일까 찾아보니 지금 다니고 있는 대학이었다. 그야말로 성적에 맞추어 대학을 지원했다. 자신의 인생에서 추구할 목표를 모르고 있는 그는 대학에 진학하게 되자 전공에 대한 관심과 열정을 가질 수 없게 되었고 시간관리, 관계관리 등에서 어려움을 겪게 되었다. 왜 사는가, 어떻게 살아야 하는가 등을 고민하고 있다.

진로에 대해 막연하게 생각하고 있는 경우

W는 중학교 때 그림을 잘 그렸으므로 담임선생님이 특성화고등학교를 추천했다. 고등학교 시기에 주변에서 칭찬을 받으면서 부모의 권유로 이공계 대학 디자인과에 진학했다. 그러나 수학과 영어 등 교양과목이 너무 어렵고 웹디자인전공학과여서 자신이 지금까지 키워 온 그림 그리기 재능이 학업에 별 도움이 되지 않았다. 학업에 성취가 낮았고 학과목이 진로나 적성 맞지 않아 고민이 깊다.

진로에 대해 대체적인 방향을 수립하고 있는 경우

M은 중학교부터 로봇 레고에 취미를 갖게 되었다. 부모의 반대에도 불구하고 레고를 할 수 있는 특성화고를 고집하여 진학했다. 대학교 기계공학부로 입학했고, 자신이 좋아하는 것을 할 수 있는 자동차 동아리

에 가입했다. 동아리모임이 매우 유익했고, 자동차분야로 자신의 진로를 가야겠다고 굳게 다짐하고 있다.

진로에 대해 구체적인 목표가 설정된 경우

L은 어릴 적부터 그림을 배웠다. 예고로 진학하지 못하고 특성화고로 가서 디자인을 공부했다. 대학입시에서, 원래 선생님이 꿈이었기 때문에 국립대 사대를 지원했고 다른 한편으로 직업훈련분야 교사자격증을 취득할 수 있는 대학의 디자인학과에 지원했다. 교사자격증도 취득할 수 있고 취업이 잘되는 후자 대학을 최종 선택했다. 입학하여 보니 자기가 원하는 디자인을 공부하는 것이 아니라 산업디자인이라서 자신이 지금까지 배워온 것과는 사뭇 달랐고 자신감이 떨어졌다. 안정적 취업 때문에 지원한 것도 문제이지만 자신이 원하는 분야가 아니라서 흥미가 없고 더 힘들었다. 최근 HRD 분야와 자신의 디자인재능을 결합하여 전공영역을 구축하기로 하고 전과를 통해 자신의 커리어를 구축하기로 하고 열심히 노력하고 있다.

구체적인 진로목표와 함께 준비와 실천을 하는 경우

S는 게임개발자가 되는 것이 진로목표이다. 대학입학 후 소프트프로그램 개발 동아리에 가입했고 작품 출연을 준비 중이다. 현재 가장 큰 고민의 하나는 학교과정에 충실하다 보면 자신이 원하는 프로그램을 개발할 시간이 부족하고, 학교과정을 소홀히 하게 되면 졸업 무렵 취업에 불리한 영향이 있을까 봐 걱정이다.

대학생활과 진로발달 과제

대학생활은 후기 청소년 또는 초기 성인인 대학생들이 성공적인 인생을 살아가기 위해 거쳐야 할 출발점(Start)이자 열려 있는 기회의 창으로서 역할을 하고 있다. 고등학교 시기까지는 자신에게 주어진 것을 잘 수행하는 것으로 스스로에 대한 가치 매김이 이루어졌으나 이제는 스스로 탐색하고 선택하며 결정해야 하는 전환점(Turning Point)에 위치하게 된다.

청소년들이 대학에 진학하면 고등학교 시기에 그렸던 진로와 전공, 그리고 대학생활에 대해 기대했던 부분과 실제로 일치하지 않는 부분이 너무 많아 실망하게 된다. 고등학교 졸업생의 약 30% 정도가 자신이 정말로 원하는 학과에 진학하지만 그 이외의 학생들은 자신이 평소 원하는 분야와 무관하게 성적에 맞추어 진학하는 것이 현실이기 때문에 대학생활을 통한 진로발달 및 경력관리는 말처럼 생각처럼 쉬운 것이 아니다.

진로방향성 모호

묻지 마 지원, 성적순 입학, 막연한 적성이나 흥미에 따른 전공학과 선택, 인기 있는 학과 입학, 취업 등 전망 고려 입학, 교차지원 등.

진로비전 부재

P는 대학에 입학하여 지냈던 지난 6개월이 매우 힘들었다. 특성화고를 졸업하고 원하는 이공계 대학에 들어왔으나 1학기를 마치고 나서 보니 이 학과가 진정 자신이 원하는 것인지 의문이 들었다. 고등학교 때 이과계열에 가기 위해 화학을 열심히 공부한 결과 성적이 좋았고 선생님도

적극적으로 이 대학에 가기를 권했으며 부모님도 이 대학에 가기를 원했다. 또 주변 친구들도 자기가 공부를 잘한다고 칭찬해 주었다. 자신은 정말 그런 줄 알고 이 대학에 진학했다. 그런데 1학기를 다녀보니 정말 자신이 무엇을 원하는지, 정말 하고 싶은 것이 무엇인지 의문이 솟아났고 급기야 학과에 대한 열정을 잃게 되었다.

대학생이 진로를 명확하게 결정하기 힘든 이유로 자신의 적성과 재능을 잘 몰라서가 51%로 가장 높게 차지하고 있다. P는 MBTI 등 성격검사, 흥미검사, 적성검사 등을 통해 자기이해를 높일 수 있으나 보다 깊은 자기 성찰을 통해 자신이 진정 원하는 삶이 무엇인가를 적극적으로 찾아 나가야 한다. 대학에서의 진로발달과 경력관리는 중·고등학교의 진로설계와는 달리 취업 등 사회생활과 평생의 일을 결정하는 순간이기에 매우 실제적이고 구체적이어야 한다.[43]

명확한 진로목표와 구체적인 관리

H는 컴퓨터 소프트프로그램 관련 분야로 자신의 진로를 결정하고 컴퓨터학과에 지원했다. 입학 후 1학년 말에 하드웨어 분야보다 소프트웨어 분야를 전공을 결정했고, 전공과 관련하여 전문성과 취업 가능성을 탐색하고 발전시켜 나가기로 했다. 학점(GPA)관리, 봉사활동, 동아리활동, 공모전 출품, 어학연수 및 어학성적(TOEIC 등) 높이기, 홍보대사 활

...

43) 직장인은 '하고 싶은 일 또는 진로파악을 좀 더 일찍 할 걸(42.3%)'이 가장 높게 나타났고, 대학생은 '아직도 자신의 진로가 무엇인지 파악하지 못하고 있고(52.8%)'로 나타났으며, 진로파악에 어려움을 겪고 있는 이유로 '자신의 특기 및 재능과 적성이 무엇인지 모르기 때문(59.9%)'이라고 응답했다. 잡코리아, 직장인 421명, 대학생 303명 대상 조사, 아시아뉴스통신, 2013. 2. 1.

동, 자격증취득, 인턴 등을 포함한 현장학습은 대학생활 중 관리해야 할 주요 과제이다.

대학생들의 진로발달 전개 유형은 다음과 같이 나누어 볼 수 있다.

진로전개 유형	세부사례
1 전공학부·과 중심 진로확정	◦ 대부분의 대학생들은 전공학부·과를 졸업한 후 취업을 선택 ◦ 1학년 2학기 말에 세부 전공분야로 구체화되고, 진로방향에 맞는 실천방법 및 취업에 대해 고민
2 전공학부·과 → 대학원 등 전문성 강화	◦ 이공계연구중심 대학, 이공계 특정 학과, 법과대학, 의과대학 학생 등 → 대학원, 법학전문대학원, 의학전문대학원 → 석·박사 학위 취득, 변호사 및 의사자격 취득 → 취업과 개업, 학문과 정책연구
3 졸업 후 전혀 다른 분야 전환	◦ 학부에서 이공계열 전공학과 졸업 → 법학전문대학원, 의학전문대학원 등 진학 → 변호사, 의사 등 진출 ◦ 학부에서 통계학 전공 → 대학원에서 경영학 전공 → MBA ◦ 학부에서 컴퓨터학 전공 → 교육대학원(이러닝교육, 컨설팅)
4 복수전공 등으로 잠재능력 강화	◦ 인문계열 복수전공 → 해외취업, 무역 분야 취업 ◦ 특정 산업에서 선호하는 자격증 취득 등 ◦ 자연계열(물리학)에서 공학(기계학과) 부전공
5 창업·가업	◦ 전공학부·과 졸업 후 창업, 가업 승계
6 진로모색	◦ 대학 졸업 후 국제협력봉사단원 등으로 활동
7 편입, 재입학, 전과, 휴학 등	◦ 진로변경, 취업 가능성 제고 등

진로와 전공 및 취업 간의 불일치

묻지 마 입학, 단순히 성적과 흥미 위주의 대학입학 부작용은 한둘이 아니다. 다시 출발선에 서고 싶은 사람들이 많다. 4년제 대학 졸업 후 전문대학에 다시 입학하는 '유턴 입학생'이 2015년도에 1,379명으로 전년도 대비 7.5% 증가했다. 인문계열의 절반 정도(48.2%)가 취업을 위해 복수전공을 하고 있다.[44] 서울대학교 인문대는 복수전공과 심화전공이나 부전공 중 하나를, 서울여자대학교 인문대는 복수전공과 심화전공 중 하나를 해야 졸업할 수 있다. 부전공으로 인기 있는 학과로는 취업에 유리한 경영학과와 경제학과를 필두로 언론정보학과, 심리학과, 통계학과, 외교학과 등을 들 수 있다.

인문계열은 졸업 후 전공분야 취업전망이 32.5%에 불과하고, 이공계열은 62.1% 정도이다. 취업을 위해 포기할 수 있는 조건으로 전공분야 적합성이 1위를 차지(약 40%)하고 있다.[45] 2014년 대졸 취업자의 전공일치도는 43%에 불과하다.[46] 대학 졸업 후 2명 중 1명은 자신이 4년 동안 투자한 시간과 경제적 부담과는 전혀 무관한 분야의 직업을 선택하고 있다. 이로 인해 인문계 재학생들은 전공공부에 관심이 없을 뿐 아니라 전공 선택에 대해도 후회하고 있다. 다시 전공을 선택하라면 바꾸겠느냐는 질문에 과반수 이상(55.8%)이 다른 전공을 선택하겠다고 답했다.[47]

SKY대학 4학년의 약 70%는 진로를 결정하지 못하고 있다. 도서관에 있는 학생들의 70~80%는 전공과 무관한 공무원시험 등을 준비 중이다. '묻지 마' 취업, 전공 무관 분야 취업으로 회사 적응이 어렵다. Y는 기계공학부를 졸업한 후 대형 건설사에 근무하고 있다. 입사 시에는 근무

・・・

44) 대통령직속청년위원회, 전국대학교 3, 4학년 재학생 783명(인문 481명, 이공 302명) 대상 조사결과, 2014. 11. 11.
45) 관계부처 합동, 「인문계 전공자 취업촉진방안 보도자료」, 2015. 6. p.27.
46) http://www.daehac.com/html/news/opinion_view.html?idx_NewsGeneral=894
47) 아르바이트 전문구직 포털 알바몬, 788명 대학생 대상 설문조사, 2015.7.14.~25.

지역, 회사분위기, 연봉 등 조건이 만족스러웠다. 그러나 회사업무가 화학공학 분야가 대부분이어서 생소했고 의욕과 성과가 나지 않았다. 떠밀리듯이 취업하고 나서 자신이 원했던 일이 아니었다는 것을 깨달았다. 그는 다시 다른 회사의 공채시험에 지원했고 그 결과를 기다리고 있다.[48]

· · ·

48) 한국일보, 2014. 10. 16. '꿈만 같았던 백수탈출, 그리고 1년 저만 이렇게 힘든 건가요!'

생각해 보기

1. 당신은 현재 진로에 대해 어떠한 자세를 갖고 있습니까?
2. 당신의 자기이해 수준은 어느 단계에 와 있습니까?
3. 자신의 가치관, 적성, 흥미, 성격 등에 대해 어느 정도 알고 있습니까? 그것이 진로 의사결정에서 어떠한 역할을 하고 있습니까?
4. 당신은 진로탐색활동이 필요하다고 생각하십니까? 어느 단계에 와 있습니까? 진로 탐색활동에서 가장 어려운 점과 그 이유는 무엇입니까?
5. 부모 등 가까운 사람들과 진로진학계획과 의사결정을 해 보는 시간을 가져본 적이 있습니까?
6. 당신 자신의 커리어진로 로드맵을 작성해 본 적이 있습니까? 없다면, 그 필요성을 생각해 본 적이 있습니까?
7. 당신이 지금의 진로경력을 선택한 이유는 무엇입니까? "이건 바로 내 길이야!"라고 느낀 적이 있습니까? 그렇지 않다면 어떻게 했습니까?
8. 진로방향에 맞추어 고등학교와 대학을 선택하고자 합니까? 그렇지 않다면, 그 이유는 무엇입니까?
9. 당신이 원하는 진로로 나아가고자 하는 데 가장 큰 장애물은 무엇이라고 생각하십니까?

PART

3

직업

회계, 법학, 의학을 공부한 졸업생들은 안정된 직장을 잡을 것이다.
하지만 다른 선택(예술)을 한 사람들은 한마디로 '엿' 됐다.

로버트 드 니로, 뉴욕 예술대 졸업축사에서

자신의 꿈과 목표를 구체적으로 이루기 위해서는 직업과 봉사의 분야를 찾아야 한다. 희망직업과 봉사분야를 선정하고, 교육설계를 통해 필요한 역량을 구비한 후, 소망하는 직업과 봉사분야를 잡아야 한다.

직업의 변화

끊임없이 변화하는 직업

현재 지구상에는 약 5만여 종의 직업이 있으며 한국에는 14,000여 종의 직업이 존재한다.[1] 시대 변화에 따라 수많은 직업이 명멸해 왔고 변신을 거듭하고 있다.

---

1) 한국고용정보원, 『한국직업사전』, 2013.

인기직종도 1960년대 택시운전사, 1970년대 트로트가수, 1980년대 은행원, 1990년대 프로게이머, 2000년대 공인회계사, 2010년대 태양광 전문가로 바뀌고 있다. 구두창손질공, 자전거수리공, 물품기록원, 전화교환원, 타자원, 비행기항법사, 문서정리원, 양철공, 도기점토 혼합공, 인쇄수공식자공, 타이어건조공, 사진식자기조작공, 광부 등은 사양직종이다. 신생직업으로 벨소리작곡가, 성장 직업으로 프로게이머가 있다. 인문소양과 타분야융합직종으로 빅테이터전문가, 3D모델러, 머시닝센터조작원, 핀테크전문가, 스마트팜구축가 등이 부상하고 있다. 1970년대 《포춘(Fortune)》지 선정 미국 500대 기업 중 2000년에 3분의 1이 소멸했다. 유럽과 일본의 기업의 평균수명은 12.5년이다. 지난 50년간 우리나라 100대 기업 중 살아남은 기업은 11개 기업에 불과하다.

학문 간, 영역 간 점차 결합되어 가는 직업

소프트웨어, 지식기술, SNS 등의 발달로 이전에는 상상도 하지 못한 방식으로 산업 간, 직업 간 융합과 재편이 이루어지고 있다. 이에 따라 직업세계도 점차 인문계와 이공계 학문 간, 영역 간 결합 형태로 발전하고 융화현상이 심화되고 있다.

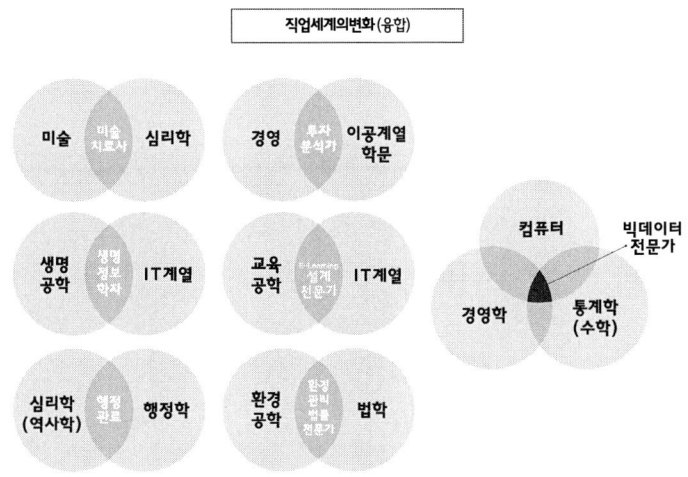

특히 전통 제조업은 이제 IT산업과 융합하지 않고는 살아남기 어려운 기업환경으로 되어가고 있어 지금까지 유지되어오던 제조업의 개념과 틀이 전면 바뀌게 될 위기에 직면하고 있다.

한 가지 직업이 아니라 여러 가지 직업

맞벌이 가정이 보편화되고, 한 사람이 두 가지 이상의 직업을 가지는 현상이 점차 두드러지고 있다. 이것을 직업의 '다모작' 내지 '투 잡스', 'Moonlight Worker'라고도 한다. 사람들은 주된 직업의 지식과 경험을 바탕으로 다양한 부가적인 역할을 수행함으로써 독특한 부가가치를 창출하고 있다. 사회는 점차 '하이브리드(다양한 경력 보유)' 인재를 필요로 하고 있다.

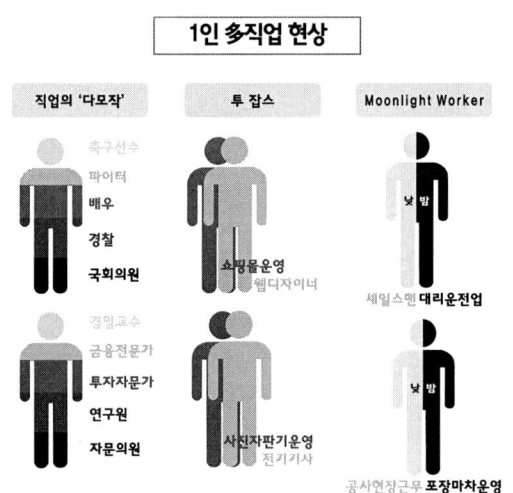

시대를 풍미하는 유망직업

한 시대를 풍미하는 직업들은 과학기술의 발달 정도, 산업구조, 인구변화, 정치사회제도 등의 요인에 의해 결정된다. 이 시대의 유망직업은 고성장, 고임금, 총수요가 많은 직업이다. 청년층은 벤처산업, 중고령층은 사회복지와 과거경험활용부문, 여성과 학생은 파트타임직을 활용할 수 있다.

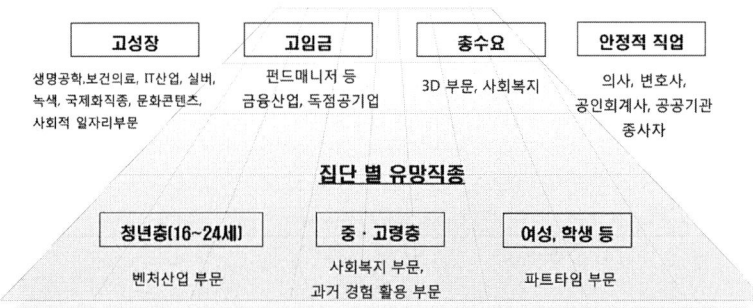

노동시장과 고용동향

급변하는 노동시장과 고용구조

글로벌 금융위기 등에 따른 경기침체, 글로벌화에 따른 제조업 이전, 저출산 등 인구구조 변화에 따른 구조적 저성장, 기성세대 위주의 복지 및 노동시장제도, 고비용 저효율 교육제도, 지식정보화 확산 등으로 청년 실업률은 전 세계적으로 매우 높고(유럽 20~30%), 한국도 높으며(8~9%) 개선될 여지가 거의 없다. 청년 행복의 핵심은 양질의 일자리인데, 고용구조는 후진적이고 노동시장은 급변하고 불안정성이 확대되고 있다. 급변하는 미래에 살아남기 위해서 기업의 고용패턴은 정기채용과 연공서열식 임금체계에서 수시채용과 능력에 따른 승진·연봉지급 등으로 변화되고 정규직에서 계약직으로 채워지고 있다. 직업 및 직무형태도 서비스업, 사회적 의미를 추구하는 그린칼라, 재택근무 등 유연근무제, SNS 등을 통한 연결 및 협력업무의 상시화가 이루어질 것이다.

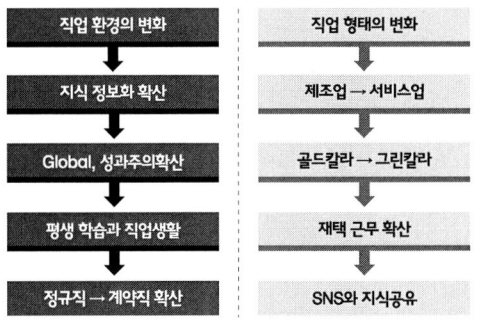

진로발달경로에 따른 노동시장 진입동향

2014년 기준 전국 고등학교(일반고, 특성화고, 특목고, 자율고) 졸업생 수는 632,983명이다.[2] 재수생과 재학생을 포함한 고등학교 졸업자의 고등교육기관(일반대학, 교육대학, 산업대학, 대학원, 전문대학 등) 입학자 수는 791,242명이다. 이 중 일반대학 입학자(363,655명)와 전문대학입학자(221,750명)의 취업률을 살펴보면 전자는 54.8%, 후자는 61.4%이다. 청년 취업률은 50%를 약간 상회하고 있으며 이들 취업자 중 첫 직장이 정규직인 비율은 61.3%(2012년 대졸자 직업이동경로조사)에 불과하다. 학력과잉으로 하향 취업률이 24%에 이르고, 고졸 인력은 32만 명이 부족하며, 대졸 이상은 50만 명 초과 공급상태이다.[3] 청년노동시장이 얼마나 불안정한가를 알 수 있다.

• • •

2) 교육통계연구센터, 교육통계자료, 2014.
3) 조선일보, 2013.7.13.

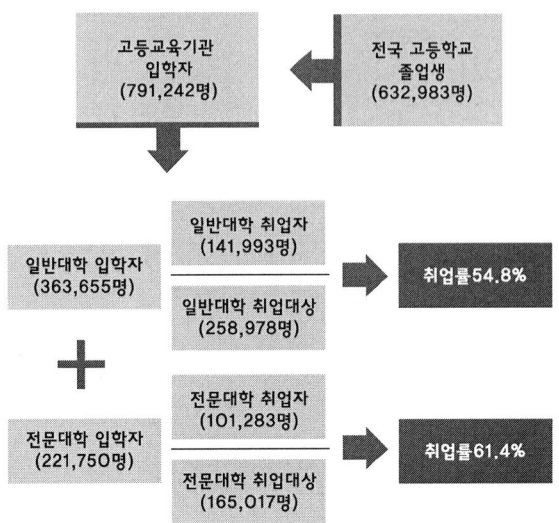

조기 퇴사

우리나라 근로자의 첫 직장 평균근속연수는 1년 6개월이다(2015년 통계청 경제활동인구조사). 일자리를 그만둔 사유로 근로조건 불만족(47.4%)이 가장 많다. 대기업의 평균근속연수는 삼성 7.8년, LG 8.1년, SK 9.5년에 불과하다. 한국경영자총협회에서 발표한 2014년 신입사원 채용실태에 따르면 대졸 신입사원의 1년 내 퇴사율이 25.2%이다. 신입사원 4명 중 1명이 1년을 버티지 못하고 직장을 나간다. 퇴사율은 중소기업이 31.6%, 대기업이 11.3%이다. 20대의 고민이 '취업'이라면, 30대의 고민은 '이직'이 되고 있다. 신입사원을 채용하여 사내훈련을 통해 기업에 적합한 인재를 기르는 과정에서 기업이 한 직원에게 최초 2년 동안 투자한 직업훈련비용은 약 7,000~8,000만 원에 이른다.[4] 조기 퇴사는 개인적인 문제로 끝나지 않고 국가적으로나 중장기 인력플랜에 따라 인력을 선발하고 직무능력향상을 위한 교육에 많은 투자를 하는 기업 입장에서 보면 엄청난 손실이다.

직업 간, 기업 간 부가가치 격차의 심화

우리 사회는 3개의 직업군으로 나누어져 있다. 첫째, 국가공무원·공기업 등 안정적인 정규직 고임금그룹, 둘째, 대기업 등에서 일하는 정규직그룹, 셋째, 일용직·임시직 등 비정규직그룹이다. 이들 직업군 간에 신분보장·임금·복지·근무환경 등에서 차이가 크다. 산업 간·기업 간, 대기업·중소기업 간 차이도 크다. 그 격차는 점점 더 벌어지고 있다. 제조업군 내에서도 반도체·전자제품은 부가가치가 급등하고, 건설·제철 등 전통산업은 부가가치가 갈수록 감소하고 있다. 전체기업 중 대기업이 1%, 중소기업이 99%를 차지하고 있고, 고용은 대기업이 12%, 중소기업이 88%를 차지하고 있지만 삼성과 현대차와 같은 대기업집단이 부가가치 창출의 80%를 차지하고 나머지는 중소기업이 차지하고 있다.

...

4) 대기업 인사담당자 인터뷰 결과.

기업이 원하는 인재

　기업이 원하는 인재상은 어떤 것인가? 국내 대기업은 해마다 인력채용방식에서 변화를 시도하고 있는데 그 이유는 무엇인가? 급격한 변화의 시대에 살아남기 위해 핵심역할을 할 수 있는 중심에 서 있는 것이 '사람'이기 때문이다. 기업의 입장에서 조직의 발전을 위해 뛰어난 사람을 모으고 탁월한 인재로 양성하는 일은 경쟁력 있는 제품을 개발하고 생산하는 것만큼이나 중요한 일이다. 두루두루 잘하고 기능을 축적하며 모범적이고 순응적인 좋은 인재(Best People)를 선발하려 했던 과거와는 달리 지금은 기업에 맞는 전문적이고 창조적이며 정보화지식을 갖추고 개방적이며 자기 주도적 실행력을 갖춘 '적합한 인재(Right People)'를 발굴하려고 애쓴다.

　변화된 산업구조로 인한 차별화된 기술력과 발 빠른 대응을 통해 글로벌 시장경쟁에 부응하고자 인재선발도 무경력 신규졸업, 스펙, 전공별, 범용형, 일괄공채선발방식(2015년 채용지원방식에서 차지하는 비율: 13%)에서 점차 탈피하여 인턴·경력자 선호, 형식적인 스펙보다 인성과 직무수행능력 중심, 직무별 채용, 수시, 이공계 중심(삼성의 이공계 vs 인문계 채용비율 80:20, 현대차 70:30, LG 85:15)으로 바뀌어 가고 있으며, 자체적으로 인문학적 소양을 갖춘 인재를 양성하고 있다.

기업이 원하는 인재선발방식

범용형 인재선발	전공분야특화	적합채용절차	사내육성	이공계중심 선발
•글로벌인재역량 -창의력, 글로벌마인드, 정보화 능력, 전문지식 ·기술, 상황판단력, 긍정적 사고·도전 등 •1차 시험(인·적성) 2차 시험(전공면접) 3차 시험(인성면접) •그룹별, 기업별 다수선발	•직무중심선발 -장비분야: 전자공학, 기계공학지식 -데이터분석분야: 제어계측지식 -소프트웨어분야: 물리학, 광학지식 -회계(세무분야): 회계학증 세무관련지식 •직무적합성 평가도입 -NCS도입등	•열린 채용 -나이, 성별 등 폐지 •면접방식 다양화 -직무경험 정성평가 •인턴십 강화 -인턴 후 채용 •Old Rookie -경력있는 신입사원 •적시적재 인재 선발 -인문, 상경계 •인성과 직무수행 능력 중시 -스펙보다 역량	•비전공자 선발 •사내인재육성 프로그램을 통해 소프트웨어 인력 양성 **수급불일치분야** •인력수요급증분야 -어플리케이션 개발 -모바일 기기 생산등	•신입공채 선발비율 변화: -이공 vs 인문 8:2('14) •이공계 선호: -영업, 마켓팅 -통신업체, 유통업체, 화장품업체 -전기, 전자, IT, 자동차 -무역,금융 등 *on-line마케팅 중요 (핀테크: 은행원20%이공계) *첨단기술요구 *스마트, 정보보안요구 등

내가 꿈꾸는 바람직한 직업

우리 모두가 원하는 일터

  고등학생이 가장 선호하는 직업은 1위가 교사, 2위 공무원, 3위 경찰관, 4위 간호사, 5위 회사원, 6위 기업 CEO, 7위 의사, 8위 요리사, 9위 사회복지사, 10위 생명과학연구원 순이다.[5] 학부모가 원하는 직업은 공무원, 교사, 의사, 간호사, 경찰관, 회사원, 판검사, 군인, 한의사 순이다. 학생들과 학부모의 생각에는 차이가 있으나 '안정적인 직업'에 대한 선호

---

5) 교과부, 상게글.

는 비슷하다.

   한국고용정보원은 105개 직업군의 성인 재직 근로자 3,148명을 상대로 직업가치관 검사를 해 보니 우리나라 성인 근로자들은 직업 선택 시에 '직업의 안정성'을 가장 중요한 요소로 생각하고 있는 것으로 나타났다.[6]

직업 선택에서 고려할 기준

   첫 직장이 평생 직업이 되고 자신의 인생을 결정한다고 하는 관념이 강하게 작용하고 있는 우리 사회에서 첫걸음(First Step)을 시작할 때 '첫 직장을 어떻게 잘 구해야 할까?'가 최대의 고민으로 다가온다. 문제는 자신이 '원하는 직업'을 선택하는 기준이 구체적으로 무엇이냐? 이다. 미래 직업의 선택기준으로 안정성, 임금수준, 적성, 성격, 흥미, 현실적 여건, 사회적 기여, 존재가치 실현 등 다양한 기준이 있다. 취업 현실에서 이들 기준의 어느 하나 또는 다양한 기준들이 어느 정도 충족될 수 있는 직업을 구할 수 있을 것이다. 여기서는 일반적인 취업선택 고려기준들을 묶어 총괄적으로 다루고자 한다. 다양한 취업선택기준들을 크게 다음 2가지로 요약해 볼 수 있는데, 첫째, 내가 행복할 것인가?, 둘째, 세상 사람들이 부러워하는 직업인가? 이다.

   진로목표가 명확한 경우 첫 번째 기준의 직업을 선택할 수 있다. 가장

---

6)   부산일보, 2014. 10. 28.

바람직한 것은 자기가 원하는 일, 하고 싶은 일, 기쁘게 할 수 있는 일을 선택하는 것이다. 남이 시켜서 하는 일보다 내가 원하고 좋아하는 일을 해야 행복하고 잘할 수 있다. 열심히 일한 결과 경제적 수익이 창출된다. 평생의 업으로 하고 싶었던 일, 뜻했던 일을 하면서 사는 사람은 행복하다. 처음부터 이렇게 하기는 쉽지 않다. 제법 큰 용기가 필요하다. 신념이나 이상가치에 따라 살고자 하기 때문에 모험이 필요하다. 잘 나가던 검사가 사직하고 청소년 운동가가 되거나, 안정적인 직장을 그만두고 외국에 나가 여행안내원을 하기도 한다. 자신이 그동안 추구해 왔던 일을 하지 않고 새로운 모험을 한 일로 더 큰 행복을 누리고자 한다. 개인적으로나 사회적으로 의미 있는 일을 추구하게 되면, 세상은 달라지고 사회적 존재가치가 실현되어 행복하다.

보수 vs 원하는 일

높은 보수를 받고 있던 민간기업에서 대우가 상대적으로 낮은 미 정부 환경부로 최근 직장을 바꾸었다고 하는 대학원 동급생에게 필자가 "직장도 평판이 있고 대우도 좋은데 왜 자리를 옮겼나요?"라고 물었더니 그는 "보수는 종전보다 낮지만 자신이 평소 꼭 하고 싶었던 분야이기 때문"이라고 답했다.

진로목표에 따른 대학 진학과 취업

우연히 H 대학을 다니는 학생과 같이 택시를 탄 적이 있다. '왜 이 학교에 다니게 되었나?'고 물었더니, '저는 이 학교에서 컴퓨터 SW와 IT기술을 배우고 대기업에 잠시 취업하여 관련 기술과 노하우를 익혀 제3세계(아프리카)의 소외된 어린이들을 대상으로 가르치고 돌보는 꿈을 갖고 있는데 지금 그것을 찾아가고 있어요.'라고 답했다.

그렇지 못할 경우 두 번째 기준의 직업을 선택한다. 돈을 많이 벌면, 높은 지위에 올라가면, 전문성이 있으면, 세상에서 인정을 받으면, 안정적이면 더 행복해질 것으로 여긴다. 남들이 좋다고 하는 것, 그것이 내게도 좋은 것이 된다. 그래서 사람들은 '그게 돈이 되나?', '밥이 나나?'라고 되묻는다. '자기가 하고 싶은 일이나 잘하는 일보다 돈 버는 일을 하라.'고 말한다. 하고 싶은 일을 하게 되면 돈을 못 벌고 평생 가난하게 살게 된다고 말한다. 젊은 시절 열심히 노력해서 많은 돈을 벌고 그런 뒤 은퇴해서 원하는 삶, 행복한 삶을 살라고 말한다. 최근 직업 선택의 첫째 기준은 '안정성'이다. 청소년이 진로를 결정하는 요인으로 소질과 적성이 압도적으로 많다(57.1%)고 하는 조사결과를 감안하면[7] 이율배반적이다. 취업을 준비하는 청년 63만 3,000명 중 공무원 시험을 준비하는 청년이 34.9%에 이르고 있다. 직업세계가 급변하면서 잘 나가던 직업조차 미래가 불확실한 이 시대에 역설적으로 더욱 안정적인 직장과 직업을 원한다. 그러나 앞으로 영원한 직장도 직업도 없다. 그리고 안정만을 추구하다 보면 자기발전이나 도전이 없고 동기유발이 되지 않아 지금 과연 행

...

[7] 교과부, 상게글.

복한가로 늘 고민하게 된다. 많은 사람들이 실질적인 관심사, 즉 직업의 안정성에 따라 직업을 선택한 결과 자신의 재능과 무관한 삶을 살고 있다. 더욱 안타까운 것은 자신이 그것에 맞을 것이라고 예상하고 그 일을 했지만 예상과는 달리 적합하지 않다는 것을 스스로가 알지 못하는 불행에 처해 있는 것이다.[8] 자신이 그것에 합당하지 않음을 알면서도 필요에 의하여 의도적으로 그 일에 자신을 끼워 넣는 것과는 큰 차이가 있다.

미래사회의 변화와 직업 세계 전망

미래 전망의 핵심은 지금 유망한 직업이 앞으로 10년, 20년, 30년 후에도 유망할 것인가? 아니면 새로운 기회를 만들어주는 블루오션(Blue Ocean)에는 어떤 영역이 있으며, 자신이 여기에 도전하여 성공할 수 있을까? 이다. 진로를 고민하는 청소년은 '곤충의 눈으로 주위를 보고, 새의 눈으로 멀리 보라.'는 말처럼 현재 상황과 현안들을 꼼꼼히 지켜보되 앞으로의 트렌드를 누구보다 빨리 예측하여 이를 바탕으로 발 빠르게 대응해야 할 필요가 있다. 따라서 미래의 변화를 예측하고 그에 맞는 진로 대응 전략을 수립하는 것이야말로 인생의 성패를 좌우할 만큼 매우 중요하다.

---

8) 산드라 허쉬 외 2인, 손희정 옮김, 『자기발견 테마여행』, 요단, 2002, pp.43~45.

10년 뒤 유망직종

한국직업능력개발원, 한국고용정보원, 대학생 설문, 커리어컨설턴트협회 소속직업전문가 등이 발표한 10년 뒤 유망직종을 살펴보면 다음과 같다.[9]

취업포털잡코리아	커리어직업전문가집단	한국직업능력개발원
1. 노인복지요양 관련 실버케어전문가 2. 온난화환경종사자 3. IT, SW개발엔지니어 4. 정보통신보안전문가 5. 요리 등 식품 관련 종사자 6. 의사, 간호사 등 의료직 7. 공무원 8. 마케팅홍보전문가 9. 레저생활체육종사자 10. 금융종사자	1. 판검사, 치과의사 2. 일반의사 3. 생명과학연구원 4. 변리사 5. 변호사, IT컨설턴트, 컴퓨터보안전문가, 인사노무전문가 6. 약사, 한의사, 재료공학자, 공무원, 경영지도사 7. 환경기술자, 회계사, 도선사	1. 가스에너지기술자 2. 보건위생, 환경검사원 3. 항공기정비원 4. 음식서비스관리자 5. 사회복지사 6. 생명과학연구원 7. 소방공학기술자 8. 경영진단전문가 9. 재활용처리소각원 10. 자동조립, 로봇조작원

• 취업포털잡코리아(대학생 610명 대상)

지식정보화 발달, 고령화, 기후변화 등이 직업 인기변화의 주요변수로 작용하고 있다. 육체노동을 주로 하는 직업은 지금이나 10년 후나 그 순위에는 변동이 없다. 그러나 상위순위는 변하고 있다. 전통적인 전문직인 의사, 교수, 변호사 등의 직업을 대신하여 환경, 보건위생, 생활, 정보 분야 등의 서비스업종이 상위순위를 차지하고 있다.

· · ·

9)   경향신문, 2015. 7. 9, 대구신문, 2015. 7. 15, 매일신문, 2015. 7. 20, 아시아투데이 2014. 11. 11.

미래 사회변화 전망

지금 진행되고 있는 거대한 변화(Mega trends)는 미래 우리 사회가 어떻게 전개될 것인가를 엿보게 한다. 세계화 2.0(서양에서 동양으로 경제 중심 이동, 경제 단일화, 다문화, 중산층의 부상, 변화하고 있는 구매패턴), 환경위기(에너지, 기후변화, 환경폐기물처리, 더 커져 가는 환경에 대한 책임 등), 개인화(가치중심 행동), 디지털라이프스타일과 일(흐릿해지는 공사조직 구분, 점차 느슨해지는 관계양식, SNS 등을 사용한 권력사용), 인구구성변화(고령화, 저출산, 여성화, 핵가족분화, 세대 간·세대 내 격차 등), 노동시장변화(1인 다직종, 생애근로, 초연결과 협업), 신기술 및 기술융합(IT·BT·NT·ET·ST·Robot 등 R&D 중심, 융·복합기술), 교육(개성과 창의융합교육)은 이 땅의 리더로 하여금 혁신과 창의를 통해 새로운 가치를 가져올 수 있는 디자인 사고와 태도(Design Thinking&Attitude) 및 지적 호기심, 정서적 개방(공감, 경청 등), 타인관계 중심의 성숙한 리더십을 가질 것을 요구하고 있다.[10]

지식정보사회를 지나가고 있는 우리 사회는 꿈의 사회로 가는 과정에 있다. 청소년이 본격적으로 활동을 시작해야 할 향후 10~30년 사이에 다음과 같이 인간의 존재문제, 교육, 노동, 직업, 근로연령 등 다양한 분야에서 엄청난 삶의 변화가 일어날 것으로 예견된다. 무엇보다 엄청난 과학기술의 발전은 산업과 직업의 급격한 변화를 가져오고, 유비쿼터스, 텔레포테이션(순간이동), 나노, 바이오컴퓨팅 등 새로운 신기술 직업을 가

---

10) 게오르그 비엘메터, "성공적인 변혁을 위한 리더십2030", Money Today, K.E.Y. Platform 2015, 『Back to Zero: Bold Execution』, 2015.4.23.~24., 이무근·이찬, 『대학생의 진로 멘토링』, 교육과학사, 2012, pp.15~212.

겨오는 대신 기존 직업의 소멸주기를 단축시킬 것이다. 따라서 지금 전성기를 구가하고 있는 대기업도 주력사업의 변화를 통하여서만 살아남을 수 있을 것이다. 옥스퍼드대학의 칼 프레이 교수와 마이클 오스본 교수는 미국의 일자리 중 47%가량이 20년 내에서 사라질 가능성이 크다고 지적했다. 지식정보혁명에 따라 창조적 지식인의 증가와 제조업 등 노동의 종말, 지식기술의 수명단축과 평생교육, 좋은 직장이 아니라 평생의 일로의 패러다임으로 자연스럽게 전환될 것이다. 청소년은 이러한 시대의 변화와 직업세계의 변화 동향을 유념하여 생명의 일을 찾아갈 수 있도록 노력해야 할 것이다.

구분	10년 후	20년 후	30년 후
주요 사회변화	◦ 고령인구비중 급증 ◦ 초연결사회 진입 ◦ 여성성의 강화 ◦ 싱글, 1인 가구 급증 ◦ 글로벌화 가속 ◦ 다문화사회 확대	◦ Computer power 증가 ◦ Cyber Boger 인간 등장 ◦ 100세 평균 ◦ 초 연결사회 지속 ◦ 지식수명 단축 ◦ 창조적 지식인 핵심	◦ 인식로봇 ◦ 2차 전화 ◦ 2차 가상혁신 ◦ 텔레포테이션(가상이동) 　가능
삶의 주요 변화	◦ 존재양식: 진정성, 공동 　체 가치 중시	◦ 핵가족 재분화 　- 싱글, 1인 가구 ◦ 유비쿼터스	◦ 존재양식: 피상성 　(실제 해체, 나의 결핍 중요)
대학 및 학문세계 변화	◦ 외국어 공부 불필요 ◦ 책 불필요(USB 등) ◦ 대학(건물) 불필요 　- Online, Cyber 유행 ◦ 경험학위 ◦ 다문화	◦ 모든 방향접근 가능 ◦ 스타 교수 　- Online 소수 교수 ◦ 소수이해집단 　- 줄기세포, 나노대학	◦ 가상현실학교 ◦ 네크워크사회 ◦ 적시, 적정 공급 ◦ 1대1 맞춤형 ◦ 교육시스템 해체
노동시장/ 직업변화	◦ IT사업 사양화, 나노 　(Nano), 대체에너지, 텔 　리메디슨(Tele-medicine) 　원거리치료 ◦ 노동인구 감소, 노인 관 　련 직업부상 ◦ 교육사업, 인력공급사 　업, 환경에너지, 모니터 　링산업 부상 ◦ 평생직장개념 소멸 ◦ 시니어산업, 의료, 헬스 　케어, 의료복지사 등	◦ 노동인구 감소 ◦ 의료, 교육, 금융, IT 등 　대인서비스 폭증 ◦ 나노, 바이오, 노인, 교 　육, 원격의료, 대체에너 　지 활성화 ◦ 아동, 결혼사업 축소 ◦ 로봇원격외과의사, 노 　스텔지스트, 생태복원 　가, 폐기물디자이너, 헬 　스케어지도사, 태양광 　기술전문가, 로봇카운 　슬러, 게임일러스트디 　자이너 등	◦ 3D프린터 보급 　- 제조업, 음식, 건축업 　소멸 ◦ 온난화: 수몰 ◦ 인공지능로봇 　- 노동인력 대체 ◦ 자동운전 ◦ 고용 　- 현재의 절반 이하
은퇴나이 (평균수명)	65(90세)	75(100세)	85세(120세)

생각해 보기

1. 당신이 꿈꾸는 이상적인 직업은 무엇이며 그렇게 생각하는 이유는 무엇입니까?
2. 당신이 그 직업을 가지면 행복해질 것이라고 생각하십니까? 그 이유는 무엇입니까?
3. 당신이 지금 찾고 있는 직업은 자신의 커리어설계에서 추구해 왔던 그 일입니까?
4. 당신은 생각하는 직업 선택의 기준은 무엇입니까? 그 이유는 무엇입니까?
5. 당신의 직업 선택에서 가장 깊은 영향을 미친 사람은 누구입니까? 그 이유는 무엇이며 그의 어떤 점이 당신으로 하여금 그 직업을 선택하도록 했습니까?
6. 당신은 10년 후, 20년 후, 30년 후 자신이 원하는 모습을 그려볼 수 있습니까? 원하는 모습을 갖기 위해 현재 당신이 어떻게 해야 한다고 생각하십니까?
7. 당신이 찾고자 하는 직업을 얻기 위해 당신은 어떤 준비와 노력을 하고 있습니까?
8. 소용돌이 환경에서 적응적으로 변화하기 위해 어떠한 직업과 능력을 가져야 한다고 생각하십니까?

PART

4

행복한 삶을 위한 자세

바람직한 성공은 영웅적인 한 개인의 작품이 아니라
본인의 노력, 부모의 지원, 사회적 환경, 문화적 유산 등
철저한 그룹 프로젝트(Group Project)의 결과이다.
마치 여러 악기가 모여 조화롭게 한 소리를 내는
오케스트라(Orchestra)와 같다.

꿈꾸라! Dream

위대한 사람의 삶은 꿈을 이루는 데 있는 것이 아니라 꿈을 향해 달려가는 데 있다.

— 영화 〈알렉산더〉(2004) 중에서

진로는 자신의 꿈을 향해 나아가는 길이다. 짐 콜린스는 위대한 기업을 일군 사람들의 공통점을 말할 때 '위대함에 대한 집착'을 손꼽았다.[1] 청소년이 스스로 바라는 성공적인 삶을 살려 한다면 보다 큰 꿈을 꾸고 지칠 줄 모르는 열정과 헌신으로 자신을 불살라야 한다.

꿈꾸는 어린이

참된 꿈이 있는 사람은 확고한 가치관과 진실에 따라 사는 사람이다. 꿈에 관해 이야기할 때마다 빠지지 않고 등장하는 사람은 '요셉'(성경 창세기 제45장)이다. 어릴 적 그는 형제들로부터 '저기 꿈꾸는 자가 오도다!'라며 시기와 질투를 받았다. 그는 '꿈꾸는 어린이'였다. 그 꿈으로 인해 형제들로부터 시기와 질투를 받고 애굽(이집트)으로 팔려가 고난과 역경을 겪게 되었지만 마침내 총리가 되고 유대민족을 구원한 '꿈을 이룬 사람'

* * *

[1] 짐 콜린스, 이무열 옮김, 『좋은 기업을 넘어서 위대한 기업으로』, 김영사, 2011, p.194.

이 되었다. 요셉의 삶을 통해 꿈이란 얼마나 소중한 것인지를 알 수 있다.

꿈이 없는 세대?

초등학교 6학년들에게 '꿈이 무엇이냐?'라고 물어보니 모두가 '행복해지는 것'이라고 답했다. 축구선수, 컴퓨터게이머, 로봇과학자, 수의사 등이 되겠다고 한다. 중학생들에게 똑같은 질문을 하면 손을 드는 학생이 적어지고, 고등학교에 갈수록 손을 드는 학생의 숫자는 더 적어진다. 인간발달과정에서 보면 초  등학교 학생들은 환상이 풍부하여 무엇이든 가능할 것으로 생각한다. 그러나 중학교에 들어서면 꿈은 자신의 정체성과 관련되어 있으므로 바깥으로 표현하기가 쉽지 않다. 가정환경, 주변 여건, 학업성적 등으로 인해 자신 있게 꿈을 말할 수 없게 되고 가슴속에만 묻어 두고자 한다.

대학생들은 자신의 꿈이 무엇이냐는 질문을 받으면 주저 없이 '샐러리맨'이고 대답한다. 최근 대기업 신입사원을 대상으로 '당신의 꿈이 무엇입니까?'라는 질문에 75% 정도가 '행복한 가정을 이루는 것'이라고 답했다고 한다.

"자네는 꿈이 뭔가?"

"네? 꿈이요? 솔직히 말씀드리면 금융 대기업 직원인데요…."

"아니, 그런 거 말고. 꿈 말이야."

"네?"

"어떤 직업을 갖는 거, 그게 꿈일 수는 없지 않은가?"

"아니, 전… 그게 꿈인데요."

"그럼 회사에 들어가면 자네의 꿈은 이루어지는 건가?"

"그때 가면 다른 꿈이 또 생기겠죠."

"그것 참 편하군. 내가 보기에 자네가 말한 그 꿈은 계획에 지나지 않네. 그리고 그 계획도 자네 스스로 짠 게 아니지."

"무슨 말씀이신지 감이 오네요."

"어렸을 때 어른들이 그런 질문을 하지. 너 이다음에 커서 뭐가 되고 싶냐고 말이야. 그때 자네가 했던 대답이 대기업 직원은 분명 아니었을 거란 말이지."

"하하하! 그건 그렇죠. 9급 공무원도 분명 아니고요. 그런데 꿈이 밥을 먹여주진 않잖아요."

"지금 자네에게 필요한 건 밥이 아니야. 죽기 직전에 못 먹은 밥이 생각나겠는가, 아니면 못 이룬 꿈이 생각나겠는가?"[2]

- - -

2) http://cafe.naver.com/porko/185277

이 시대의 많은 젊은이들이 꿈을 꾸고 있다.[3] 생각보다 많은 청년들이 그들만의 꿈을 꾸고 있다. 샐러리맨이 꿈이라면 차라리 소박하기조차 하다. 청소년 시기에 입시 위주의 진로지도와 직업세계에 대한 정보부 재로 인하여 의미 있는 꿈을 꿀 시간조차 없었을 텐데 말이다.

청소년 시기의 화려한 꿈은 자라가면서 부침을 거듭한다. 특히 꿈 따윈 집어치우고 안정적인 직업이나 구할 생각이나 하라며 닥치는 대로 공부하라고 하는 부모로 인해 꿈은 멈춰 서게 된다. 또 부모가 자신의 꿈을 너무 몰라 줘서, 너무 무관심하여 자신이 꾼 꿈을 집어치워야 하나로 갈등한다. 일찌감치 수포자로 또는 영포자로 남아 처음 꾸었던 꿈조차 이제는 더 이상 생각해 볼 수 없다.

장님으로 태어난 것 보다 더 불행한 사람이 있다.
시력은 있으되 꿈이 없는 사람이다.

- 헬렌켈러

이처럼 행복하고자 하는 청소년들이 의미 있는 꿈을 꾸지 못하는 것은 무엇 때문인가? 이 사회가 구조적으로 꿈을 잉태할 수 없게 하는 것인가? 아니면 상상력이 빈약하여 꿈을 꿀 수 없기 때문인가? 그렇지 않으면 진학을 위한 입시공부에 매달려 꿈꿀 시간이 없기 때문인가? 배움의

・・・

3) 만 19세에서 34세 청년 1,500명을 대상으로 설문조사한 결과, '나는 미래에 대한 꿈과 하고 싶은 일이 있다'에 긍정적인 답변이 73.4%에 이르고 있다. 그러나 '노력에 따른 공정한 대가가 제공되고 있지 않다.'는 부정적인 의견이 86.1%, 사회적 성취에서 '본인의 노력보다 부모의 경제적 지위가 더 중요하다.'는 72.7%로 나타나고 있어 꿈의 실현에는 부정적이다. 한귀영, 상게글, pp.27~37.

기회가 없어 무엇을 위해 살아야 하는가, 라는 꿈마저 꿔볼 수 없는 청소년은 거의 없을 것이다. 꿈과 삶의 목표가 명확하지 않으면, 첫째, 삶이 방향이 없고 무기력하게 된다. 둘째, 열등감을 갖게 된다. 셋째, 공허감, 우울감 등으로 내면이 시리다.

왜 꿈이 필요한가?

꿈이 있는 사람은 행복하다. 평범하게, 아무런 목적의식 없이, 그냥 열심히 사는 것보다 행복한 사람으로 살기 위해서는 꿈이 필요하다. 인생은 그가 꾸는 꿈에 의하여 좌우된다. 위대한 사람은 큰 꿈을 꾸었다. 가슴 뛰는 삶을 살며, 자신의 운명을 뛰어넘어서고, 자기 자신으로 살기 위해서라도 꿈은 필요하다.

가슴 뛰는 삶	운명 개척	자기다운 삶
활기찬 삶	자기 뜻에 따라 사는 삶	마음의 소리에 귀 기울임
의미 있는 삶	운명을 뛰어넘는 삶	이루고 싶은 삶
원하는 삶	변화된 모습을 실현	스스로 선택한 삶
열정적인 삶	현재의 고난을 이겨냄	후회 없는 삶
탁월한 성취의 삶	자기 책임을 지는 삶	지키고 싶은 삶

운명을 뛰어넘을 수 있는 유일한 것이 꿈이다.

뜻이 있는 곳에 길이 있다고 했다.

꿈은 내 인생을 가치 있고 소중하게 살고자 하는 신이 내린 선물이다.

- 김미경, 『드림 온』(2013)

청소년에게 꿈에 대해 관심과 지지를 해주면, 첫째, 삶에 방향성이 있게 되고, 둘째, 열정이 생겨나며, 셋째, 자존감이 살고, 넷째, 사명감까지 생겨난다. 꿈이 생기면 그것을 성취하기 위해 자기 주도적(Proactive)이 된다. 꿈꾸는 자신의 모습을 하루하루 적다 보면 어느새 꿈을 이루어가는 자신의 모습을 발견하게 된다. 다섯째, 내면이 건강해지고 청소년기의 공허감, 우울, 중독 등이 치유된다. 공상이나 환상도 건강한 삶과 연결이 된다면 얼마든지 꿈과 연결될 수 있다. 꿈을 향해 도전하는 인생은 이미 성공한 인생이다.

특목고, 자사고 등 우수고교에서 미국 아이비리그 대학에 많이 진학하지만 중퇴율이 44%에 이른다. 하버드대 1학년 낙제생 10명 중 9명이 한국 학생인 적이 있었는데, 대학 자체보고서에서 학생들이 장기적인 꿈이나 목표가 없었기 때문이라고 한다. 그들은 학교에 입학하는 것이 꿈이었다. 다른 학생들은 단지 좋은 학점을 따기 위해서가 아니라 꿈을 성취하기 위해 학교 활동이나 공부, 동아리활동 등을 열심히 한다.[4]

---

4) 고봉익·홍기운·임정빈, 『이것이 진로다』, 미디어숲, pp.4~5.

꿈이란?

꿈은 한 개인에게 있어서 자신의 인생을 통해 이루고자 하는 그 무엇이다. 자신이 되고 싶어 하는 그 무엇이다. 최상(Best)의 삶을 향한 열망이다. 그것은 개인에게 존재론적 의미를 부여한다. 따라서 진로에서 꿈을 꾼다는 것은 자신의 전 생애적인 가능성을 모색한다는 말과 같다. 꿈을 이루어나가는 과정은 현재 자신의 모습과 미래에 꿈꾸는 나의 모습과의 차이(Gap)를 메꾸어 나가는 과정이다. 따라서 꿈은 직업과는 다른 개념이다. 그러나 꿈은 '직업'이나 '일'이라는 수단을 통해 성취된다.

예를 들면, 청소년은 직업으로 디자이너를 꿈꿀 수 있다. 그러나 디자이너가 되고 나면 꿈이라는 것이 없어진다. 그래서 꿈은 사람들을 행복하게 해 주는 디자이너, 감동을 주는 디자이너로서의 삶을 사는 것이 되어야 한다. 누군가에게 위로가 되는 사람이 되는 것이 꿈이라면, 상담사나 소설가, 가수, 목회자 등을 직업으로 가질 수 있다.

일선 고등학교 교문을 들어서면 '붕정만리鵬程萬里'라는 큰 글이 적혀 있는 기초석을 보곤 하는데 이는 학생들이 만 리를 나는 대붕처럼 높고 큰 꿈을 가지고 살 것을 가르치는 말이다. 꿈이 없는 학생은 꿈을 꾸고, 꿈이 있는 학생은 더 크게, 더 높이 날기 위해 자신을 채찍질하게 한다.

어떻게 꿈을 가질 수 있는가?

청소년은 우연한 기회를 통하여 꿈을 발견할 수도 있지만, 일반적으로 간절한 필요와 열망을 가지고 내면의 안테나를 민감하게 곤두세우고 있어야 꿈을 붙잡을 수 있다. 자기 인생에 대해 책임 있게 살고자 하는 청소년은 안테나를 통하여 내·외부의 부름(Calling)과 연결될 수 있는데, 그 대상은 하나님, 조국(민족), 부모, 자신의 내면, 모델, 운명적인 만남(Encounter), 열린 기회의 문 등이다. 이러한 부르심은 대화[5], 독서[6], 여행[7], 일기쓰기[8], 봉사활동[9],

∙∙∙

5) 꿈으로 인도하는 대화의 유형으로 하나님의 말씀과 대화, 모델 및 멘토와의 대화, 극적인 경험과 이에 반응한 내면의 대화 등을 들 수 있다.
6) 독서는 간접적 지식경험, 고전을 통한 위대한 인물과의 만남과 교훈 및 역할모델 발견하기, 진리추구 및 가치 있는 삶 탐색기회, 인문학적 성찰과 정체성 찾기, 놀라운 영감 얻기 등 다양한 방법으로 꿈의 소스를 제공한다.
7) 여행은 인생을 경험하게 한다. 새로운 사람과 사건과 환경과 만날 수 있게 하고, 그들과 대화하게 한다. 보고 듣고 느끼게 한다. 다른 세상을 보게 하며 다른 사람을 만나게 하며, 인생을 폭넓고 깊게 생각할 기회를 제공한다. 삶을 배우게 하며, 가치 있고 의미 있는 삶을 꿈꾸고 살도록 이끈다.
8) 일기를 쓰는 것은 내면 성찰로 이끈다. 자신의 깊은 곳으로부터 흘러나오는 내면의 소리를 듣게 한다. 자신이 누구이며, 어디에 있고, 무엇을 하기 원하는지를 깊이 들여다보게 하며, 한 번뿐인 인생을 가장 가치 있게 살도록 하는 꿈을 꾸고 키워갈 수 있도록 이끈다.
9) 단순히 보여주기 위한 봉사활동이 아니라 진정한 봉사활동은 자신에게 쉽게 다가오는 것을 발견할 수 있도록 해주며, 봉사활동을 통해 만족감과 열정을 느끼는 일을 발견할 수 있고, 꿈꾸고 실천하는 사람을 만나게 되는 기회를 가질 수 있게 됨으로써 그들과 같은 꿈을 꿀 수 있으며, 섬김과 나눔을 배움으로써 어떻게 사는 것이 바람직한가를 배우게 해준다.

진로분야 교육 및 체험적 경험,[10] 우연이나 필연적인 기회와 연결된 자리로 나아감을 통해 꿈으로 보다 구체화된다.

하나님

성경에서 하나님은 아브라함, 이삭, 야곱, 요셉, 모세, 다윗, 바울 등에게 꿈을 주셨다. 하나님은 먼저 이들 각자를 부르시고 그런 다음 보내셨다. 각자에게 적합한 꿈과 성취해야 할 사명을 주셨다. 하나님이 주신 꿈을 붙들고 나아갔기에 요셉은 평범한 소년에서 국무총리로 클 수 있었다.

조국과 민족

칭기즈 칸은 몽골초원 안에서 목초지를 둘러싸고 목숨을 걸고 싸우는 동족 유목민 간의 오랜 갈등을 끝내기 위해 초원 너머 중원과 세상을 향해 나아가는 꿈을 꾸었고 그것을 실현하는 과정에서 세계 최대의 제국을 건설했다.

자신과 가까운 권위 있는 사람(부모 등)

힘들게 살아온 부모는 자녀가 꿈이 된다. 어느 퇴임 교장선생님은 아버지의 강요로 교사의 길을 걸었다. 오랜 세월 강단에 서 있다 보니 가르치는 일이 마음에 들기도 했으나 아버지에 대한 원망이 마음속에서 평생 가시지 않았다. 그런데 그 아버지로 인해 노후에 연금을 받고 편안히 잘

...

10) 인턴·연수 등 직접적인 체험은 진로 관련 꿈과 적성을 발견할 수 있도록 이끈다. 이상적으로 생각해 온 진로와 꿈이 현실에 맞는 것인지 확인할 기회를 주며, 현장체험을 통해 적성과 흥미를 보다 정확히 발견할 수 있는 기회가 주어진다.

지낼 수 있게 되었다.

내면 깊은 곳에서 흘러나오는 깊은 동기(열망 또는 충동)

내면 깊은 곳의 그 무엇이 꿈을 꾸게 만든다. 취미와 취향, 재능과 소질, 가치관과 신념 등이 그것이다. 깊은 열망은 새 사업을 시작하게 하거나 교향곡을 작곡하게 하거나 빈민가에서 교사가 되게 한다. 모차르트는 태어나는 순간부터 음악에 대한 천재적 재능으로, 피카소는 청소년 시절부터 뛰어난 그림 실력으로, 에디슨은 타고난 발명가적 자질로, 조나단 에드워즈는 신학의 마음으로 심장이 박동한 사람이다.

나의 꿈은 여성들을 더 행복하고 더 아름답게 만들어 주는 것이다.

− 크리스챤 디올, 패션 디자이너

모델

강영우는 일본의 시각장애인 재활선구자인 이와하시 다케오가 케임브리지대학에 유학했다는 말을 듣고 그를 역할모델로 하여 자신의 꿈을 키워나갔다.『성공하는 사람들의 7가지 습관』의 저자인 스티븐 코비가 국내에 와서 '나의 북극성을 찾자.'라고 했다.[11] 북극성은 방향을 나타내듯이 청소년이 각자 추구하는 것이 무엇일까를 아는 것이 중요하다.

...

11) 한국교육신문, 2008. 6. 17. http://www.hangyo.com/APP/ereport/article.asp?idx=11422&search=스티븐+코비

자신에게 운명적으로 다가온 경험이나 시련

중학교를 죽도록 싫어했던 대학생이 중학교에서 인기상담가로 일하게 되었다. 억울하게 감옥에 들어간 경험이 인권 변호사로서의 직업을 갖게 했다. 수년간 구타당하며 산 여성이 구타여성을 위한 클리닉을 개설했다. 브라유는 어릴 적 시력 상실의 시련으로 인해 점자를 개발하게 되었다. 영국의 유명한 여배우였던 코랄 앳킨스는 어린이집 자선행사에 갔다가 괴로운 과거와 애정결핍을 가진 어린 여자아이를 만나게 되면서 자신의 직업을 버리고 정서장애 아동을 위한 가정을 꾸몄다. 존 번연은 비국교도 신앙 때문에 12년간 베드포드 감옥에 갇혀 있으면서 세계에서 2번째로 많이 읽힌 책인 『천로역정』을 집필했다. 도스토예프스키가 저술한 깊이 있는 책은 시베리아 수용소 경험이 모태가 되었다.

> '나의 장애에도 불구하고'가 아니라 '나의 장애 때문에', '나의 장애를 통하여'
> – 강영우, 한국 최초 시각장애인 박사

우연이나 필연으로 다가온 열린 기회의 문

비영리기관에서의 한 학기 동안의 인턴경험은 대학 졸업 후 같은 기관에 종사하게 하였다. 라틴 아메리카에서 한 학기를 보낸 학생은 경제개발 분야에 일하게 되었다. 법학도이자 변호사였던 존 칼빈은 개혁운동 지도자인 윌리엄 파렐의 부탁으로 제네바에 25년간 머물게 되면서 그 유명한 『기독교강요』를 저술했다. 『살며 사랑하며 배우며』의 작가 레오 버스까글리아는 자신이 가르치던 클래스의 활발한 여대생이 자살한 소식을 알고 충격을 받아 교육내용을 현대치유로 180도 바꾸었다.

어떤 꿈이 바람직한가?

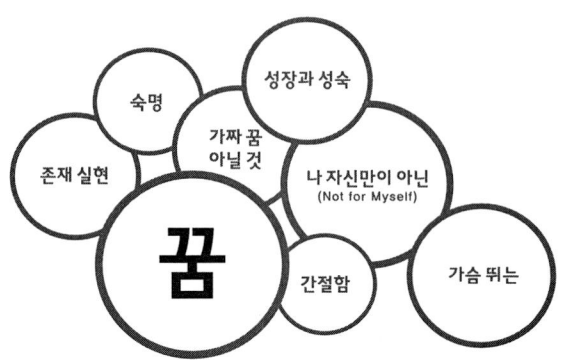

꿈이 없는 청소년은 '나는 ~인생을 꿈꾸며 살고 싶다'고 하는 꿈을 우선 꾸어야 한다. 그러나 꿈을 가졌다고 다 같은 꿈이 아니다. 꿈을 꾸는 것보다 더 중요한 것은 어떤 꿈을 꾸고 있느냐이다. 이 꿈에 따라 자신의 인생 설계도의 도면이 바뀌기 때문이다. 꿈에는 차원이 있다. 첫째, 주변 사람과 미디어 그리고 부모 등의 영향을 받아 만들어진 세속적인 성공의 삶을 살고자 하는 꿈이다. 타인이 주는 꿈이다. 둘째, 자신의 적성, 흥미, 성격 등을 바탕으로 하여 합리적으로 발견한 꿈이다. 자기를 위한 꿈이다. 셋째, 자기 자신의 유익을 넘어 이웃과 공동체의 이상가치로 나아가고자 하는 꿈이다. 자유와 평화, 정의, 인권, 편견 없는 세상 등 보편적 가치를 구현하기 위해 위대한 꿈을 꾸며 일평생 헌신하며 살다간 사람들이 있다. 이들의 꿈은 세상을 변화시켰지만, 지금 이 순간에도 미완성인 채로 진행형으로 남아있다.

청소년이 꿈을 가졌다고는 하나 자주 흔들리곤 하는데, 이는 꿈을 갖는 과정에 문제가 있기 때문이다. 즉흥적으로나 타인에 의존하거나 비록 합리적으로 결정한 꿈이라고 하더라도 뿌리가 얕기 때문에 장애물이 있으면 쉽사리 흔들리게 된다. 흔들리지 않는 꿈은 자기보다 큰 것으로부터 와야 한다.[12]

꿈은 개인의 존재와 그가 속한 공동체의 행복과 발전을 가져와야 한다는 측면에서 '가슴 뛰는' '간절한' '숙명적인' '나 자신의 존재를 실현하는' '성장과 성숙을 가져오는' 꿈이어야 하고 나아가 '나 자신만이 아닌' 이웃과 공동체의 선을 향해 나아갈 수 있어야 한다.

가슴 뛰는 꿈

꿈을 생각할 때마다 가슴이 뛰어야 한다. 백인과 흑인 간의 평화적 공존을 꿈꾼 마틴 루터 킹의 '나에겐 꿈이 있습니다'(I have a dream)이라는 말로 시작되는 연설은 사람들이 들을 때마다 가슴을 뛰게 한다. 그러므로 남들보다 앞서 가려는 꿈, 편안하고 안정된 직업만을 구하려는 꿈은 가짜 꿈이다. 꿈을 꾸지만 그것을 이루기 위해 헌신과 노력을 하지 않는다면 호접몽胡蝶夢이다.

자신을 위해서가 아닌 꿈

미국 대통령 등 최고 공직자를 1세기 동안 가장 많이 배출하고 사회 발전에 기부한 부자 졸업생 비율이 가장 높은 미국 필립스아카데미의 건

...

12) 꿈의 차원을 꿈꾸는 방식에 따라 즉흥적, 합리적, 소명적으로 나누고, 동기에 따라 자기유익, 이웃·공동체유익, 하나님목적성취로 나누면서, 이웃과 공동체유익을 위한 소명보다 하나님의 목적을 성취하기 위한 소명의 꿈이 더 차원 높은 꿈이라고 설명하고 있다. 정승인, 『부모가 코칭하는 자녀의 꿈과 진로』, 로뎀나무아래에서, 2014, pp.54~56.

학이념은 '자신을 위해서가 아닌(Not For Self)'이다.[13]

성장과 성숙을 가져오는 꿈

꿈은 한 개인의 욕구나 갈망을 반영하고 있다. 인생의 단계마다 꿈이 생겨나고 사라질 수도 있다. '태양을 향해 쏜 화살이 해바라기를 향해 쏜 화살보다 멀리 간다.'라는 말과 같이 가능한 한 작은 꿈보다 큰 꿈과 노력이 필요하다. 처음의 꿈이 자신의 결핍, 의식주 해결, 직장취업 등 낮은 수준의 욕구를 해결하는 것에서 출발한 것일지라도 시간이 지나가면서 자아실현 및 공동체의 유익 등으로 성숙해가야 한다. 꿈이 이루어져 가고 있음에도 현실이 더 나빠지거나 후퇴한다면 그 꿈은 잘못 설정된 것이다.

Q. 당신은 지금 어떤 꿈을 꾸고 있습니까?

꿈의 구체화 작업

꿈을 이루기 위해서는 꿈이 어떤 모양인지를 머릿속에 구체적으로 그려야 한다. 그 그림이 구체적이면 구체적일수록 꿈을 이룰 확률이 높아진다.

・・・

13) 강영우, 『원동력』, 두란노, 2011, p.58.

저학년 시기

자신의 마음속에 떠오르는 갖고 싶은 것, 하고 싶은 일, 만나고 싶은 사람, 가고 싶은 곳, 봉사하고 싶은 일 등의 리스트를 만들어 본다. 실천 사항을 확인하고 달성기간을 정해 봄으로써 꿈을 보다 구체화시킬 수 있다. 꿈은 가능한 한 높고 크게 잡을 필요가 있다. 비록 고양이지만 호랑이로 자신을 그려야 한다. 그래야 먼 훗날 고양이라도 되지, 지레 겁먹고 고양이인 자신만을 보면 나중에 쥐밖에 되지 않을 것이다.

100가지 Dream List작성(예시)

구분	Dream List	달성기간	확인
갖고 싶은 것 (25개)			
하고 싶은 것 (25개)			
만나고 싶은 사람 (10명)			
가고 싶은 여행지 (25곳)			
봉사 하고 싶은 일 (15개)			

세계적인 탐험가이자 다큐멘터리 제작자인 존 고다드(John Goddard)는 중학교 시기에 해당하는 열다섯 살이 되던 해에 127개의 꿈을 기록했다. 그 꿈 가운데 '보이스카우트 가입', '셰익스피어의 작품 읽기' 등과 같이 비교적 실천하기 쉬운 것도 있고, '낙하산 점프' '비행기조종법 배우기'와 같이 스릴 넘치는 것도 있었다. '달나라 여행', '에베레스트 등정', '아마존 강 탐험' 같은 결코 쉽지 않은 목표도 있었다. 1972년 미국의 시사 포토뉴스 매거진 라이프는 존 고다드를 '꿈을 성취한 미국인'으로 크게 소개했다. 당시 그는 127개 목표 가운데 103개의 꿈을 이루었다.[14]

고학년 시기

다음과 같이 논리적이고 체계적으로 꿈을 구체화시켜 볼 수 있다([부록 4] 참고).

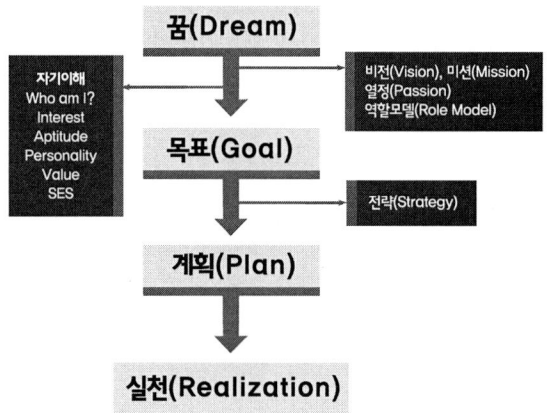

...

14) http://kin.naver.com/open100/detail.nhn

비전

비전(Vision)은 막연한 꿈(Dream)과는 다르다. 꿈이 '~하고 싶은 것', '~가 되고 싶은 것'과 같은 막연한 바람이나 소망을 나타내는 추상적인 것이라고 한다면, 비전은 '~까지 반드시 ~할 것', '~까지는 반드시 ~가 될 것'처럼 기한이 정해져 있는 청사진이며 꿈이 이루어진 상태이다. 즉 비전은 미래의 꿈이 이미 일어난 것처럼 생생하고 구체적으로 자신의 머릿속에 영상화한 것이며, 자신의 일생에 걸쳐 추구해야 할 궁극적인 미래상이다. 청소년이 생각하는 행복한, 성공적인 삶의 모습이다. 자신이 추구하고자 하는 가치가 실현된 미래의 모습이다. 자신의 미래모습을 시력이 아니라 마음의 눈으로 보는 것이다.

누구나 한 번쯤 꿈을 꾸고 또 그 꿈을 이루기 위해 노력도 하는데, 어떤 사람은 그것을 쟁취하고 또 다른 사람은 실패하는 것일까? 바로 그 꿈이 그저 막연한 바람이었느냐 아니면 명확한 비전이었느냐의 차이이다. 꿈만 꾸는 사람(Dreamer)보다는 비전을 성취하는 사람(Visionary)이 되어야 한다. 명확한 비전은 '단 한 줄의 위대한 꿈'이라고 말할 수 있다.[15]

> 나는 미국이 1960년대가 끝나기 전에 인간을 달에 착륙시키고, 무사히 지구로 귀환시키는 목표를 달성하리라 믿어 의심치 않습니다.
>
> – 케네디 대통령

...

15) 자크 호로비츠 외 지음, 김시경 옮김, 『기적의 비전 워크숍』, 샘앤파커스, 2008, p.37., p.117.

꿈의 문장(Dream Sentence)은 비전 선언문(Vision Statement)으로 구체화되어야 한다. 훌륭한 교육자가 되는 것이 바람이라면, 꿈의 문장과 비전선언문은 다음과 같이 표현해 볼 수 있다.

나는 날마다 기쁘게 이 땅의 청소년들에게 꿈과 희망을 주는 삶을 산다.
나는 청소년들의 삶을 세워주는 훌륭한 교육자가 되고자 한다.

비전은 청소년으로 하여금 내가 누구이고, 어디로 가고 있으며, 무엇이 나의 여정을 이끄는 것인가를 알게 해준다. 성장과 변화, 불확실성의 시기에 있는 청소년에게 올바른 방향을 지시해 준다. 비전은 현재의 불만족에서 일어서게 하여 현실과 바람직한 미래상 사이의 간격(Gap)을 메꾸어 나가게 한다.

비전은 사람마다 다르다([부록 5] 참고). 저차원(Low Road)의 비전에서부터 고차원(High Road)의 비전까지 있다.

저차원의 비전
- 평생 땅만을 바라보고 살았던 그는 머리핀을 8,000개나 주웠다.
- 그는 찌든 가난을 극복하기 위해 돈을 많이 벌겠다는 뜻을 품고 평생 열심히 돈을 모았다.

고차원의 비전

가난과 질병에 허덕이는 서민들의 고통을 보고 긍휼의 마음을 가져 평생 그들을 치료하는 희생적인 삶을 살아간 허준은 서민들의 고난에 대한 거룩한 불만을 갖고 그들이 '건강하게 인간다운 삶을 살게 되는 그 날'에 대한 생생한 그림이 마음속 깊이 자리 잡고 있었다.

비전을 보지 못하는 사람(방랑자)도 있고, 비전을 보지만 추구할 엄두도 내지 못하는 사람(추종자)도 있으며, 개인적으로 비전을 성취하는 사람(성취자)도 있고, 비전을 공동체에 적용하여 이루어 나가는 사람(리더)도 있다.

> 눈을 감은 사람은 손이 미치는 곳까지가 그의 세계이고, 무지한 사람은 그가 아는 것까지가 그의 세계요, 위대한 사람은 그의 비전이 미치는 곳까지가 그의 세계이다.
>
> — 폴 하비, 영화배우

Q. 당신은 어떤 유형의 비전을 가진 사람인가?

미션

미션(Mission)은 자신의 꿈과 비전을 성취하기 위해 궁극적으로 이루어 나가야 할 삶의 과제, 즉 임무(또는 사명)를 뜻한다. 청소년 자신이 가지고 있는 비전을 성취하기 위해 이 세상에서 해야 할 어떤 일이다. 건강한 정체성을 가진 청소년이라면 자신의 존재이유에 합당한 일을 해 나간다. 자신이 살아가는 존재이유와 그것을 위해 자신이 가야 할 길을 선명하게 정리해 놓은 것이 사명선언문이다.

미션을 성취하기 위해는 사명의식을 늘 고취시킬 필요가 있다. 꿈을 향해 나아가기 위해서는 무엇까지 희생할 수 있는가, 어떻게 난관을 극복할 수 있을 것인가는 사명의식에 따라 결정된다. 매 순간 사명선언문(Mission Statement)을 기억하는 것도 이 때문이다.

청소년이 훌륭한 교육자가 되어 사회에 기여하는 것이 비전이라면, 사명선언문은 다음과 같이 표현해 볼 수 있다.

교육자로 강의와 연구 및 삶을 통해 학생을 잘 가르친다.
좋은 교육프로그램을 개발(예 300개)하여 널리 보급한다.
청소년의 꿈과 휴식의 공간(예 100개)을 건립한다.

열정

열정(Passions)은 어떤 일에 대해 열렬한 애정을 가지고 열중하는 마음이다. 무엇인가를 하고자 하는 뜨거운 욕구이다. 가슴에 불이 붙은 것이다. 열정은 인생이라는 기관차를 움직이게 하는 힘이다. 꿈을 이끌고 갈 수 있는 엔진 역할을 한다. 청소년이 자신이 좋아하는 취미, 오락, 운동, 노래 등 관심사에 열정을 보이지만, 컴퓨터오락게임에는 완전히 미쳐버린다. 마음속에 타오르는 바람이나 뜨거운 갈망이 간절할수록 꿈으로, 비전으로 승화되어 활력과 성취를 통해 탁월한 열매를 맺게 하는 원동력으로 작용한다(【부록 6】 참고).

꿈과 비전을 가진 청소년은 날기를 원하기 때문에 뛰는 것에 만족하지 않는다. 이러한 열망이 없이 '에이! 그냥 이렇게 살지 뭐!'라고 하면 발전이 없다. 평범함을 뛰어넘는 삶을 살려고 한다면 목표에 대한 큰 열망을 가져야 한다. 리더의 삶에서 열정의 자리를 대신할 것은 아무것도 없다. 세상은 그들의 순수한 열정에 압도된다. 인권운동가 간디, 자유를 위해 싸운 처칠, 평등사회를 외치다 목숨 바친 마틴 루터 킹, IT세상을 창조한 빌 게이츠 등이 그렇다. 《포춘》지 500개 대기업 최고경영자 중 50% 이상이 대학에서 평점 C, C-를 받은 사람이다. 미국 대통령의 약 75%는 학창시절 중간 이하의 성적을 받았다. 백만장자 기업가의 50% 이상은 대학을 졸업하지 못했다. 평범하게 보이는 이들로 하여금 엄청난 일을 성취하게 한 원동력은 무엇일까? 사람이 어떻게 그런 결기와 신념을 지닐 수 있을까? 그것은 바로 '열정'이었다.

내 생애 최고의 날은 아직 오지 않았다.

- 칼 라거펠트, 샤넬 수석 디자이너

열정에 불타는 리더

이태영 기자가 77세(2011년)를 넘은 국제예수전도단(YWAM)의 창시자 로렌 커닝햄 목사에게 "당신은 24세 때 본 환상에 대한 열정에 여전히 불타고 있습니까?"라고 물었다. "네 타오릅니다. 내 가슴은 더욱 활활 타오르고 있습니다."[16]

청소년은 어떻게 열정을 끄집어낼 수 있을까? 학업이 단순히 해야만 하는 과제로만 여겨진다면 밤을 꼬박 세워 눈물 나게 준비하고자 하는 열정이 생겨날 수 없다. '왜 내가 이것을 해야 하는가?'라는 공부에 대한 필요 동기를 묻는 질문에 대한 답이 명확할수록 꿈은 강렬해진다. 현재 내가 하는 일이 꿈을 이루기 위한 초석이 되고 그 연장선이라고 생각하는 사람만이 내면의 열정을 이끌어낼 수 있다. 청소년은 젊기에 열정은 뜨겁고 순수하다. 따라서 열망을 자극하는 신선한 영감이 늘 필요하다. 그 영감은 자신이 닮고자 하는 역할모델을 바라보거나 좋은 멘토 또는 영혼을 움직이는 좋은 책에서 나온다.

사람마다 열정의 대상과 근원은 다르다. 어떤 사람은 예술, 음악, 문학 등에 원대한 열정을 품는다. 또 다른 사람은 자유와 정의를 꿈꾸고, 연인과의 사랑에 인생을 바치기도 한다. 열정은 신체적 특징, 취미와 취향, 재능과 소질, 가치관과 신념, 기타 열화와 같은 소망이나 결단에서

---

16) 이태영, 『더 있다』, 규장, 2012, pp.196~197.

찾을 수 있다.[17]

열정은 한 가지 이상의 재능이나 관심과 흥미, 성격, 가치관 등에 초점이 맞추어져 있다. 청소년이 열정을 발견할 수 없다고 한다면, 지금 바로 자신 앞에 있는 사람과 맡겨진 일과 변화되기를 원하는 모습이 열정을 품고 헌신해 나가야 할 대상이다.

신체적 특징	브라유: 시각장애(점자), 강영우: 시각장애(교육행정)
취미·취향	돈 슐리츠: 컨트리 뮤직
재능과 소질	자넷 리: 당구, 도티 월터스: 글쓰기, 애니카 소렌스탐: 골프, 오프라 윈프리: 토크쇼, 토머스 에디슨: 전구, 알프레드 노벨: 화약, 쇼팽: 피아노, 김기창: 그림
가치관, 신념	간디: 인권, 처칠: 자유, 마틴 루터 킹: 평등사회, 루스벨트: 4대 자유가 보장되는 민주세계 건설, 빌 게이츠: IT세상, 피터 드러커: 인간경영, 스티븐 스필버그: 영화감독, 매기 쿤: 자원봉사, 월트 디즈니: 디즈니랜드 꿈의 공간, 케몬스 윌슨: 호텔체인사업, 라이트형제: 비행, 장보고: 해상무역, 오드리 헵번: 봉사와 섬김, 맥도널드: 열정과 경험, 코카콜라: 내 몸속에 코카콜라가 흐르고 있는 꿈과 희망
특별한 소명	모세: 민족구원, 윌리엄 윌버포스: 노예무역 금지, 마더 테레사: 고통받는 인도의 가난한 사람 섬김

...

17) 강헌구, 전게서, p.62~76 참고. 강헌구는 내 인생의 '비전'을 발견하는 것은 인생의 '키워드'를 찾는 것이라고 하면서 저명인사들의 인생 키워드를 설명했다. 여기서는 키워드 자체를 내면 열정의 결집체라고 보아 열정으로 다루었다.

Q. 당신은 지금 무엇을 향한 열정에 불타고 있습니까?

독일 통일의 가장 큰 원동력은 자유에 대한 갈망을 행동으로 옮긴 당시 동독 주민의 '용기'였다.

– 박근혜 대통령

공부하는 동기

고교입시나 대학입시에서는 지원학과와 전공학과에 대한 '지원동기'를 묻는다. 이 질문을 통해 지원자가 추구하는 삶의 목표와 그것을 성취하게 하는 근원적 힘이 무엇인가를 파악하고자 한다.

원동력

미 아이비리그 대학의 입시에서는 지원 학생의 성적과 능력에 대한 평가 이외에 원동력이 중요한 평가기준이 되고 있다. 즉 자기 자신의 '성공', '부자가 되는 것'에서 자신을 넘어선 열정이 무엇인가를 본다.[18]

내부동인

스티븐 코비(Stephen Covey)는 『성공하는 사람들의 7가지 습관』에서 비전을 가진 사람은 외부자극으로 움직이는 것이 아니라 내부의 동인에 의해 솔선해서 먼저 움직이고 상황을 앞서서 주도하는(Proactive) 사람이라고

---

18) 강영우, 『원동력』, p.28.

말한다.[19]

많은 청소년들은 열정이 고갈되어 있다. 그 이유는 첫째, 낮은 자존감 때문이다. 자존감이 낮은 사람은 '내가 뭘 할 수 있겠어?', '해 봤자 뭐?'라며 자신을 폄하하고, 성취하고자 하는 열의가 낮으며, 쉽게 포기한다. 둘째, 명확한 비전이 없기 때문이다. 비전은 열정이 결집된 것이다. 선명한 비전은 내면의 열정의 불을 계속 지피도록 한다. 셋째, 분주함 때문이다. 청소년은 정신없이 바쁜 삶을 살아간다. 바쁜 삶은 열정을 분산시킨다. 마치 방향 없이 달려가는 기차와 같다. 넷째, 그릇된 방향의 위험한 열정이 넘쳐난다. 모범생이 갑자기 담배를 피우고 술을 먹으며 학업을 등한시하거나, 이성 교제에 지나치게 몰입하거나, 컴퓨터 중독현상을 보이며 학교생활을 포기하거나, 폭행 등으로 주변 학생들을 괴롭힌다.

역할모델

비전을 이루는 데 있어서 중요한 방법 중 하나는 역할모델(Role Model)을 갖는 것이다. 역할모델은 청소년이 가기 원하는 진로의 길에서 먼저 정상에 오른 사람이다. 자신보다 먼저 꿈을 꾸고 걸어간 선구자이다. 청소년은 무엇을 하고 어떻게 살아야 행복하고 만족스러운 삶을 산다고 할 수 있을까로 늘 고민하는데, 역할모델은 이러한 고민에 대한 해답의 길을 제시해 준다. 특히 정체성을 확립해야 하는 청소년 시기에 자

* * *

19) 스티븐 코비, 김경섭 옮김, 『성공하는 사람들의 7가지 습관』, 김영사, 2015, pp.95~134.

신과 동일시할 역할모델을 갖는 것은 매우 중요하다. 역할모델과의 직접적인 만남이나 책(고전, 위인전, 성공스토리), 미디어 등을 통한 간접적인 만남은 인생의 중요한 전환점이 된다.

강영우 → 이와하시 다케오(시각장애인, 해외유학), 바울(비전, 긍정, 신앙 · 용기)

루스벨트 미 대통령(소아마비) → 헬렌 켈러(3중 장애, 희망과 용기)

클린턴 미 대통령 → 케네디 미 대통령(희망, 용기), 루스벨트 미 대통령(유산)

    자신이 되고 싶은 비전과 비슷한 비전을 가지고 살았던 사람들이 어떻게 그것을 이루어나갔는지 살펴보고 그들의 생각과 말과 행동 등을 본보기로 삼을 수 있다. 인생이 바뀌려면 가치관이 바뀌어야 하는데, 가치의 변화는 다른 가치를 가진 사람이나 가치가 바뀐 사람과 동행할 때 서서히 일어난다. 그 사람과 같이 하면서 보고 듣고 따라 하면 자기도 모르게 변화하게 된다. 성경을 보면, 그리스도 예수와 함께한 12제자는 어부, 포목업자, 세리 등 배우지 못하여 무식하거나 멸시받고 천대받던 사람들이었으나 그들의 삶이 변화되고 비전과 사명을 향하여 자신들의 삶을 불태움으로써 세상을 바꾸었다. 「큰바위얼굴」에서처럼 역할모델의 존재는 시각화와 함께 역할모델이 이룬 것과 같은 꿈을 이루어나갈 수 있게 동기를 부여하고 격려해 준다. 역할모델은 멘토링보다 훨씬 깊은 의미에서 훈련과 모방이 따른다. 꿈을 꾸고 그 꿈을 향해 달려가는 길에 자신이 닮고자 하는 삶의 모델이 있는 것은 축복이다.

    청소년들은 '그러면 네 롤 모델은 누구야?'라는 말을 자주 하기도 하고 또 듣기도 한다. 청소년 각자는 이루고 싶은 꿈이 있고 되고 싶어 하는 모습이 있다. 그것은 각자가 다르다. 청소년의 역할모델로 인기 있는 사람은 페이스북 회장 마크 주커버그이다. 그렇지만 자신의 진로와 직접적인 연관이 없다. 역할모델과 관련하여 점검해 봐야 할 리스트는 다음과 같다.

기본정보	나이, 활동시기, 역할모델 활동분야, 직업 등
진로탐색	역할모델의 꿈과 비전, 미션(사명), 목표 등
	역할모델에 영향을 미쳤던 사람, 사건, 말 등
	역할모델의 주요 사회활동 및 사건
	역할모델의 신념, 가치관, 강점과 약점 등
	진로목표 설계 및 실천방법
	장애물 극복방법 등
적용	깨달음 점 등 교훈(부족한 점, 잊고 있었던 점, 강점 등)
	본받아야 할 점(자세, 열정, 헌신, 노력과 인내 등)
	변화가 필요한 영역(말, 행동, 습관, 역할 등)

명확한 목표

꿈이 비전으로 그려지고 사명으로 과제가 주어지면 이를 이행하기 위해 목표를 세워야 한다. 비전은 청소년이 바라는 미래의 모습이며, 사명은 이 모습을 실현하기 위해 해야 할 일이고, 목표는 사명을 달성하기 위해 역할을 수행하는 데 필요한 직업이나 일 또는 지위나 명칭 등을 말한다. 탁월한 성취는 모두 분명한 목표(Clear Goals)에서 시작된다. 어디로 가고 있는지 아는 것은 그곳에 이르기 위한 첫걸음이며, 에너지를 집중하도록 하고, 방향성을 제시해 주며, 동기를 부여하고, 높은 성취로 이끈다.

1979년 하버드대 경영대학원 졸업생을 대상으로 "장래에 대한 명확한 목표를 설정했는가? 그렇다면 그 목표를 기록해 두었는가? 그 목표를 달성하기 위한 구체적인 행동계획이 있는가?"라는 질문에 대해, 목표를 구체적으로 종이에 기록해 두었던 3%의 사람들의 명예, 자산, 소득 등의 수준이 목표를 기록해두지 않았던 13%에 비해 10배 이상 높았고, 기록하지 않았지만 목표가 있다고 대답한 13%의 사람들의 소득이 목표가 없었다고 대답한 사람들보다 2배 이상 높았다.[20]

성장하는 청소년에게 진로 로드맵의 제일 위에 자신의 최종 목표가 있고, 그 아래 장기, 중기, 단기목표가 있다. 중학교, 고등학교, 대학교 등 교육과정별, 10년, 20년, 30년 후 등 연령대별 성취할 목표를 세우고 구체적인 실천방법 및 장애물 극복 여부를 확인해 볼 수 있다. 각 목표는 최종목적지로 이어지는 징검다리 역할을 하도록 순차적으로 이어져야 한다. 목표는 바람직한 미래 모습을 이루고자 하는 것이기 때문에 적당히 이루어낸다고 하는 자세보다 그 목표를 완벽하게 이루어낸다고 하는 자세가 필요하다. 그렇지 않으면 정중앙은커녕 과녁 안도 맞출 수 없다.

훌륭한 교육자의 비전과 이를 실현하는 일을 하기 위한 장기목표는 다음과 같이 표현해 볼 수 있다.

...

20)   강헌구, 전게서, pp.109~109.

나는 2040년까지 대학교수 또는 교육기관의 센터장이 된다.

나는 학위취득 후 10년 동안 연구 활동과 실적으로 기본을 다진다.

나는 2030년까지 박사학위를 취득한다.

전략

　전략은 목표를 달성하기 위해서 여러 방법과 수단 중에서 최적의 조합을 선택하는 것을 말한다. 목표는 무엇(What)을 할 것인가에 초점이 있다면, 전략은 어떻게 할 것인가(How to do)에 초점이 있다. 청소년이 목표를 정했으면 그것을 이루는 방법을 찾아내어야 하는데, 자신의 강점과 약점 그리고 위험과 기회를 감안하여 목표에 이르는 여러 가지 대안 중 가장 좋은 대안을 선택할 필요가 있다.

　꿈을 향해 나아가는 청소년에게 가장 큰 장애물은 꿈을 이루어나가는 데 필요한 자원을 충분히 갖추지 못한 경우이다. 경제적으로 여유가 없거나 건강이 좋지 않거나 의지가 빈약하거나 주변에서 지지해 줄 사람이 없는 경우에 목표를 향해 일직선으로 질주하기가 쉽지 않다. 이 경우 아르바이트를 하거나 건강회복을 위한 휴식기를 거치는 등 우회적인 방법을 통해 추구하는 목표를 향해 나아가는 전략을 선택해야 할 것이다.

　청소년에게 학업목표 달성이 중요한데 수학이나 영어 또는 과학 중 어느 과목에 치중할 것인가, 치중하는 과목에 시간배분이나 선행학습을 어떻게 할 것인가 등은 모두 전략적인 선택이다. 내신에 불리한 선발형 고고에 진학하는 것보다 일반고에 진학하는 것도 전략적 선택이다. 다수가 가기 원하는 대기업보다 자신의 잠재능력을 발휘할 기회가 더 많은 중견기업을 선택하는 것도 전략적인 선택이다. 자신이 가진 잠재능력 중 어느 곳에 집중하여 자신의 강점으로 개발하여 평생의 업으로 활용할 것인가도 전략적 선택이다.

훌륭한 교육자가 되는 비전을 이루기 위해 자신이 가진 능력과 자원 및 여건을 고려하여 다음과 같이 전략을 구상할 수 있다.

1안: 대학교, 대학원 과정을 거쳐 학위취득 후 국책연구소에서 일정 기간 일한 후 대학교수가 된다.
2안: 대학교를 졸업한 후 기업에 입사하여 교육 및 HRD부서에서 일정 기간 근무한 후(인적, 물적 네트워크 확보) 교육컨설팅사업을 시작한다.

구체적인 계획과 실천

꿈은 목표수립과 이를 달성하기 위한 구체적인 계획의 형태를 갖고 실천되어야 이루어진다. 계획은 자기관리, 학업관리, 관계관리의 실천행동을 통해 실현된다([부록 4] 참고). 조지 버나드 쇼의 '인생의 진정한 기쁨은 스스로 가장 중요하게 여기는 목적을 위해 자신을 사용하는 것이다.'라는 말처럼 아무리 좋은 계획이라도 실천을 하지 않으면 소용이 없다.
실천에서 가장 중요한 것이 성공적인 습관을 형성하는 것이다.

〈독서습관 예시〉

점검항목	실천 여부(1개월)
현재의 모습은?	책을 한 권도 읽지 않음
성취하고자 하는 것은?	월 1권 독서 후기노트 작성
최적의 대안은?	항상 책 소지, 자투리 시간 읽기
얻은 것은?	3분의 1 읽기
차이와 원인은?	차일피일 미룸, 목표 잊음
해야 할 것은?	강제적 독서모임, 만남 횟수 축소
하지 말아야 할 것은?	친구연락 오면 무조건 OK, 인터넷 과다 사용
피드백방법은?	부모님께 정기적 검사받기

　이 습관 중 가장 힘든 것이 효율적인 시간관리이다. 우리의 선택에 따라 우리가 하는 일의 대부분은 재능과 능력을 보다 훌륭히 발휘할 수 있는 활동으로, 우리의 꿈에 보다 더 가까이 다가갈 수 있는 일로 바뀔 수 있다. 이는 시간을 얼마나 효율적으로 사용하느냐에 달린 문제이다.

　청소년은 계획을 짜 놓고도 '시간이 없다.', '가능성이 없다.'는 핑계로 차일피일 실천을 미루는 것이 다반사이다. 일단 결정을 했으면 죽이 되든 밥이 되든 밀고 나가는 것이 필요하다. 실천현장은 뜨거운 꿈이 차가운 현실을 만나는 곳이다. 자신의 다짐을 일깨워 줄 수 있는 말은 '하기로 했잖아?'이다. 도전적인 목표일수록 시간과 인내가 필요하다.

키워라! Ability

잘하는 사람보다 도전하고 노력하는 사람이 더 좋다.

– 김장훈, 가수

꿈을 향해 달려가는 자는 행복하다. 새로운 시야, 새로운 열정, 새로운 도전과 함께 자신의 가능성을 온 세상을 향해 펼쳐나가고 있기 때문이다. 비록 꿈을 쫓아가는 현실이 힘들 수 있고 아프다고 생각할 수 있으나 오늘의 현실이 쌓여 내일의 행복을 이루어 나가고 있기 때문이다.

능력개발

A. 토플러는 21세기 문맹의 조건으로 첫째, 학위를 따지는 것, 둘째, 옛날에 배운 것을 빨리 잊지 않는 것, 셋째, 잊은 것을 채우지 않는 것이라고 했다. 지식정보화시대에 필요한 인재로서 살아가기 위해서는 평생학습(Lifelong Learning)을 해야 한다.

배움에는 끝이 없다. 청년에 배우면 장년에 큰일을 도모한다.
장년에 배우면, 노년에 쇠하여지지 않는다.
노년에 배우면, 죽더라도 썩지 않는다.

– 사토 잇 사이, 유학 대성자

청소년들은 스스로에게 왜 공부를 해야 하느냐고 자문할 수 있다. 공부해서 남 주자! 라는 말이 있다. 그러나 먼저 자신을 위해서 공부해야 한다. 무엇보다도 자기 자신을 건강하게 세워나가기 위해서이다. 자기 자신만을 위해서라면 공부를 할 필요가 없을지도 모른다. 그러나 좋은 이웃이 되기 위해서는 공부해야 하고 능력을 키워야 한다. 실력이 힘을 만들어 낸다. 그래야 다른 사람에게 도움을 줄 수 있다.

청소년은 자신의 꿈과 끼를 발견하고 능력을 키워 젊음의 역동성을 잘 살려낼 수 있어야 한다. 그러면 어떠한 능력을 키워야 할까? 하버드대 심리학 교수인 하워드 가드너(Howard Gardner)는 성공의 3요소로 '재능을 발견하고, 재능성숙을 위한 10년의 시간을 준비하며, 부모의 코칭이 뒤따라야 한다.'고 말한다.

스펙 중시 사회

학생들은 자신의 능력을 입증하기 위해서 스펙(spec; 각종 자격)을 갖추려고 노력한다. 저성장, 경쟁심화 등 구조적 이유로 취업난이 심화될수록 대학생들은 취업에 필요한 스펙의 양적 확대에 매달리고 있다.

기업은 직무수행을 위해 직원이 가져야 할 지식과 기술, 경험, 태도 등을 보기 위한 수단으로 스펙을 활용하고 있다. 기업의 입장에서는 좋은 스펙은 전문성 이외에 성실성의 좋은 지표로 본다. 취업을 위한 스펙에는 학벌, 학점, 토익, 자격증, 어학연수의 5대 요소가 있다. 그리고 수상경력, 인턴, 봉사활동, 성형으로까지 추가하여 9대 스펙이 된다. 이 중학점, 자격증, 어학능력 등은 직무수행에 필요한 지식과 기술(Hard Skill)을 보는 것이며, 인턴, 아르바이트, 공모전 참가, 봉사활동 등은 경험과 태도 등(Soft Skill)을 보기 위한 것이다. 취업이 어려워지면서 나타난 현상은 스펙의 상향 평준화이다.

취업의 성공요소는 인지적 요소와 비인지적 요소가 필요한데, 최근 인지적 요소보다 비인지적 요소가 더 중시되고 있다. 비인지적 요소로는 도전, 리더십, 문제해결력, 관계관리, 인내력, 적응력, 용기, 협동력, 애착과 열정 등 태도와 관련된 내용이 포함된다. 경험과 성과가 일천한 기업이 성공을 거두기 위해서는 더 혁신적인 기술이나 창의성이 필요하다. 그러나 가장 기본적인 성공비결은 노력과 열정이다. 직무 관련 지식·경험뿐 아니라 문제해결을 위한 적극적이고 도전적인 자세와 노력이 요청된다.

K는 자신이 원하는 ○○○기업에 입사하기 위해 전국 대리점 중 약 50곳에서 3일에서 1개월간 아르바이트를 하며 각 점주에게 추천을 받아 입사 지원했다. 회사 회장은 다른 어떤 스펙보다 자신이 하고 싶었던 업무를 위해 1년여 준비한 그의 열정과 소신에 더 관심을 가졌고, 채용 후 역시 높은 성과를 내고 있다.[21] 그는 훌륭한 스펙보다 자신이 해야 할 일과 하고 싶은 일에 대한 집중력을 갖추려고 노력한 것이다.

대학생활 중에 경력을 개발하고 관리하기 위해서는 진로와 관련한 활동목표를 세우고 실천, 점검하는 과정 속에서 부족한 것을 파악하고 이를 채우기 위한 노력이 필요하다. 자신의 경험과 역량을 나열하는 양적 스펙보다 분명한 목표를 전제로 특정 직무나 직종에 적합한 경험과 자격

・・・

21) 서울신문, 2012. 7. 9.

중에 해당하는 스펙이 방향성과 일관성 측면에서 바람직하다. 최근 국가 직무능력표준제도(NCS)가 본격적으로 도입되면서 기업은 필요한 인재를 이전처럼 불필요한 스펙에 기초하지 않고 해당 직무에 맞는 스펙을 갖춘 인재를 직무능력(지식, 기술, 태도 등)에 맞추어 선발하는 방향으로 초점을 맞추고 있다.

이공계열 대학생의 대학생활 중 진로 및 전공 관련 스펙 사례를 살펴보면 다음과 같다.

〈전기전공 관련 스펙 사례〉

종합스펙 점검표

구분	도전	준비내용	이행	미이행	실패이유	재도전
학점(4.5)	3.5 이상		○			
영어	TOEIC 800	학교+교재		○	(700점)	800점
제2외국어	중국어	인터넷강의		○	소홀	BCT2급
자격증	전기기사(전기공사)	전공공부+ 인터넷강의	○			
해외경험 (어학연수 등)	캐나다(working holiday) 1년	어학 (국제교육센터)	○			
봉사활동	인니 오지 태양광 집열판제작·설치	대학기술연수 프로그램	○			
인턴(4개월) (아르바이트)	한전 자회사 에너지효율 프로젝트	산학협력 프로그램	○			
공모전	원자력클러스터공모전(장려상)	개인, 그룹 작업	○			
졸업작품전	그룹작품	협동작업	○			
홍보대사활동	2학년	SNS 홍보	○			
기타(교양 등)	한국사, 세계사, 상식 등	개인, 스터디 그룹 연구	○			

시대가 필요로 하는 인재역량

지식정보화시대의 인재에 걸맞은 능력을 4차원으로 나누어 살펴볼 수 있다. 어릴 적부터 다져나가야 할 사회생활에 기본이 되는 인간성(Humanity) 또는 성품(Character), 대학교부터 현장에서 문제해결을 위해 갖추어야 나가야 할 전문분야 지식기술(Hard Skill), 기업 및 사회현장에서 문제를 발견하고 해결해 나가는데 갖추어야 할 새로운 지식기술과 경험(New Soft Skill), 소용돌이 환경에서 문제 상황을 통찰하고 변화를 유도해 내는 변화관리 리더십 능력이다.

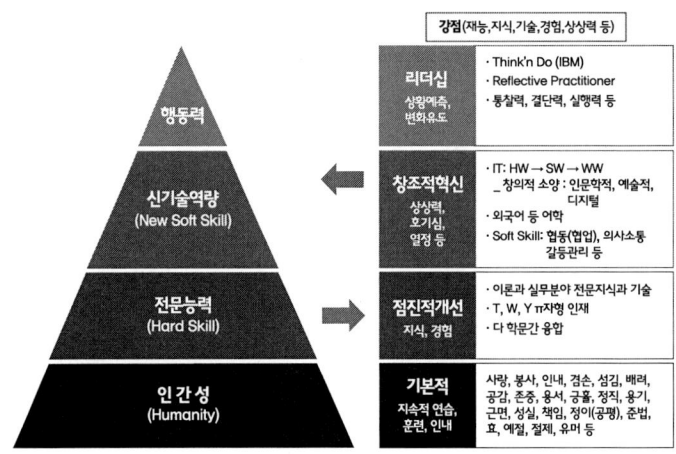

정직, 성실, 참을성, 겸손 등은 어떤 인생을 살든 중요하다.
정직하지 않고 성실하지 않은 사람에게 행운은 절대 오지 않는다.
이런 덕목은 많은 경험과 실패에서 얻어진다.

— 윤윤수, 휠라코리아 대표

융합지식

정부는 창조경제를 견인할 창의인재 육성방안에 따라 통섭적 사고강화를 위한 융합교육 활성화를 위해 초·중·고의 융합교육을 강화하고 있다. 영재교육원 입시와 대입 수능시험에도 학문 내, 학문 간 융합문제가 출제되고 있다.

신기술역량

정부는 중학교 입학생부터 SW교육을 필수적으로 이수토록 하고, 고등학교에서 정보과목을 심화에서 일반선택으로 바꾸고 수능과 연계했다.

실행력

돈키호테처럼 행동이 앞설 것인가? 아니면 햄릿처럼 생각만 하다가 그칠 것인가? IBM의 Think'n Do는 성찰하며 실천하는 행동가(Reflective Practitioner)를 요구한다.

잠재능력과 개발

잠재능력은 한 인간이 가지고 있는 타고난 능력, 지식, 기술, 경험, 감정, 동기, 가치 및 태도 등을 포함한 총체적인 것을 의미한다.[22] 잠재능력

---

22) 이미경, '인성교육과 인성평가', 한국기술교육대학교 2013년 제1회 교수위촉사정관워크숍자료집, 2013. 8. 28.

의 발견과 개발을 중요시하는 이유는 끊임없이 변화하는 다양하고 복잡한 문제 상황에서 지속적으로 긍정적인 영향력을 발휘하기 위해서이다. 청소년의 잠재능력은 외부에 드러난 것뿐 아니라 빙산의 9각처럼 내면에 숨겨져 있는 것을 포함한다. 외부에서 쉽게 관찰될 수 있는 것은 말과 행동, 지식의 양, 습득한 기술 등이다. 내면에 숨겨진 것은 사고와 감정, 가치관, 동기를 포함한 욕구, 성격적 특질, 경험, 태도, 이미지 등이다. 미성숙기에 있는 청소년의 잠재능력은 마치 깊은 우물 속에 잠겨 있는 것과 같다. 부모도, 선생님도, 상담교사도, 청소년 자신도 내면의 능력을 잘 알지 못한다. 어떤 계기로 그것을 발견하고 끄집어내야 한다. 개발하기에 따라서는 블루 다이아몬드보다 더 값이 나갈 수 있다. 자신이 처한 상황에 따라 다음과 같이 고려해 볼 수 있다.

타고난 천재성이 있는 경우

"타고난 재능이라는 것이 있을까?"라는 질문에 대다수의 사람들은 "그렇다."라고 답할 것이다. 모차르트는 유치원 나이 때부터 작곡을 했고 밖에 나가 노는 것보다 음악을 연주하는 것을 더 좋아했다. 그의 재능은 그가 보여주었던 모든 기술을 도와 한층 더 강화된 것이다. 굳이 모차르트나 아인슈타인을 언급할 필요도 없이, 탁월한 능력을 가진 천재들이 지식정보화시대의 혁신과 변화를 이끌어가고 있다. 천재성을 타고나면 부모나 주변에서 일찍부터 그것을 발견할 수 있다. 호주머니 속의 뾰족한 침은 스스로 튀어나온다. '범재는 다른 이가 이끌어주고, 준재는 스스로 기회를 잡고, 천재는 기회를 만들고 빛낸다.'는 말이 있다. 타고난 천재는 누구나 쉽사리 따라잡기 힘들다. 영재교육은 상위 5% 학생들을 대상으로 하고 있다. 천부적 재능을 타고났더라도 이를 사장시킬 수 있기 때문에 조기에 영재성을 끄집어낼 수 있도록 교육환경을 만들어 주어야 한다.

P는 고등학교 2학년 때까지 노는 것을 즐겼다. 머리가 엄청나게 좋았다. 그가 정신을 차리면 큰일 난다고 다른 자녀의 학부모들이 말했다. 고등학교 3학년 2학기 때부터 공부할 마음을 갖고 노력하여 수능시험을 쳐 K대 공대에 입학했다. 대학에 입학하여 1학년 2학기에 반수를 하여 다시 의과대학으로 진학했다.

후천적인 노력에 의한 경우

타고난 천재는 드물다. 자신의 남다른 점을 발견해 이를 집중개발한 사람이 천재가 된다(Howard Gardner). 에디슨은 '천재는 99%의 노력과 1%의 영감으로 이루어진다.'고 말했다.

> 타고난 재능은 기본이요, 그 위에 후천적인 훈련이 중단 없이 수반될 때에만 한평생 예술가로 살아갈 수 있다.
>
> – 한스 로코마크, 교수

잠재능력 즉 드러나지 않은 능력(Talent)은 태어나면서부터 주어지는 것이지만 잠재능력을 발견하고 진정한 기술(Skill)이 되게 하기 위해 끊임없는 훈련이 필요하다. 따라서 이공계열 학과를 지원하는 학생은 수리와 과학을 좋아하고 논리력과 추리력 등 이과 학문을 하는 데 필요한 사고와 능력이 있는지 먼저 점검해 보아야 한다. 인문계열 학과를 전공하는 학생은 언어능력이 뛰어날 뿐 아니라 사회문제에 대한 호기심이 있는지를 먼저 점검해 보아야 한다.

• 본인의 노력

탁월한 능력은 타고난 잠재능력과 함께 개발하고자 하는 노력(Hard Work)이 뒷받침되어야 한다. 청소년은 비록 경쟁 상대보다 머리가 나쁠 수도 있고 재능이 부족할 수도 있다. 그러나 이를 보완하기 위해 노력을 더할 수는 있다. 그 노력의 정도는 다른 사람이 아니라 자기 자신이 스스로 알 수 있다. 지식과 경험의 부족을 채울 수 있는 것은 노력과 열정뿐이다.

박지성은 왜소한 체격과 축구선수로서 치명적인 평발이라는 불리한 신체적 조건을 축구에 대한 열정과 성실함, 끊임없는 자기계발과 정신력으로 극복하고 세계 최고의 축구선수와 어깨를 나란히 할 수 있었다. 그는 재능이 있어서 축구를 한 것이 아니라 축구를 하고 싶어서 재능을 키웠던 것이다.[23]

• 좋은 양육환경

아무리 숨겨진 재능이 탁월하다고 하더라도 발현될 수 있도록 이끌어주지 않으면 사장되기 쉽다. 부모는 청소년이 잠재능력을 개발하는 데 필요한 신체적, 정서적, 정신적, 사회적, 영적 자원을 제공해 줄 수 있는 사람이다.

---

23) 박지성, 『멈추지 않는 도전』, 랜덤하우스코리아, 2006.

해마다 특목고, 외고 등 소위 선발형 고교 출신 학생들이 SKY대학에 합격하는 비율은 점차 높아지고 있다.[24] 부유한 가정의 자녀들이 더 좋은 대학에 진학하고 있다. 경제적으로 여유가 있는 부모는 자녀가 진로선택 과정의 특정 단계에서 다시 기회(Second Chance)를 가질 수 있게끔 (재수, 전과, 편입, 휴학, 어학연수, 해외유학 등) 지원해 줄 수 있다.

제도적 자원 활용

혼자서 성공하는 사람은 없다. 성공은 특정한 장소와 환경의 산물이다. 가난한 집안 출신, 여성이나 소수인종으로 태어났다는 것, 경기침체기에 성장했다는 것 등은 예기치 않게 장점으로 돌변할 수 있다.[25] 무엇보다 부모 등 직접 도움을 줄 사람이 없는 경우 사회와 환경의 다양한 제도를 활용할 수밖에 없다.

• **학교제도 활용**

S는 가정형편이 어려워 대도시 지역 대학에 가는 데 어려움이 있었다. 지방소재 대학에 입학한 후 튜터, 홍보대사, 대학 내 기업(Campus Company) 등 1인 5역을 하면서 열심히 대학생활을 했다. 특히 홍보대사활동은 대기업 취업에 결정적인 스펙으로 작용했다.

---

24) 김세직 교수의 연구논문에 따르면, 2013년 기준으로 일반고와 특목고(외고, 과학고, 자사고) 출신 SKY 합격비율을 분석한 결과 특목고가 12%로 일반고 1.4%의 9배에 이른다. 국민일보, '한국입시제도, 진짜 인재 가려내는 데 실패', 2014. 8. 14.
25) 말콤 글래드웰, 노정태 옮김, 『아웃라이어: 성공의 기회를 발견한 사람들』, 김영사, 2009, pp. 140~189.

- **사회제도 활용**

  소니아 소토마요르 대법관은 푸에르토리코 이민 2세였으나 미국사회 제도가 제공해 주는 소수자 우대정책 및 교육프로그램 등을 통해 학업을 지속할 수 있게 되었고 그 결과 그녀는 현재 연방대법관으로 일하고 있다.[26]

인내하고 기다림

미케일라 디프린스라는 이름을 가진 흑인 발레리나는 아프리카 씨에라리온에서 태어났는데, 수십 년의 내전으로 인해 3살 때 부모를 잃고 보육원에 수용되었다. 목 주위의 하얀 색소 피부병 때문에 악마의 자식이라고 놀림을 받았다. 지옥 같은 보육원생활 속에 어느 날 미국 잡지의 표지 한 장이 바람에 날려 보육원 벽을 넘어왔는데, 어느 발레리나의 사진이었다. 그 발레리나의 모습이 너무 행복하게 보여 자신도 이와 똑같은 사람이 되겠다는 밑도 끝도 없는 꿈을 품게 되었다. 1년 후 폭탄이 떨어진 보육원을 나와 난민수용소에 도착했는데, 마침 자원봉사를 나온 Elaine DePrince라는 미국 여성이 이 아이를 보고 너무나 불쌍하여 입양했고, 그녀는 미국으로 건너가 발레리나의 꿈을 이루게 되었다.[27]

• • •

26) 서울경제, 2013. 7. 3.
27) 정승인, 전게서, p.49.

문화적 유산에 따르는 경우

문화적 유산의 힘은 개인이나 집단의 의식 속에 뿌리 깊게 박혀 있어 오랫동안 지속되며 현실을 이해하고 문제를 해결하는 태도와 방식에 결정적인 영향을 미친다. 말콤 글래드웰은 미 켄터키 주 애팔래치아 산맥에 있는 알랄마을의 예를 들면서,[28] 명예문화(Culture of Honor, 네 형처럼 남자답게 죽어라!)의 깊은 영향을 받은 사람들의 행동은 정서적 안정, 지적 수준, 신체적 요소와 아무런 관계없이 반응하는 것으로 밝혔다.

각 문화권 간에 남녀 간 교육·인권·사회생활 등의 측면에서 차별적 요소가 발견된다. 스웨덴 등 북구 유럽국가에서는 여성들의 리더십이 사회 전 분야에 걸쳐있고, 특히 여성의 노동단절이 없다. 남녀평등의 제도적 차원을 넘어 문화적으로 여성의 노동권리와 능력이 보장되고 있다. 미국에서 아시아인들이 수학을 더 잘하는데, 그 이유는 쌀농사를 통해 형성된 어려운 환경 속에서도 최고의 결실을 거두려고 열심히 노력하는 정신자세 때문이라고 말한다.[29] 아시아 출신이라는 환경적 요인이 어려운 수학문제를 직면하여 정의적 영역에서 정서적 요인보다 의지적 요인이 더욱 강하게 작용하게 한 것이다. GE의 인재양성프로그램은 세계적으로 정평이 나 있다. 국내 대기업에서 해외에서 대학을 졸업한 학생들을 해외파로 분류하여 선발하고 있는데, 이들의 업무성취도는 기대했던 수준보다 낮으나 이들이 갖고 있는 '자긍심'은 매우 높다고 한다. 청소년

* * *

28) 말콤 글래드웰, 『아웃라이어』, pp.190~206.
29) 말콤 글래드웰, 상게서, pp.263~268.

이 속한 가정의 환경과 문화는 개성과 성격 형성에 긍정적이거나 부정적인 영향을 미치고 있다. 감정적인 성향이 강한 가족문화 속에서 사고적인 성향이 강한 청소년은 생각을 표현할 때 매우 신중하게 대처하는 능력을 습득하게 될 것이다.

강점 개발

강점의 발견

강점(Strength)은 성과를 내는 사람들에게 반복적으로 나타나는 행동특성이다. 청소년은 누구나 잠재능력을 가지고 있다. 잠자고 있는 능력은 개발하고 활용하기에 따라서 다른 사람과 차별화를 이루게 하고 자신을 독특하게 만들 수 있다. 꿈과 비전을 향해 나아가는 청소년은 필요한 모든 재능을 가질 수는 없기에 남들과 비교해서 잘하는 것이 아니라 내가 할 줄 아는 것 중 가장 잘하는 것을 발견하여 일을 찾아야 한다.

강점은 타고난 능력(재능)과 지식과 기술(활동)로 구성되어 있다.[30]

청소년이 다른 사람에 대해 섬세하게 돌보고자 하는 마음(재능)이 있어 간호사라는 일(직업)을 하고 싶다면, 간호대학으로 진학하여 인체나 의

---

30) 마커스 버킹엄 · 도널드 클리프턴, 박정숙 옮김, 『위대한 나의 발견: 강점발견』, 청림, 2015, pp.44~53. 저자는 강점을 재능+지식+기술로 구성되어 있다고 말한다. 여기에 태도(가치관 포함)를 포함시키는 것이 더 타당할 것이다. 저자는 강점으로 바꾸어 나갈 수 있는 가장 뛰어난 재능을 스트렝스 파인더를 통해 확인해 볼 수 있게 했다. 개발자, 개인화, 경쟁, 공감, 관계자, 긍정성, 매력, 명령, 미래지향, 복구자, 분석가, 사고, 성취자, 신념, 신중함, 연결성, 의사소통, 자기 확신, 적응력, 전략, 조정자, 조화, 중요성, 질서, 착상, 책임, 초점, 최상주의자, 탐구심, 포괄성, 학습자, 행동주의자 이상 34개 테마 중 가장 강한 다섯 가지 테마를 자신의 것으로 선택할 수 있다.

약 및 상담에 대한 지식을 습득하고, 인턴이나 현장실습 및 취업을 통해 투약기술, 상담기술 등 활동기술을 발휘하여 일할 수 있다.

이 세 가지 중 제일 중요한 것은 재능이다. 타고난 재능을 갈고닦아 강점으로 나타나게 하기 위해 지식과 기술을 연마해야지 그렇지 않으면 구멍 난 독에 물 붓기로 헛수고할 수 있다.

짐 콜린스는 위대한 기업에서 가장 중요한 자산은 적합한 사람이며, 누가 적합한지 아닌지는 전문지식이나 배경, 기술보다 성격상의 특질이나 타고난 소양과 더 관련이 있다고 했다.[31] 이런 점에서 스타는 개성과 기질에서 자신의 강점을 극대화하여 탁월한 성과를 낸 사람이라고 할 수 있다.

청소년들은 자주 '저는 강점이 없어요!', '장점이 없어요!'라고 말한다. 그러면서 눈에 쉽게 띄는 단점은 어떻게든 메꾸어 보려고 노력한다. 계속해서 찾아보라! 그러면 스스로가 관심이 있는 그 무엇인가가 있을 것이다. 자신에게 재능이 있다는 사실이 믿어지지 않는가? 단지 청소년 스스로가 소중하고 가치 있는 사람이라는 사실을 들어보지 못했거나 모를 뿐이다. 인간의 잠재능력은 사람마다 차이가 있다. 그리고 개인의 능력 간에도 차이가 있다. 많은 청소년이 자신이 개발해야 할 잠재능력이 무엇인지도 모르고 남들과 비교해서 잘하는 것을 찾으려고 애쓴다. 획일화의 추구는 재능과 능력의 낭비를 불러온다. 강점이 되는 타고난 재능을 사용해서 하는 일과 그렇지 않은 일을 비교하여 볼 때 그 일에 얼마나 노력을 기울였든 간에 타고난 재능이 아닌 경우 성취는 일정한 수준으로만

・・・

31) 짐 콜린스, 전게서, p.113.

머물게 된다. 마치 드럼이 멜로디를 연주하는 것과 같다. 드럼은 그런 자신을 보고 쉽게 낙담한다. 삶의 비극은 충분한 강점을 갖지 못한 데 있는 것이 아니라 이미 갖고 있는 강점을 충분히 활용하지 못하고 있는데 있다. 그 어떤 스펙보다 강력한 것은 자신이 아니고서는 그 누구도 할 수 없는 자신만이 가진 능력이다. 남들이 하지 않거나 그 누구보다 잘할 수 있는 것을 찾아 가능하면 희귀하고 찬란한 꽃을 피워야 한다. 천재적인 재능을 타고나지 못했다고 한탄만 할 것이 아니라 성품과 재능의 깊은 잠재능력에 불을 붙여 활활 타오르게 하고, 강점을 발견하여 집중적으로 개발하고 활용함으로써 스스로를 차별화시켜 나가는 것이 중요하다.

두 친구가 있었다. 같은 학교에 다니고 있었기에 일반적인 지적능력은 비슷했다. 그런데 한 친구는 의사도 되고 변호사도 되고 경영인도 될 수 있는 내적 능력을 갖추고 있었다. 그런데 다른 한 친구는 의사는 결코 될 수 없는 자질을 갖고 있었다. 외견적으로 전체 지적 능력은 비슷한 수준이지만 개인의 능력 간 차이가 클 뿐만 아니라 흥미와 적성이 아주 달랐다. 또 다른 사례로, H는 부모의 권유로 의대에 진학하여 수련의 과정을 마치고 전문의가 되었다. 의사가 될 수 있는 기본능력을 갖추고 있었던 것이다. 그러나 환자를 진료하는 일이 재미없고 지루하기만 했다. 결국 그는 경영대학원으로 진학하여 투자은행에서 간부로 일하게 되었다. 그 일을 하는 것이 재미있고 신바람이 났다. H는 의사로서의 흥미와 적성이 부족했던 것이다.

청소년은 종종 자신이 꿈꾸는 특정한 일이나 자리에 특별한 강점요소가 반드시 구비되어야 한다고 여겨 자신이 그러하지 못함을 자괴하며 쉽사리 포기하고자 한다. 어떤 자리의 일을 수행하는데 합당한 능력을 갖추어야 한다는데 초점을 둘 것이 아니라 무슨 일을 하든 그 일을 맡았을 때 자신의 강점을 잘 활용하여 어떻게 그 역할을 잘 수행할 것인가를 고민하는 것이 더 중요하다. 대기업을 관리하는 CEO라도 잭 웰치(전 GE 회장)처럼 불도저식 리더십을 가진 사람도 있고, 리치(암웨이그룹 창설자)처럼 부드러운 리더십을 가진 사람도 있다. 유명한 CEO들을 살펴보면 어떤 사람은 행정력이 강한 사람이고, 또 어떤 사람은 비전설정능력이 강한 사람이며, 또 어떤 사람은 관계능력이 강한 사람이다.

강점의 발견은 첫째, 부모와 친구 등 주위 사람들의 이야기를 통해 발견할 수 있다. 둘째, 자기 자신을 통해 발견하는 방법이다. 자연스럽게 나타나는 행동이나 특별히 만족하거나 성취를 나타내는 일을 살펴본다. 본능적으로 어디에 많이 집중하는지, 무엇을 더 갈망하는지 살펴본다. 셋째, 자신의 지금까지의 성취를 통해 발견할 수 있다. 대학입시에서 창의성 측정을 위해 인지검사로서 지필고사를 사용하는 것 이외에 비교과의 창의적 체험활동과 성취를 살펴본다.

마지막으로, IQ검사, EQ검사, AQ검사, 다중지능검사, 기질검사(DISC 등), 적성검사, 흥미검사 등에 기초한 강점발견은 특별히 잘하는 교과목이 될 수도 있고, 강인한 인내력이나 의지도 될 수 있으며, 경쟁하길 좋아하는 것도 될 수 있고, 탁월한 컴퓨터능력이나 아름답게 디자인하는 능력이 될 수도 있다. 자신만의 가치로 차별화시켜 실제 현장에 적용할 수 있을 때 경쟁력으로 나타난다.

성공하기 위해 자신의 강점개발에 70%, 새로운 것에 25%, 단점 극복에 5%를 투자하라.

– J. 맥스웰, 리더십전문가

다윗과 골리앗

다윗과 골리앗의 이야기를 살펴보면, 불가능해 보이는 싸움에서 다윗의 승리는 하나님의 이름이 모욕 받는 것에 대한 거룩한 분노와 지금까지 자신을 인도하여 주신 하나님을 신뢰하는 담대한 믿음, 맹수와 싸우면서 터득한 방식으로 속도와 기동성을 살려 자신이 잘하는 물 맷돌 던지기를 통한 투석전략, 청동 투구와 전신 갑옷을 두른 210㎝의 거인을 두려워하지 않은 용기에 기인한다.[32]

강점 발휘 사례

타이거 우즈의 골프(롱게임과 퍼팅기술), 강호동의 연예능력, 우사인 볼트의 순발력, 이순신의 해전 전략, 애플의 평면 아이폰, 조수미의 소프라노, 이종격투기(UFC) 선수의 필살기(Finisher), 강수지(춤), 애니카 소렌스탐(골프재능) 등

...

[32] 다윗의 승리는 기적과 행운이 아닌 지혜와 전술의 결과이다. 강력하고 힘센 것들이 언제나 겉보기와 같지 않다는 점을 예리하게 간파한 지혜와 겁내지 않고 행동으로 보여준 용기, 골리앗이 원하는 백병전이 아니라 자신이 잘하는 투석전을 펼친 결과였다. 말콤 그래드웰, 『다윗과 골리앗』, pp.17~30.

강점을 개발하기 위한 노력

청소년은 강점을 어떻게 개발할 수 있을까? 누구나 처음부터 숙련된 기술이나 역량을 가진 사람은 없다. 성공한 사람은 어느 누구도 동료보다 더 열심히 일하지 않고 그 결과를 얻은 사람은 없다. 빌 게이츠는 어린 시절부터 컴퓨터에 중독되어 모니터 앞에서 살았다. 요즈음의 청소년들은 인내심이 부족하고 끈기가 없다. '나는 할 수 없어.'라고 시도해 보지도 않고 스스로를 한계 짓기보다 '왜 나라고 그렇게 될 수 없단 말인가(Why not Me)?'를 외치며 패기를 가지고 노력과 열정을 쏟아 부어야 한다. 수학과목을 못하면 한두 시간을 더 공부해서 점수를 더 올릴 수 있다. 수학과목을 잘하더라도 시간을 투자하면 더 좋은 점수를 올릴 수 있다.

1만 시간의 노력

심리학자 안데르스 에릭슨(K. Anders Ericsson)에 따르면, 다섯 살 때부터 바이올린 연주를 시작한 세 그룹 학생 중 세계적인 솔로 주자가 될 수 있었던 그룹은 다른 그룹 아이보다 더 많이 연습하고 스무 살이 되어서 자신의 실력을 갈고닦겠다는 확고한 목적을 가지고 연습한 학생들이었다고 한다.[33] 어느 분야에서든 세계수준의 전문가가 되려면 1만 시간 연습이 필요하다. 즉 하루 3시간씩 일주일에 20시간, 1년에 1,000시간, 10년은 족히 걸리는 시간이다.

---

33) 말콤 글래드웰, 전게서, p.54~58.

손바닥에 굳은살이 박여 있는 국민타자

야구선수 이승엽의 아버지 이춘광 씨는 다음과 같은 인터뷰를 했다. 타자들은 대부분 손바닥에 굳은살이 박여 있다. 그러나 손바닥이 까지도록 타격 연습을 하는 선수는 흔치 않다. 승엽이는 아픈 걸 느끼지 못할 정도로 훈련에 열중했고 나중에서야 손바닥이 벗겨져 피가 난다는 걸 느낀 사람이다. 때론 아버지도 아들이 존경스러울 때가 있다. 한 분야의 전문가로서 그 자리를 지키기 위해 피눈물 나도록 훈련하는 모습에선 내 자식이 왜 '국민타자'란 소리를 듣는지 납득하게 된다. 승엽이가 요즘 너무 많이 고생하는 것 같아 안타까울 따름이다.[34]

위대한 점프를 위한 근육단련(PING)

Ping(개구리)은 한 번에 3m까지 뛰어오를 수 있는 대단한 점프 실력을 갖고 있었지만 말라가는 연못을 뒤로하고 자신이 꿈꾸는 맑은 시냇물과 샘으로 가득한 비전의 연못인 '황제의 정원'을 찾아 떠난다. 황제의 정원에 도달하려면 '철썩강'을 건너야 했고 그 누구도 시도해 보지 못한 위대한 점프를 해야 했다. 점프를 향상시키기 위해 근육단련부터 시작하여 미래의 불확실함과 싸우고 마침내 철썩강 옆 제일 높은 바위에 올라 이제까지 했던 것 중에서 가장 높은 점프를 했다.[35]

• • •

34) 네이버뉴스. 2014. 9. 5.
35) 스튜어트 에이버리 골드, 유영만 옮김, 『핑(ping)』, 웅진윙스, 2006, pp.21~135.

성패를 가르는 1%의 임계치

성공한 사람들의 공통분모는 천재성도, 타고난 재능도, 물려받은 재산도 아니었고 우리 모두가 할 수 있는 그 무엇으로서 '나 자신을 감동시킬 노력'과 '나를 잊어버릴 정도의 집중력'으로 '크리티컬 매스'가 폭발하는 순간이었다고 한다.[36] 마치 농구 황제 마이클 조던이 버저비터(Buzzer Beater)를 성공시켜 팀 우승을 거머쥐었던 순간처럼.[37]

등산을 하게 되면 정상을 향해 꾸준히 상승곡선을 그리면서 올라간다. 그러나 학업은 반드시 상승곡선을 그리는 것이 아니다. 청소년에게 학업성취는 99%에서 멈춰서 버린 느낌이 많다. 마지막 1%까지 기다리지 못하여 바로 위의 계단을 올라가지 못하고 주저앉게 되는 경우가 흔하다.

인생도 역시 마찬가지이다. 그래서 내가 지금 올바로 하고 있기는 하는 건가, 제대로 하고 있는 것인가 등의 의문과 좌절에 빠지기도 한다. 이 순간이 절체절명의 순간이기도 하다. 그런데 변곡점을 넘는 순간 갑자기 실력이 급격하게 뛰어오르게 된다. 다른 차원의 도약이다. 마치 도보에서 자전거-자동차-KTX-비행기로 이동하는 도약과 같다. 열심히 노력했으나 결과가 생각한 대로 나타나지 않을 때 무엇보다도 중요한 것은 올바른 방향을 잡고 지속하여 나아가는 것이다. 방향이 올바르면 언

・・・

36) 백지연, 『크리티컬 매스』, 알마, 2015, pp.34~36.
37) 1998년 시카고 불스와 유타 재즈의 미 NBA 결승전. 경기 종료 5.6초밖에 남지 않은 상황에서 지고 있던 시카고 불스의 마이클 조던이 기념비적인 버저비터를 성공시켜 여섯 번째 우승을 차지했다. 버저비터란 팀이 3점 이하 점수로 지고 있거나 비기고 있는 순간에 이기기 위해, 또는 연장으로 들어가기 위해서 던지는 마지막 슛을 말한다.

젠가 우리는 도달하고자 하는 그곳에 이르게 된다.

멈추면 안 하는 것만 못하다.

'백 리를 가는 사람에게 반은 50리가 아니라 90리다(行百里者半九十).'는 말이 있다. 강력한 군대와 능수능란한 외교로 강대국이 된 진나라의 진시황은 나태해졌으나 한 신하가 『시경』에 있는 이 말을 인용하여 충언을 했고, 그 말을 들은 진시황은 자신을 다시 단단히 부여잡고 더욱 부지런히 노력하여 마침내 천하 통일을 이루어내었다.

성공 DNA

성공한 사람은 그렇지 않은 사람들과는 차별되는 유전인자(DNA)가 있는 것인가? 성공 DNA를 찾아볼 수 있으나 모든 상황에 한결같이 적용되는 것은 아니다.

성공한 이들의 성공 DNA

평생의 좋은 독서습관(리카 싱), 자기암시(짐 캐리), 인간관계 처세술(데일 카네기), 난독증(스필버그, 에디슨, 톰 크루즈), 높은 자의식과 완벽성 및 집중력(스티브 잡스), 창조적 재능(모차르트), 노력(에릭슨), 관계형성 토크(오프라 윈프리), 아침형 인간(팀 쿡), 헤어스타일(힐러리)[38]

...

38) tvN, 강용식의 '성공한 사람의 DNA'. 2014. 8. 16.

성공의 두 가지 유형

- 가난한 집에서 태어나 '헝그리 정신(Hungry Spirit)'을 바탕으로 꿈을 키우고 도전해 성공한 유형(스티브 잡스, 4전 5기의 홍수환 선수)
- 유복한 집안에서 태어나 부모로부터 자연스럽게 경제교육 등을 통해 성공한 유형(빌 게이츠, 마이클 델, 한국의 재벌 2세).

오케스트라형

예·체능 분야 스타가 된 사람들로 좋은 부모(탁월한 두뇌, 재력, 다재다능, 멘토링 등), 성공을 가능케 하는 예술적·언어적 끼, 스스로 선택한 자기의 길에 대한 엄청난 노력, 끈끈한 형제애와 가족애(가족의 지지, 기다림 등).

차별화된 인생스토리

자신만의 차별화된 스토리를 쓴 사람. 김혜영, 『숨지 마 네 인생이잖아』

DNA 자체 거부

DNA 자체를 거부하며 타고난 모든 것과 싸우는 사람. 67세의 신체 행위예술가 오를랑은 9번에 걸친 성형수술퍼포먼스를 통해 기존의 아름다움이라는 개념에 도전했다.

My Story

고교입시와 대학 수시 학생부종합전형에서 자기소개서가 매우 중시되고 있다. 기업 채용에서 자기소개서 작성은 기본이다. 자기소개서를 통해 무엇을 보려고 하는가? 지원자의 독특성, 다양성, 창의성을 보려고 한다. 자기소개서는 '남과는 다른 나를' 표현한 것인데, 이를 통해 심사위원들은 자기 이야기가 있는 학생을 보려고 한다. 봉사활동을 했으면 단순히 봉사를 많이 했다는 사실을 나열하는 것이 아니라 봉사활동의 계기와 느낀 점, 자신이 느끼게 된 열정, 자신의 진로에 봉사활동의 적용 등을 통해 자신만의 것으로 의미 부여하는 것이다. 최근 기업의 신입사원 지원서에서 갖추어야 할 자기소개서는 학벌 등을 포함한 다양한 스펙을 기재하도록 하는 것이 아니라 직무와 관련한 지식과 경험을 이야기할 것을 요청하고 있다. 기업은 직무와 관련한 다양한 경험과 창의적 능력을 가진 지원자를 요구하고 있는 것이다.

자기스토리

두 사람이 있다. 둘 다 씨름장사이고 전성기를 누렸다. 그 이후 모두 코미디언으로 직업을 전환했다. 한 명은 끼를 발현하여 자신만의 독특한 가치를 만들어냄으로써 성공했고 다른 한 명은 그러지 못하여 실패했다. 실패한 그는 다른 직업(UFC)으로 옮겼으나 또다시 실패했다.

문화를 파는 이케아

스웨덴의 가구회사 이케아는 단순히 주방가구를 파는 데 그치지 않고 나아가 스웨덴인의 삶과 문화를 팔았기 때문에 세계 어디에서나 성공했다. 코카콜라는 물을 파는 것에서 환경을 파는 것으로 이미지를 바꾸었다.

긍정적이고 적극적인 태도

셀프리더십(Self-Leadership)의 대가인 폴 마이어(Paul Myer)가 수백 명의 성공한 사람들을 찾아가 '당신이 오늘날 성공하게 된 요인은 무엇입니까?'라는 내용으로 인터뷰한 결과 다음과 같이 3가지 핵심 요인을 발견했다. 첫째, 긍정적인 마음 자세(Positive Mind), 둘째, 목표 지향적 행동(Goal-oriented Action), 셋째, 스스로에 대한 동기부여(Self-motivation)이다. 여기에 윈스턴 처칠이 말한 '절대 포기하지 말 것(Never Give Up)'이 필요하다. '성공은 99%의 태도와 1%의 적성이다.'라는 말이 있듯이 청소년은 긍정의 자아상을 가지는 것이 바람직하다. 루스벨트 대통령의 꿈은 미합중국 대통령이었으나 그의 삶의 원동력은 '포기하지 않는 정신'이었다.

> 항상 이를 악물고 최선을 다할 수는 없는 일이다.
> 그러나 나는 할 수 있는 한
> 다른 누구보다 내 마음에 들기까지 최선을 다한다.
>
> — 김해영, 『청춘아 가슴 뛰는 일을 찾아라』

훌륭한 멘토

혼자 가면 외로운 오솔길이 되고, 같이 가면 큰 길이 된다는 말이 있다. 청소년은 결코 짧지 않은 인생길을 가면서 자신을 지지하고 격려해 주는 사람들이 필요하다. 이들 모두는 '멘토(Mentor)'이다. 부모는 성장기의 청소년들에게 모든 것을 지지해 주는 '아낌없이 주는 나무'이다. 힘들 때 함께 해 주는 친구 같은 멘토는 더위를 식혀주는 산들바람과 같다. 전문직 등 지성적인 멘토는 지적으로 미숙한 자신을 더 높은 단계로 끌어올려 주는 사람이다. 가슴이 넓은 정감 있는 멘토는 멘티인 청소년의 마음의 상처를 어루만져 주며 권면하고 위로해 줄 수 있는 사람들이다. 높은 회복탄력성(Resilience)을 갖게 해준다.

청소년이 '저는 멘토가 없어요!'라고 말할 수 있다. 지금 얼마나 힘든가? 가까이에 아무도 없는 것 같이 혼자된 느낌인가? 아무리 힘들어도 도움의 손길을 내밀 수 없을 만큼 지쳐 있지는 않을 것이다. 멘토의 도움이 얼마나 간절한가? 그렇다면 지금 주변을 둘러보고 도움을 줄 수 있는 멘토를 적극 찾아라. 우연이든 필연이든 만나게 되는 멘토로부터 평생 잊히지 않을 격려가 되는 메시지를 받은 적이 있는가?

네 자신이 되라(Be Yourself)!
— GE 잭 웰치 사장, 폴 오스틴(코카콜라 회장)

너는 장차 외교관이 되면 잘할 거야!
— 반기문 UN 총장, 담임선생님이 보낸 메시지

멈추지 말고 다시 꿈부터 적어 봐!

— 『멈추지 마, 다시 꿈부터 써봐』 저자 김수영이 들은 조언

너의 이름을 명예롭게 하라!

— 김건중 LG 칼텍스 고문, 담임선생님이 보낸 메시지

자신의 삶이 아닌 다른 사람의 삶을 사느라 시간을 허비하지 말라.

— 스티브 잡스, 스탠퍼드 졸업식 연설문

    멘토들은 꿈을 향해 달려가는 청소년에게 끊임없이 격려의 메시지를 제공한다. 멘토가 청소년의 인생에 미치는 영향의 크기와 깊이는 제각기 다르다. 누구를 만나는가, 누구와 함께하는가에 따라 삶이 달라지고 변화된다. 한국 최초 시각장애인 박사이면서 교수와 교육행정가로 활동했던 강 영우가 시력을 잃고 가장 낮은 곳에 떨어져 더 이상은 내려갈 수 없다고 생각되는 자신의 모습을 있는 그대로, 따뜻한 관심과 사랑으로 품어준 3명의 멘토로 인하여 자존감을 회복하고 자긍심을 가지게 되었고 인생의 의미와 목적을 찾아 꿈을 향해 정진해 나갈 수 있었다.[39] 깊은 영향을 미치는 좋은 멘토는 청소년의 인생의 그릇을 키워준다. 노력하기에 따라 멘토의 85%까지는 닮을 수 있다. 따라서 멘토의 경험, 지식, 지혜, 통찰력, 분별력 등을 항상 배우려는 지적인 겸손과 열정이 있는 사람만이 행운의 순간을 잘 포착하고 자신의 삶을 풍요롭게 하는 기회로 반

• • •

39) 강영우, 『우리가 오르지 못할 산은 없다』, 생명의말씀사, 2000, pp.85~90.

전시킬 수 있다. 그러나 멘토는 우리가 인생을 살아가는 데 도움은 줄 수 있지만 대신 살아줄 수는 없다. 그 길을 실제 가야 할 사람은 바로 청소년 자신이다.

넘어라! Overcome

'아아 힘들다! 이제 안 되겠다.' 생각했다 치면, '힘들다.'는 것은 피할 수 없는 사실이지만, '이젠 안 되겠다.'는 것은 어디까지나 본인이 결정하기 나름이다.

– 무라카미 하루키

우리가 바라는 꿈을 이루기 위해 갖추어야 할 능력이나 자원은 그냥 획득되는 것이 아니다. 피와 땀과 눈물이 요구된다. 조지 버나드 쇼가 '희망을 품지 않은 자는 절망도 할 수 없다.'고 말한 것처럼 청소년은 꿈을 향해 나아가기 때문에 실패와 좌절을 경험한다. 영광의 면류관 뒤에는 수많은 고난의 가시밭길이 있다. 청소년은 자신 앞을 가로막고 있는 수많은 장애물을 넘어가야 한다.

의지력

꿈을 실천하는 데 '의지'만큼 중요한 것이 없다. 시작은 아무나 할 수 있지만 마음에 원하는 것을 이루어내고자 하는 용기와 강한 의지만이 원하는 결과를 만들어낼 수 있다. 불굴의 의지는 극한 상황에서도 상황을 지배하고 철저한 행동과 실천을 통해 위기를 벗어나게끔 하는 힘으로 작용한다. 세상에서 성공한 사람들은 '반드시 이루어내고야 말겠다'고 하는 결기를 가지라고 한다. 어떤 상황에서도 대처할 수 있는 '내공'을 가지라고 말한다. 청소년이 보통사람의 수준을 넘어 정상을 향해 오르고자 하면 무에서 유라고 하는 의미를 창조하기 위해 초인의 극기와 의지력을 발휘해야 한다.

의지의 한국인

'의지의 한국인'이라고 한다면 현대그룹을 일구어낸 정주영 회장을 들 수 있다.[40] 한강의 기적을 이뤄낸 우리는 무엇보다 의지를 중요시했다. '자신감을 가져라!', '네 꿈을 좇아라!', '자신을 믿으면 무엇이든 할 수 있다', '할 수 있다 정신(Can Do It Spirit)', '안 되면 되게 하라!', '정신일도 하사불성精神一刀何事不成', '초전박살初戰搏殺', '초지일관初志一貫', '임전무퇴臨戰無退', '돌격 앞으로!', '죽기 아니면 까무러치기'를 외치며 몰아쳐 왔다.

...

40) 정주영, 『시련은 있어도 실패는 없다』, 제삼기획, 2001.

아이돌그룹

제2의 소녀시대나 빅뱅, 엑소를 꿈꾸는 많은 청소년들이 오늘도 기획사 문을 두드린다. 하지만 수많은 지원자 중 오디션을 통해 선택되는 사람은 손에 꼽힐 만큼 적다. 오디션에 출전하기 위해서는 실력은 기본이고 의지는 필수적이다. 연습생이 되었다고 해서 무대까지는 갈 길이 멀다. 끝까지 남아 성공하는 경우는 훈련기간과 다양한 과제, 포기해야 할 즐거움을 이기는 강한 정신력, 재능과 체력의 한계를 극복하려는 '의지를 갖춘 이들'이다.

목표를 이루기 위해 의지가 중요하다. 그러나 마음만 먹으면 무슨 일이든지 할 수 있다고 주장하는 것은 사람을 극단적인 상황으로 몰아가기 쉽다. 목표를 달성하려면 재능도 필요하고, 돈도 필요하며, 예기치 않는 행운도 필요하고, 관계되는 사람들의 마음도 얻어야 한다. 가장 현실적인 것은 지금 하고 있는 일에 타고난 재능을 갖고 있어 그것을 발휘하는 것이다. 그리고 세상에 있는 모든 의지를 동원한다고 하더라도 안 되는 경우도 있다. 단지 '할 수 있다 정신', '돌격 앞으로!'만으로는 2% 부족하다. 의지가 식어갈 때 열정의 불이 활활 타오르게 해야 한다.

의지력을 키워주는 꺼지지 않는 열정

열정은 의지력을 키워준다. 무엇인가를 미칠 듯이 원하고 있다면 그것을 성취하고자 하는 강력한 의지를 갖게 된다. 마음속에 타오르는 불이 강렬할수록 삶의 모든 것을 끌어올린다. 그러나 모든 열정에는 유통기한이 있다. 아무리 뜨거운 열정이라도 시간이 지나면 식어가기 시작한다. 즉 열정은 시간의 테스트를 거쳐야 한다. 열정이 사그라지면 흥미가 사라지고 의욕이 식어간다. 꿈도 퇴색된다. 열심히 공부했는데 학업에 성취가 없으면 하고 있는 것에 대한 의문이 커지고 굳이 이게 아니라도 다른 것을 할 수 있지 않을까 하는 생각이 든다. 의지가 약해지면 중도에 그만두게 되어 용두사미로 끝날 수 있다. 열정이 꺼지지 않게 하려면 끊임없이 불을 지펴야 한다. 끊임없이 거듭나려 하고 변화하려고 하는 삶에는 활기가 있고 발전이 있다.

의지력을 좀 먹는 장애물

나태와 게으름, 편안함과 안일함, 중도 포기, 조급함, 의지박약, 자기폄하, 운명과 팔자 탓, 염려, 환경 탓, 열정 고갈 등은 의지를 갉아먹는 장애물이다. 청소년이 자신과 한 약속을 지키지 못하는 이유는 무엇인가? 나 자신과 약속한 '나'는 약속을 실제로 실행할 '나'와는 다른 존재이기 때문이다. 희망을 현실화하기 위해서는 날마다 자신의 내면을 다시 가다듬어야(Reset) 한다. 대처 영국 총리가 노동조합과의 적대적 대립 와중에 '뒤돌아보지 않는다. 이 길밖에는 없다.'며 결기를 갖고 배수의 진을 친 것처럼.

Impossible(불가능) → *I'm possible*(가능)

Nowhere(돌파구가 없다) → *Now Here*(지금 여기에)

— 강영우

그러나 삶에서 끝까지 견디어 나가는 견고함은 강한 의지나 개인의 성격으로 얻을 수 있는 것이 아닐지 모른다. 은혜의 선물일 수 있다.

강한 의지를 가진 성격

한 번 세운 목표를 끝까지 완벽하게 달성하고자 하는 완벽주의 청소년이 있고, 작심 3일 하는 흐지부지 청소년이 있다. 최상을 결과를 추구하는 성취형이 있고, 실수를 피하기 위해 안전을 추구하는 예방형도 있다. 이것은 개인의 성격 차이에 기인한다. 수동적, 회피적인 성향을 가진 청소년은 문제 상황을 마주하여 극복하고자 하는 내적인 힘이 약하다. 따라서 지지해 주고 격려해 주며 함께 갈 수 있는 좋은 친구와 멘토가 필요하다.

미 프로골프(PGA)에 출전하는 2명의 선수는 서로 친구이다. 친하기 때문에 서로가 서로를 너무 잘 알고 있다. 두 사람이 같은 경기에 출전하여 우연히도 같은 조에서 게임을 하게 되었다. 첫 타석에서 공을 쳐야 하는데 그 홀의 페어웨이(공이 떨어지는 잔디밭)가 매우 좁았다. 한 친구는 안정적인 게임플레이(Game Play)를 하기 위해 우드(Wood) 3번을 잡았다. 기자가 그 이유는 물었다. '지금까지 얻은 점수를 지키기 위해서'라고 대답했다. 그는 괜히 멀리 보내려다가 혹 실수라도 하여 골프공이 러프 잔디나 물에 떨어지면 지금까지 애써 벌어들인 점수를 잃을 소지가 있었기 때문에 안정적으로 공을 치고자 했다. 그런데 다른 친구는 드라이브(Drive)를 잡고 타석으로 올라갔다. 그는 목표지점에 가능한 빨리 도착하는 것이 목표였으므로 오직 그것에만 집중했고 그 과정에서 러프나 물에 빠지는 것을 아예 고려대상에서 제외하기로 한 것이다. 한 친구는 적극적 방어전략을 취했고, 다른 친구는 적극적 공세전략을 취했다.

목표

청소년의 꿈은 목표로 구체화된다. 목표는 자신의 에너지를 결집시키고 방향을 제시해 준다. 청소년들이 중도에 포기하는 이유는 여러 가지 이유로 애초 설정한 목표가 달성되기 어렵기 때문이다. 목표가 너무 이상적이거나 환경과 여건이 충분히 갖추어져 있지 않거나 지나치게 비합리적인 경우이다. 목표달성이 불가능할 것으로 보여 중도에 포기하면 그대로 끝난다. 불가능한 목표일수록 불가능한 노력을 요구한다. 현실에 안주하면서 목표를 달성할 수 있다고 생각한다면 바람직한 목표가 아니다. 그래서 도전이 필요하다.

상상할 수 없는 꿈을 꾸고 있다면, 상상할 수 없는 노력을 해라.

– 작자 미상

가난 등 경제적·사회적 여건

꿈과 목표는 집안의 가난, 빈약한 사회제도와 환경으로 인해 좌절되거나 포기된다. 여러 군데 아르바이트를 해도 등록금과 생활비를 충당하기에는 여전히 부족하다. 높은 대학등록금과 경제적인 어려움은 대학생들을 신용불량자로 몰아가고 있다. 대학을 졸업하고 사회생활을 하면서도 오랫동안 경제적으로 얽매여 있다. 패자부활전 기회의 감소, 부모의 신분에 의해 점차 고착화되어 가고 있는 신분제 사회 등으로 어릴 적부터 소중하게 간직해 왔던 꿈도 내려놓아야 할 지경에 이르고 부활의 기회가 점점 사라지고 있다. 이제 개천에서 용이 나지 않는 사회가 되어가고 있다.

열악한 가정형편과 학업부진

지방 대도시 소재 특성화고등학교에서 강의했을 때 학생의 2분의 1이 수업 중 엎드려 자고 있었다. 강의가 끝난 후 선생님에게 그 이유를 물으니 "많은 학생들이 밤에 아르바이트를 하고 있어요. 경제적으로 어려운 학생들이 너무 많아요."라고 말한다.

열악한 제도적 지원과 진로발달 실패

어린 시절 두 사람은 친형제처럼 가까이 지냈다. 나중에 커서 무엇이 되어 어떻게 살아가겠다고 서로의 꿈을 이야기하며 자랐다. 아버지가 선교사인 한 친구는 10대에 부모의 고향인 미국으로 건너가서 공부하면서 꿈을 키워 나갔다. 아프리카 흑인이었던 다른 친구는 계속해서 자신의 고향집에 살았다. 20년 후 미국에서 학업을 마치고 꿈꾸던 일을 하기 위해 아프리카에 도착한 미국 친구는 공항에 마중 나온 얼굴도 알아보기 힘들 정도로 꾀죄죄하게 늙은 어릴 적 친구를 보고 깜짝 놀랐다.

청소년은 최악의 상황에서도 가슴속에 간직한 희망과 꿈을 포기하지 말고 주어진 여건 가운데 최상의 기회를 발견하려고 노력해야한다. 미흡하지만 고른기회입학전형 학생을 대상으로 입학 우대, 장학금 특혜 등이 제공되고 있어 학업을 지속할 수 있다. 상대적으로 받기 어려운 학업성적 장학금보다 소득계층에 따라 지원해주는 국가장학금의 혜택이 더 크고 또 쉽게 받아낼 수 있다.

신체적 허약·질병과 정서적 결핍

주어진 상황, 타고난 조건은 어쩔 수 없다. 자기 자신이 그런 몸을 갖고 태어났으니 발레리나가 되고 싶어도 강 수진은 될 수 없다. 해봤자 개 그 발레 수준에 지나지 않는다. 특히 신체적으로 허약하고 정서적·정신적으로 건강하지 못한 사람들은 건강한 사람들과 비교하여 학업이나 일을 잘할 수 없다.

신체적 장애에도 불구하고 이를 극복하고 자신의 삶을 열정적으로 살아간 사람들이 많다. 헬렌 켈러[41], 닉 부이치치[42], 달튼(색맹), 스티븐 호킹, 레나 마리아(스웨덴 장애인 수영선수), 크리스토퍼 리브(전신마비장애, 영화 '슈퍼맨' 주인공), 프랭클린 루스벨트(소아마비, 미국 4선 대통령), 김세진(로봇다리, 장애인 수영선수)[43], 강영우(한국 최초 시각장애인 박사)[44] 등. 이들은 스스로에게 주어진 불리한 상황과 여건에서 어떻게 반응하느냐에 따라 자신의 인생이 어떻게 달라질 수 있는가를 보여주는 사례이다. 장애를 극복하여 축복으로 만든 그들의 삶에는 거룩한 위대함이 담겨 있다.

근대 심리학의 태두가 된 프로이트는 어릴 적 가정으로부터 받은 심

•••

41) 헬렌 켈러, 김명신 옮김,『헬렌 켈러 자서전』, 문예출판사, 2009.
42) 닉 부이치치, 최종훈 옮김,『삶은 여전히 아름답다』, 두란노, 2013.
43) 고혜림·이현정,『로봇다리 세진이』, 조선북스, 2009.
44) 강영우,『내 눈에는 희망만 보였다』, 두란노, 2012.

리적 아픔과 고통을 해결하려고 평생 노력하는 과정에서 인간의 무의식 속의 심리 내면의 역동을 처음으로 심층적으로 분석했다.

고난과 역경

꿈을 향해 나아가는 청소년에게 여러 가지 고난과 시련을 만나게 된다. 선천적인 질병이나 지독한 가난뿐 아니라 부모의 사업실패와 죽음, 본인의 사고와 질병, 방향감각 상실, 부모의 반대 등. 고난은 자초해서 오기도 하고 그렇지 않아도 다가온다. 고난에 닥치면 청소년은 긍정보다 부정적인 시각을 갖기 쉽다. 고난과 역경이 청소년의 성장에 중요한 역할을 할 때가 있다. 그것은 청소년이 고난의 사건을 긍정적인 관점에서 보고 반응하느냐 그렇지 않고 부정적인 관점에서 보고 반응하느냐에 달려 있다. 삶의 목적이 '편안한 성공'을 추구하는 것이라면 닥쳐오는 어려움은 고통이고 거추장스러운 장애물로 작용한다. 삶의 목적이 꿈과 비전을 달성하는 것이라면 닥쳐오는 어려움은 성장과 성숙의 통로로 활용해야 할 발판으로 다가온다. 그럴 경우 고난은 기회가 되며 그 발판을 밟고 힘 있게 일어설 수 있다.

S는 고등학교 시기에 아버지의 사업이 실패하여 가정형편이 어려워졌다. 주변의 친구들처럼 아직 철이 들지 않아 공부는 뒷전이고 같이 노는 데 더 관심을 가졌다. 졸업 후 재수를 하게 되면서 현실을 깨닫게 되었고 아르바이트를 하면서 학점은행제도를 통해 열심히 공부하여 서울 소재 대학의 원하는 학과로 편입하게 되었다.

학생부종합전형 면접에서 빠지지 않는 질문은 "당신이 지금까지 살아오면서 기억에 남는 역경(어려움 등)을 겪은 적이 있는가? 그것이 무엇인가? 어떻게 반응했는가? 그 결과는? 그리고 받은 교훈은?"이다. 역경 경험을 통해 위기관리, 유연성, 창의성 등 적응력을 파악하고자 한다.

고난이 다가올 때 청소년은 어떠한 반응을 보일까? 대개 '내가 뭘 잘못했기에 이런 고난이 왔을까(Why Me)?'라며 원망하거나 자책하며 회피하려고 한다. 폴 스톨츠는 IQ(지능지수), EQ(감성지수)보다 역경에 대처하는 능력인 역경지수(Adversity Quotient)가 높은 사람이 인생에서 성공할 확률이 더 높다고 주장하면서, 역경을 대처하는 사람의 스타일을, 어려운 문제에 부닥치면 도망가고 포기하는 자(Quitter), 적극적으로 해결책을 찾지 않으면서 뭉개는 안주하는 자(Camper), 정면으로 문제를 부닥치면서 역경을 극복해 나가는 도약하는 자(Climber)로 분류하고 있다.[45]

인생의 선율을 내는 사람은 고난을 많이 겪은 사람이다. 마라톤에서 42.195㎞를 달리는데 다리 아프고 힘 드는 건 당연하다. 다만 달릴 것이냐 포기할 것이냐는 당신의 선택이며 고난 상황에 대한 당신의 반응이다.

명작의 밑거름

전 세계적으로 널리 사랑받는 동화작가 안데르센, 사실 그의 어린 시절은 불행했다. 몹시 가난한 집안에서 태어나 초등학교도 다니지 못했으며 알코올 의존증인 아버지로부터 학대를 당하곤 했다. 하지만 훗날 동화작가로 명성을 얻은 다음 그는 이렇게 말했다. "생각해 보니 나의 역경

・・・
45) http://blog.daum.net/leaders2000/6494064

은 정말 축복이었습니다. 가난했기에 「성냥팔이 소녀」를 쓸 수 있었고, 못생겼다고 놀림을 받았기에 「미운 오리 새끼」를 쓸 수 있었습니다." 역경을 겪을 당시에는 힘겨웠지만 먼 훗날 그것이 자신을 성장시킨 양분이 되었음을 깨달은 것이다.[46]

> 바람과 파도는 항상 가장 유능한 항해자의 편에 선다.
> – 에드워드 기본, 영국 역사가

부정적인 자아상

신체적 장애, 찌든 가난, 결손 가정, 부적절한 교육환경 등의 결핍으로 인해 자존감이 낮은 청소년은 자기 존재에 대한 가치가 낮고 자기 능력에 대한 확신도 없다. 자신을 '아이'라고 한계를 짓고 자신의 능력이 형편없다고 규정한다. '나는 형편없는 사람이야!', '내세울 것이 없어!', '나는 할 수 있는 게 없어!', '난 하나도 가진 것이 없어!'라는 부정적인 생각이 가득하다. 부정적인 생각은 부정적인 말과 행동을 가져오고 부정적인 결과를 불러온다. 비록 꿈이나 목표를 설정해 놓았다고 하더라도 성취될 것이라는 확신을 갖지 못한다. 자신이 가진 강점을 발견하려고 하기보다 약점을 지나치게 메꾸려 한다.

자신의 능력과 한계는 자신의 마음속에서 시작한다. 우리의 생각과

---

46) 조선일보, 2014. 1. 13.

말에는 힘이 있다. 생각에 의해 자신의 환경을 창조한다.[47] 긍정적인 생각은 불만족스러운 상황에서 창조적 제안이 가능토록 한다. 긍정적으로 반응하도록 하고 긍정적인 결과를 만들어낸다. 다른 생각, 새로운 생각을 하는 것은 이전과는 다른 프레임을 가져야 가능하다. 한편, 말은 에너지를 발산한다. 자신을 칭찬하고 격려하는 말은 긍정적인 자아감을 갖게 해준다. 부드럽고 긍정적인 말은 친구의 호의를 끌어당긴다. 이에 반하여 부정적인 생각은 자기비하·원망 등을 낳고 부정적인 말은 파괴적인 결과를 초래한다. 생각하고 말하는 가운데 자신의 강점과 약점이 만들어진다.

건강하지 못한 자아상을 가진 청소년은 옆 친구들과 자신을 비교하며 부족한 부분에 지나치게 초점을 맞추어 자신의 내면에 있는 수많은 가능성을 들여다보지 않는다. 열패감에 젖어 있어 잠재능력을 개발하려고 노력도 해 보기 전에 자신의 능력을 한계 짓고 시도조차 하지 않는다. 사람은 노력하기에 따라 120%, 150%[48]까지 잠재능력을 발휘할 수 있다. 그러나 200%, 300%까지 무한대로 키울 수는 없다. 중요한 것은 자신의 능력을 지나치게 제한하여(50%) 노력하지 않고 포기하는 것이다.

최근 근거 없는 자신감(근자감)이라는 말이 유행하고 있다. 근자감이 허세이긴 하지만 자신의 모습, 존재가치, 능력을 긍정적으로 생각하면 자아존중감을 높여줄 수 있고 스트레스도 잘 관리하게 되어 학업성취도 높아

...

47) 이 글에서는 인간의 생각과 태도의 변화가 보장된 결과를 가져온다는 입장을 취하지 않는다. 다시 말하면, '말한 대로 된다.'라든가 '상상한 대로 된다.'처럼 '나의 무의식에는 결코 불가능이 없다!'라는 성공법칙(자연주의신관, 뉴에이지인간관 등)을 따르지 않는다.
48) 김성오, 『육일약국 갑시다』, 21세기북스, 2013, p.60.

진다. '그걸 내가 어떻게 해요?'라고 하기보다 '그걸 내가 왜 못해요(Why not Me)?'라며 부정적인 마음보다 긍정적인 마음을 갖는 것이 필요하다.

> 성공한 사람의 달력에는 today라는 단어가,
> 실패한 사람의 달력에는 tomorrow가,
> 성공한 사람의 시계에는 now라는 단어가,
> 실패한 사람의 시계에는 next라는 단어가 있다.
>
> – 이호의 성공노트

약점의 승화: 개인

심리학자 마빈 아이젠슈타트의 연구에 따르면 세계적 위인 573명 중 45%가 스무 살 전에 적어도 부모 중 한 명을 잃었다. 걸출한 인사가 된 고아들이 존재하는 것은 어떤 상황에서는 결핍에서 어떤 미덕이 형성될 수 있음을 시사한다. 골드만삭스 게리 콘 회장, 이케아의 설립자 잉바르 캄프라드는 난독증을 성공의 열쇠로 바꿨다.

약점의 승화: 국가

지난 200년간 일어난 전투에서 군사력이 10배가 약하더라도 '강대국이 원하는 전쟁 방식'을 따르지 않은 경우 약소국의 승률은 63.6%에 이른 것을 볼 수 있다. 영화 〈아라비아의 로렌스〉로 잘 알려진 영국 정보장교 토마스 로렌스가 제1차 세계대전에서 아랍 베두인족을 도와 많은 군인과 무기와 자원으로 무장한 당대 최신식 군대인 터키군을 전면전이 아

니라 기동성 있는 게릴라전을 통해 격파했다.[49]

슬럼프 벗어나기

청소년에게 스트레스는 일상의 모든 일과 관계에서 다가온다. '건강한 신체에 건강한 정신'이라는 말이 있듯이, 건강해야 공부도 할 수 있고 즐겁게 일할 수 있다. 아무리 건강해도 과다한 학업과제로 지나치게 몸을 혹사하게 되면 탈진(Burnout)하게 되고, 분노 등 감정을 지나치게 억압하게 되면 우울증을 가져온다. 이렇게 되면 자기관리가 어렵게 되어 건강한 생활을 지속할 수 없게 된다. 문제는 누구나 받는 신체적·심리적 긴장상태가 장기화·심화되어 힘든 상태에까지 이르지 않도록 스트레스를 어떻게 잘 관리하느냐이다. 청소년은 기질에 따라서 스트레스에 대응하는 방법도 다르다. 스트레스로부터 벗어나기 위해 잘하던 공부를 그만두고 술을 먹거나 담배를 피우기 시작하기도 하고, 스트레스를 억압하기도 하며, '조금만 참으면 괜찮아질 거야.'라고 위로하기도 한다.

청소년은 지금까지 열심히 달려온 자신과 주어진 상황에 대해 긍정적으로 받아들이면서 사소한 모든 것에 감사하며, 자신이 지나치게 억누르고 있는 감정을 긍정적인 방법으로 발산하도록 하고, 현재 상황을 더 넓은 시야에서 보고 재충전의 기회를 가지며, 지나치게 빡빡한 일정을 합리적으로 조정하고, 인내하며 견디어 나가는 등 건설적으로 스트레스를

• • •

49) 말콤 그래드웰, 『다윗과 골리앗』, pp.36~39.

극복하여 슬럼프를 이겨내도록 노력해야 한다. 꿈을 이루는 데 가장 방해하는 장애물이 꿈을 이룬 후 나를 가장 아름답게 꾸며준다. '그렇기 때문에'가 아니라 '그럼에도 불구하고…'는 이름 앞에 붙여진 최고의 수식어이다.

잡아라! Challenge

인생은 자기 앞에 놓인 사다리 오르기이다.
오르기 싫으면 안 올라가도 된다.
하지만 올라가는 것은 도전이고 올라가다 보면 성취하게 된다.

– 김원길, 안토니 대표

성취는 꿈이 비전으로 되고 능력을 구비하고 장애물을 넘어 도전을 치르게 되면서 선물로 찾아온다.

기회

도전하는 자에게 기회(Opportunity)가 있다. 기회는 변화라는 시도를 하려 하지 않는 자에게는 찾아오지 않는 체험이다. 청춘이 좋은 것은 가슴 뛰는 삶을 살려고 시도하고 그 도전이 비록 실패하더라도 다시 일어설 기회가 있기 때문이다. 청소년은 자신이 원하는 일을 감당해 낼 만한 능력을 충분히 구비하고 있지 않을 수도 있다. 그러나 도전을 통해 꿈을 이루어나갈 수 있는 기회가 주어짐으로써 성장하고 성숙해 나갈 수 있다.

다시 돌이킬 수 없는 4가지가 있으니, 첫째, 내 손을 떠나버린 돌, 둘째, 내 입을 떠나버린 말, 셋째, 잃어버린 기회, 넷째, 가버린 시간이다. 기회와 시간은 쌍둥이로서 앞서거니 뒤서거니 하면서 청소년을 지나쳐 간다. 그리스 신화에 나오는 기회의 신은 앞 머리카락은 나와 있으나 뒷머리카락은 없는 민머리이다. 그것은 기회는 앞에서 준비하는 것이지 뒤에서 잡으려고 하면 절대 불가능함을 암시한다.

오늘도 청소년 각자는 인생의 새날을 맞이하고 있다. 새날은 새로운 선물이자 앞에 놓인 기회이다.

> 그대가 헛되이 보낸 오늘은 어제 죽어간 이들이
> 그토록 그리워하던 내일이다.
>
> – 랠프 에머슨

그렇지만 청소년은 주어진 수많은 기회의 선물을 아무 생각 없이 별다른 도전 없이 그저 그렇게 흘려보낸다. 그것은 공짜로 주어지기 때문이다. 젊음이 가능성이라면 그 가능성의 기회는 자기 것으로 만드는 데 있다. 오늘도 청소년은 거침없이 하이킥(High Kick)해야 한다. 어차피 일의 성공은 성공하느냐 또는 실패하느냐 반반의 승부수이기 때문이다.

인생의 길을 묻는 청소년들은 자기계발서에 중독되어 있다. 그러나 이들 책으로 자기스토리를 만들지 못한다. 성공은 도전과 경험으로 획득해야 한다. '멈추면 보인다!'가 아니라 방법을 찾아내고 도전해야 한다. 정답은 현장 속에 그리고 상황 속에 있다.

준비와 노력

준비하지 않는 자는 기회가 와도 그것이 기회인 줄 모르고 놓친다. 준비된 자만이 도전하여 기회를 잡을 수 있다. 노력은 배신하지 않는다. 노력보다 더 중요한 재능은 없다. 시간이라는 자원은 모두에게 공평하게 제공된다. 평소 공부해두면 그만큼 실패할 가능성이 작다. 꿈에 가장 빨리 도달할 수 있는 비결은 무엇일까? 그것은 쉬지 않고 우직하게 내딛는 '노력'이라는 발걸음이다. 소의 걸음이 아무리 느려 보여도 걷고 또 걸으면 만 리를 간다는 우보만리牛步萬里의 지혜처럼 목적지가 아무리 멀게 느껴져도 꾸준히 한 걸음씩 내딛다 보면 어느새 그곳에 가 있는 자신을 발견하게 된다.

항상 준비된 사람이 되어야 한다.

— 강수진, 발레리나

기회는 우리가 그것을 주시하며 기다리는 방향에서만 오는 것은 아니다. 때로는 우리가 바라보지 않는 방향, 전혀 예상치 못한 방향에서 우연처럼 만나지기도 한다. 마음에 들지 않더라도 자신을 위해 참고 기회를 잡기 위해 꾸준히 준비하고 노력해야만 좋은 결과를 얻을 수 있다. 인생에 대한 확실한 통찰과 부단한 노력을 해온 사람만이 자신이 생각했던 길을 걸어갈 수 있다.

군복무기간 활용

"군 복무가 청춘의 낭비라고요? 전 소프트웨어 개발자로서 배워야 할 모든 것을 군대에서 얻었습니다." "처음엔 군대생활에 대한 두려움이 컸지만 2007년 당시 ○○본부 정보체계관리단에서 SW개발병으로 복무하게 되면서 군대생활이 일생일대의 기회가 되었다." 조재석은 입사과정에서 기술적 능력과 경험 면에서 월등한 평가를 받았고 블룸버그(주)에서 최고의 대우를 받으면서 SW개발자로 일하고 있다.[50]

준비 또 준비

제2차 세계대전 초기 영국군은 북부 아프리카에서 독일군에 밀려 고전하고 있었다. 독일의 롬멜 장군은 전력의 열세에도 불구하고 영국군을 궁지에 몰아넣었다. 새로 지휘관으로 부임한 몽고메리에게 참모들과 본토 정치인들은 대대적인 반격을 가하라고 압력을 넣었다. 그러나 몽고메리는 신중했으며 연이은 패배로 사기가 꺾인 장병들의 자신감을 키우는 데 노력했고 무기가 제대로 갖추어질 때까지 공격하지 않았다. 병사들의 사기가 오르고 무기가 갖추어졌지만 또 한 번 '준비'에 만전을 기했으며

・・・
50) 매일경제, 2014. 1. 6.

독일군에 대한 분석으로 약점을 찾아낸 후에야 대대적인 공세를 펼쳐 반전의 계기를 잡았다.

계기

열심히 준비하고 노력한다고 해서 그것이 곧바로 성공으로 연결되는 것이 아니다. 청소년은 자신이 바라는 성공을 얻기 위하여 성실하게 살아가면서 수많은 만남과 사건을 통해 연결되는 기회들을 언젠가는 자기 것으로 만들어낸다고 하는 자세를 가져야 한다. 인생을 바꾸는 데는 긴 시간이 필요하다. 그런데 그 긴 세월 속에 삶을 변화시키는 결정적인 계기(Momentum)와 같은 짧은 순간들이 있다. 스탠퍼드대학의 존 크럼볼츠(John Krumboltz) 교수는 비즈니스, 스포츠, 과학, 예술, 정치 등 다양한 분야에서 사회적 성공을 거두고 행복한 삶을 누리는 사람들을 조사한 결과, 큰 고비에 직면했거나 인생의 전환점을 맞이했을 때 이를 헤쳐나갈 수 있었던 요인의 80%는 전혀 생각지도 못했던 우연한 사건과의 만남이었다고 했다. 이 연구를 기반으로 '계획된 우발성(Planned Happentance)'이라는 진로이론이 제안되었는데, 이러한 행운을 가져다주는 우연은 어느 정도 의도할 수 있고 계획적으로 빈도를 높일 수 있다고 말했다.[51] 그러므로 예기치 않은 행운의 순간을 잡기 원하는 청소년은 축복의 결정적인

---

51) 김민기 · 조우석, 『행운 사용법』, 문학동네, 2013, pp.95~96.

순간을 위해 평생을 준비해야 한다.[52]

회계법인 취업

H는 입사지원서를 99번 썼지만 한 군데에서도 연락이 오지 않았다. 취업문제로 고민하던 중 지도교수를 찾아갔더니 때마침 지도교수가 한때 임원으로 근무했던 국제메이저 P 회사에서 학생 1명을 추천해 줄 수 있겠느냐고 하는 요청서가 와 있었다. H는 지도교수의 추천과 면접을 통해 입사하게 되었다.

불화전파경로 연구

한 아이의 어머니인 Y는 어느 날 아이를 업고 우연히 TV를 보고 있었다. TV에서 돈황석굴의 불화와 일본 불화 간 유사점이 있다고 하는 내러티브를 듣고 학창시절에 관심을 가졌던 불화전파경로를 다시 연구해야겠다는 영감을 강하게 얻게 되었다. 다시 학업을 시작했고 수십 차례 현지를 방문하면서 박사학위 논문을 준비한 결과 중국에서 한국을 거쳐 일본으로 불화가 전파된 경로를 밝혀내었다.

청소년은 누구나 찬란한 미래를 펼쳐나가기 위해 준비된 자세로 자신의 삶을 바꿀 수 있는 결정적인 계기를 잡도록 노력해야 한다. 그 기회는 잘 준비하여도 본인의 바람과는 상관없이 그냥 스쳐 지나가기도 한다.

...

52) 한홍, 『순간을 위해 평생을 준비한다』, 규장, 2012, p.10.

감개무량했습니다.

제 음악 인생에서 깊은 절망에 빠지다가도 도약할 수 있었던 계기는 제 의도가 아니라 다른 무엇이었어요.

저 역시 그렇게 다른 사람에게 도움의 손길이 되고 싶습니다.

– 사무엘 윤, 성악가

도전의 적: 안주

중·고교생의 희망취업 1순위는 교사이다. 가장 가고 싶어 하는 곳은 공무원, 공기업 등 안정적인 지위가 보장되는 곳이다. 전국 10개 도시에 있는 교대는 일반대학과 달리 지역에 상관없이 높은 경쟁률을 보이고 있다. 정년이 보장되는 안정된 직업과 높은 임용고시합격률 등의 이유로 선호도가 매우 높다. 자연계에 의대가 있다면, 인문계에는 교대가 있다. 비전과 열정이 없는 청소년은 현실에 안주하고 싶어 하고, 무언가를 스스로 쟁취하기보다 누군가 나를 선택해 주길 바라고 있다. 기회가 주어진다고 하더라도 도전하지 않는 방법을 선택하고자 한다. 일상의 실패와 좌절을 자주 경험하는 청소년들도 현실을 회피하고 도피하고자 한다. 전체 대졸자의 절반 이상(51.1%)이 부모로부터 유·무형의 경제적 지원을 받으며 얹혀사는 캥거루족인 것으로 나타났다.[53] 특히 성적에 맞춰 대학

...

53) 한국직업능력개발원, 2~4년제 대학졸업자(2011.0.8~2011.2) 1만 7,000명 대상 졸업 후 1년 6개월이 지난 2012년 기점 조사결과. 매일경제, 2015. 8. 13.

과 전공을 선택한 이들의 절반 이상이 캥거루족이 되었다.

안주는 실패의 다른 이름이다. 지나치게 자신을 보호하려는 마음의 다른 모습이다. 1881년 창립하여 132년 전통을 자랑했던 필름의 대명사인 코닥(주)이 디지털시대 변화에 스스로 적응을 거부하다가 주식이 1달러 가치로 떨어졌다가 최종 청산되었다.

지식정보화시대에서 꿈의 사회로 진입하는 도상에서 청소년은 '안정' 대신 성장, 자부심, 독립, 경제적·사회적 자유, 창의성 등을 맛볼 수 있는 흥미로운 기회의 시대가 다가오고 있다. 안정, 안주, 안락, 안일은 끊임없이 변화하고 성장하려는 청소년을 후퇴시키게 만드는 독약이다. 잘못된 결정보다 더 나쁜 것은 아무 결정도 하지 않고 대강 안주하려는 것이다. 안주하지 말고 잘할 수 있는 것을 찾아 끊임없이 전진해야 한다.

> 정말로 훌륭한 사람은 다른 사람과 비교해 훌륭한 사람이 아니라
> 어제의 자신과 비교하여 더 성장하고 훌륭해진 사람이다.
>
> — 『탈무드』

현재 상황이 편안하여 안심하고 있는 사람이라면 다음 3가지를 자문해 보아야 한다. 첫째, 문제를 파악하는 능력이 떨어지는 것은 아닌가? 둘째, 현실에 안주하고 있는 것은 아닌가? 셋째, 문제를 들추어내기 싫어하는 것은 아닌가?

도전의 적: 두려움

두려움은 모두가 겪는 감정이다. 성격적으로 두려움을 많이 타는 청소년이 있지만, 익사를 면한 것과 같은 충격적인 경험이 있거나 지나친 패배주의에 빠져 부정적인 사고에 익숙하거나 미래에 대해 지나친 염려와 불안을 갖고 있거나 새로운 변화에 대해 자신감이 없거나 두려워하는 대상에 대해 제대로 알지 못할 때 특히 두려움이 크다. 두려움이 크면 지나치게 자신을 움츠리게 된다. 마치 거북이가 껍질에 들어가 있다가 꼭 필요한 때만 고개를 내미는 것처럼.

성장하고 변화하고자 하는 청소년도 입시나 진로선택에서 두려움을 갖기 마련인데, 자신의 도전이 혹시 잘못되어 실패로 끝날까 봐 염려해서이다. 실패를 두려워하면 큰 성공은 없다. 어떤 학생은 평소에는 공부를 잘하고 모의고사에서 좋은 성적을 거두다가도 수능시험에는 너무 떨다가 제 실력을 발휘하지 못한다. 진심으로 원하는 것에 초점을 맞추기보다 원하지 않는 것에 무의식적으로 초점을 맞추다 보면 그것에 상응하는 결과가 나올 가능성이 크다. 두려움이 엄습하면 싸울 용기도, 현실 문제를 돌파할 힘도 잃게 된다.

두려운 상황에서 청소년은 첫째, 자신이 연약하다는 것을 직시할 필요가 있다. 둘째, 최악의 결과를 상상해 본다. 셋째, 자신이 갖고 있는 두려움과도 정면으로 맞서나가려고 하는 용기를 가진다. 넷째, 기본에 충실하며 자신감을 가진다. 두려움을 이기게 하는 원천은 내면의 깊은 동기이다.

> 실패를 두려워하지 않는 도전의 능력은 내가 선택한 데서 비롯되었다.
>
> – 송승환, PMC프로덕션 대표

도전이 두려운 현실

대학 1학년을 대상으로 상담을 하면 현실에 안주하며 도전하려고 하지 않으려는 학생들을 보게 된다. "지금 도전을 하면 자신의 인생에서 잃어버릴 중요한 것이 있는가요?" "없어요." "잃어버릴 가족도, 친구도, 돈도, 사회적 지위도 없다면 무엇을 두려워하지요?"

두려움 극복하기

전쟁터에 나간 미 여군의 이야기다. "두렵지 않느냐?"라는 질문에 그녀는 "아버지가 '지금 네가 하고 있는 일이 목숨을 걸 만큼 가치가 있느냐를 생각하라.'고 하셨어요."라고 답했다.[54]

도전의 적: 실패와 좌절

청소년이 꿈을 향해 나아가는 진로의 여정은 성공과 실패로 점철되어 있다. 144, 7, 3, 2. 144곳에 지원서를 내고, 7곳에서 서류가 통과되고, 3곳에서 면접을 봐서 두 군데 최종합격했다. 이것이 청년들의 현실이다. 늘 최선을 다하고자 하고 또 최고가 되고자 하는 청소년은 남들보다 더

...

54) 김영한, "세월호 사건에 대한 신학적 고찰", 데오스앤로고스, 2014. 12. 1.

많이 시도하고 더 많이 행동한다. 자기 능력과 역량을 최대한 발휘하기 위해 강점을 찾고 한계영역까지 과감히 도전하고자 한다. 그 결과 실패가 잦아지는 것은 당연하다. 실패를 많이 한다는 것은 그만큼 전진을 많이 하고 있다는 의미이다.

성공과 실패는 다음 4가지 경우에서 온다. 첫째, 열심히 노력했고 잘되었다. 둘째, 열심히 노력했으나 잘되지 않았다. 셋째, 열심히 노력하지 않았으나 잘되었다. 넷째, 열심히 노력하지 않았고 잘되지도 않았다.

문제는 실패와 좌절에 대해 어떠한 반응을 보이느냐이다. 첫째, 실패와 좌절을 당했을 때 그것에 압도되어 주저앉는 경우이다. 이렇게 주저앉는 그는 스스로 실패자라고 규정하고 '나는 되는 일이 없어' '나는 할 수 없어'라고 스스로를 낙인 시킨다. 둘째, 실패와 좌절을 당했을 때 패배감에 젖어 다시 도전을 하거나 모험을 하는 것을 두려워하는 경우이다. 특히 재기(Second Chance)의 기회가 없다고 생각하는 청소년들은 여기에 집착하기 쉽다. 셋째, 실패했을 때 잠시 좌절할 수 있으나 이를 딛고 일어서 실패를 교훈 삼아 용감하게 다시 전진하는 경우이다.

청소년이 부모세대보다 문제를 극복하고자 하는 정신력(심력)이 약한 것은 고난과 역경을 겪지 않아서가 아니라 부모세대가 자녀들에게 그들에게 맞는 실패를 해 볼 기회를 주지 않았고, 자신들이 직면하는 문제나 갈등을 통해 심력을 기를 수 있는 기회를 제공하는 데 소홀히 하고 지력을 키우는 데 치중했기 때문이다.[55]

청소년이 나약할수록 목표로 하던 일에 실패하게 되면 큰 좌절감으로

---

55) 강영우, 『우리가 오르지 못할 산은 없다』, pp.26~29.

괴로워한다. 실패가 두려운 것은 한번 실패하면 모든 것이 끝나는 것 같은 느낌, 모두가 날 실패한 자(Loser)로 보는 것 같은 현실이다. 그러다 보면 자꾸 자신이 움츠러든다. 원하지 않는 것에 무의식적으로 초점을 맞추게 되어 그에 상응하는 결과를 가져온다.

실패할 때마다 주저앉는다면 '추락하는 새는 날개가 없다.'는 말처럼 끊임없는 나락으로 떨어지게 된다. '핑계 없는 무덤 없다.'는 말처럼 세상의 모든 실패에는 나름의 이유가 있다. 많은 경우 실패는 최선을 다해 노력하지 않은 경우에 발생한다. 최선을 다했다고 반드시 원하는 결과가 나타나는 것은 아니다. 그러나 태만한 실패보다 성실한 실패가 더 낫다. 내가 최선을 다했다면 후회는 없다. 에이브러햄 링컨, 아인슈타인, 이사도라 덩컨 등은 실패를 많이 한 사람들이다. 이들은 실패마저도 자신의 강점으로 만들어 성공한 사람들이다.

의미 있는 실패

H는 대학 4학년이다. 마지막 학기 동안 열심히 학과공부를 해야 GPA 성적이 생각하는 만큼 유지될 수 있었다. 다른 학생들이 휴학하고 입사 면접준비를 하고 있는 데 반하여 이 기간에 학업을 계속하면서 자신이 원하는 회사 몇 곳에 서류지원을 하고 면접시험을 치렀다. 불행히도 자신이 지원한 회사 중 한 군데도 최종합격을 하지 못했고 학업소홀로 성적도 좋지 않았다. 그러나 최선을 다했으므로 그 결과에 대해 '후회 없다'는 마음을 가졌다.

실패와 좌절은 긴 인생 여정에 반드시 겪어야 하는 삶의 한 부분이다. 성공하기보다 실패했다는 것은 꿈과 희망이 꺾였다는 말이다. 그러나 성공과 실패는 같이 간다. 한 번(One Chance) 성공이 반드시 영원한 성공으로 귀결되지 않는다. 평범한 성공은 성공이 아니고, 의미 있는 실패는 실패가 아니다. 눈부신 실패는 평범한 성공보다 낫다. 실패를 통해 통찰력을 얻고 새로운 기회를 발견할 수 있다. 뭔가를 배우려고 한다면 실패도 자연스럽게 받아들여야 한다.

승리하면 조금 배울 수 있고 패배하면 모든 것을 배울 수 있다.

― 크리스티 매튜슨, 야구선수

도전의 적: 포기

청소년은 크고 작은 꿈을 가슴에 품고 있지만 인생의 거친 풍랑이 불어오면 자신이 그동안 품었던 꿈을 포기한다. 그동안 정성 들여 쌓아올려 왔던 탑이 하루아침에 무너지고 가장 낮은 인생의 바닥에 떨어지게 되면 모든 것을 포기하고 체념하고자 한다. 그러기에 오로지 험한 인생길에서 꿈을 보호하고 길러가는 소수만이 그 꿈을 실현하게 된다.

실패보다 더 두려운 것은 처음부터 잘할 수 없다고 생각하여 아예 시도조차 않는 것이다. 한두 번의 실패에 포기해 버리는 것이다. 그리고 힘들다고 잘하고 있던 것을 중간에 포기해 버리는 것이다. 그러면서 '나는 왜 이렇게 되는 일이 없어!'라며 자포자기해 버리는 것이다. 〈브리튼스 갓 탤런트〉를 통해 휴대전화 판매원에서 일약 세계적인 오페라 가수로 발돋움한 폴 포츠는 무척이나 집안이 가난했고 왕따를 당할 만큼 못생겨서 자신감이 없었으나 끝까지 꿈을 포기하지 않고 끝까지 노력하여 자신이 원하는 것을 이루어낼 수 있었다.

　자신이 해낼 수 없다고 포기해 버린 꿈이 있지는 않은가? 청소년은 가진 것이 없기에 포기하기도 쉽지 않다. 희망과 꿈, 삶의 목적, 신앙, 신념과 가치, 인내, 능력에 대한 믿음, 열정 등. 포기하지 않는 의지, 도전, 낯섦, 꿈, 용기, 열정, 두려움, 불편함, 느끼고 즐기는 것 등은 가슴속에 피가 끓는 나이인 청소년의 전유물이다.

　　힘들면 정말 수영 안해도 돼. 난 할거예요. 꿈을 이루고 싶어요.
　　　　　　　　　　　　　　　　　　　－ 김세진, 장애인 수영선수

　tvN 〈꽃보다 청춘〉에서 윤상은 "청춘은 용기다. 나이는 숫자고, 난 젊다. 이번 여행을 통해 '할 수 있다.'는 마음을 얻었다."라고 말했다. 유희열은 "나는 더 이상 청춘이 아니라 생각했다. 그런데 이번 여행에서는 바뀌었다. '나는 못 할 거야.', '나는 안 될 거야.' 이번 여행을 통해 그런 게 사라졌다. '불편하면 좀 어때.', 케세라세라! 난 내 멋대로 될 거야."라고 힘주어 말한다. 뒤늦은 40대 청춘의 나이라도 포기하는 대신 도전하고자 하는 열망을 다시 가지게 되었던 것이다.

　원대한 꿈을 가지고 사는 것도 중요하지만, 고되고 힘든 인생길에서 가슴에 지닌 꿈을 포기하고자 하는 청소년에게 '포기하지 마라. 포기하지 마라. 포기하지 않으면 길이 있다. 내일이 있고 포기하지 않는 사람에게 길이 있다. 우리 인생은 누구도 모르는 놀라운 미래가 있다.'는 말을 들려주고 싶다.

누구나 넘어질 수 있어요. 넘어지는 게 포기가 아니라 넘어졌다 다시 일어나지 않는 게 진짜 포기죠.

– 강원래, 가수

행운(Fortune)

청소년들은 자신의 미래에 대해 불안하기 때문에 운명에 대해 알고 싶어 한다. 그리고 열심히 노력하면 좋은 결과가 기대되기 때문에 열심히 노력한다. 이성적이고 합리적이라면 인과의 법칙을 기대하는 것이다. 노력과 결과의 기대치는 다음과 같다.

노력	결과	비고
열심히 노력함.	노력한 만큼 대가 나옴.	노력한 결과가 나왔군! 그 친구 운도 좋군!
열심히 노력함.	노력한 만큼 대가가 나오지 않음.	노력이 조금 못 미쳤군! 운이 안 따라 주는군!
열심히 노력함.	결과가 항상 안 좋음.	팔자를 잘못 타고났군!
노력하지 않음.	좋은 결과가 나옴.	운이 정말 좋군! 행운이 있군!

지지리도 운이 없는 경우

여러 번 사법고시에 실패한 경험이 있는 K는 이번에는 반드시 합격하리라고 다짐을 하고 열심히 2차 주관식 답안지를 작성하고 있었다. 그런데 시험이 끝나갈 무렵 답안지를 거의 다 작성했을 때 갑자기 코피가

터져 애써 작성했던 답안지가 코피로 온통 젖어버렸다.

이판사판

행정고시를 같이 공부한 S와 M은 어느 날 점을 보았다. S는 합격할 것이라는 점괘가 나왔고 M은 떨어질 것이라는 점괘가 나왔다. 떨어질 것이라는 점괘를 들은 M은 이판사판이라는 생각으로 온 힘을 다해 공부했고, 합격할 것이라는 점괘가 나온 S는 설렁설렁 공부했다. 시험 결과는 점괘와 정반대의 결과로 나타났다.

이 땅에서 사건과 관계와 일의 만남은 따지고 보면 우연은 없다. 그래서 좋은 결과를 얻기 위해 사람들은 진인사대천명盡人事待天命의 자세로 열심히 살고자 한다. 열심히 노력했지만 원하는 결과가 나오지 않을 수 있다. 이와는 달리 예기치 않은 좋은 결과가 함께 찾아올 수 있다. 그 결과는 청소년이 가진 재능으로 최고의 성과를 올렸을 때 기대되었던 그 무엇일지도 모른다. 어쩌면 로또 복권처럼 전혀 기대할 수 없었던 어떤 일이었을 수도 있다. 어떤 사람은 이러한 행운을 마음가짐과 사고방식과 태도에 의하여 불러올 수 있다고 하고 있지만,[56] 이러한 좋은 결과는 사람의 힘으로 억지로 불러올 수 있는 것이 아니다. 그래서 '행운'이라고 한다.

로마 건국 이야기를 담은 『아이네이스』 12권에서 주인공 아이네이스는 아들 아스카니우스를 안고 투구 사이로 아들의 입술 끝에 입 맞추고 이렇게 말했다.

"내 아들아! 너는 용기와 진정한 노고(Virtus)는 나에게서 배우고, 행운

---

56) 김민기·조우석, 전게서, pp. 75~102.

(Fortuna)은 다른 사람에게서 배우도록 하라!" 그는 그렇게 격려의 말을 던지고 창을 들고 전쟁터로 향한다.

행운을 가져오려면 다른 사람, 상황, 환경의 도움이 필요하다. 신앙을 가진 사람은 모든 것이 협력하여 선을 이루시는 '하나님의 은혜'라고 말한다.

문제는 앞의 사례에서 보는 것처럼 운이 좋다고 하여 마땅히 기울여야 할 노력과 수고를 하지 않거나 노력한 만큼 대가가 찾아오지 않을 것을 미리 예단하여 마땅히 기울여야 할 노력과 수고를 하지 않으려 하는 경우이다. 결과는 뻔하다. 성공이든 실패든 아무런 결과를 얻지 못할 것이다. 기본을 열심히 하고 행운을 바라야 한다. 운명에 예속되어 살기보다 비록 0.1%의 가능성이라도 이에 희망을 두고자 한다. 행운의 여신은 꾸준히 노력하는 자에게 미소를 짓는다. 인생이 운명이라면 살 가치가 없다. 놀라움의 연속이어야 한다.

행운은 용기 있는 자의 편이다.

— 베르길리우스, 로마 시인

도전의 벗: 모험

위험과 희생을 감수하고 값비싼 대가를 치르고서라도 어떤 일을 하고자 하는 것이 모험이다. 원하는 것을 정말 얻고자 한다면 기꺼이 위험을 감수해야 하며, 안정과 친숙함을 떠날 각오를 해야 한다. 꿈을 꾸는 것은 모험이다. 현실의 안주에서 벗어나 어떠한 형태의 도전이나 새로운 시도를 하는 것 자체도 모험이다. 그 꿈이 아무도 시도해 보지 않는 것이라면 정말 대단한 모험이다. 자신의 잠재능력을 잘 알지 못하는 청소년은 다양한 활동을 시도해 보아야 자신이 무엇을 잘할 수 있는지, 잘하는지 알게 되고 기회의 문이 열린다. 도전은 현재의 편안함과 만족을 박차고 나가도록 강요한다. 자신이 원하는 소중한 무엇인가를 얻고자 하는 청소년은 모험을 무릅쓴다. 모험을 통해서 기회(Opportunity)를 현실(Reality)로 만들고자 하기 때문이다.

도전과 모험이 일상화된 곳이 기업현장이다. 치열한 경쟁 환경에서 살아남기 위해 기업은 안주할 수 없다. 새로운 제품과 기술을 개발해야 하고 새로운 시장을 개척해야 하며 새 고객을 끌어와야 생존하고 번창할 수 있다. 그래서 남이 시도하지 않은 도전을 해야 하는 기업에 더욱 기업가정신(Entrepreneurship)이 필요하다.[57]

청소년들에게 아침 일찍 일어나기, 평소에 하지 않던 새벽공부 해 보기, 싫어하는 학과목 30분 더 공부하기, 평소 마음에 들지 않는 친구와 잘 지내보기, 하루에 3번 자신을 칭찬하고 격려해 보기, 자기 주도적으로 공부하기 등은 새로운 모험이요 도전이다.

청소년이 자신이 추구하는 것을 얻기 위해 이전에 한 번도 하지 않은 일을 과감하게 시도해 봄으로써 자신 안에 감추어진 놀라운 잠재력의 신비를 깨닫게 될 것이다.

・・・

57) 유효상, 『시몬느스토리』, 21세기북스, 2014, pp.91~100.

나의 장애는 자녀들에게 걸림돌이 아니라 세상을 바꾸는 꿈을 꾸도록 만든 이유였고 도전할 이유가 되었다.

— 강영우

새로운 모험은 다른 소중한 가치 있는 것을 잃게 하는 또 다른 모험을 가져온다. 그리고 도전하고 모험한 결과는 자신이 의도한 대로 되지 않는 경우가 많다. 첫 번째 도전에서 성공확률은 50%이다. 두 번째 도전에서 성공확률은 25%이다. 세 번째 도전에서 성공확률은 12.5%이다. 그렇지만 꼭 필요할 때 모험하지 않으면 변화를 가져올 수 없다. 문제는 항상 그 자리에서 머물러 안주하려고 하며 한 번도 모험을 시도하려고 하지 않는 경우이다. 도전하지 않으면 경험과 교훈, 부족함을 깨달을 수 없다.

도전경험

학생부종합전형 인성면접에서 "스스로 인생에서 의미 있는 도전이란 것을 시도한 적이 있었던가?", "어떤 도전이었던가?", "어떻게 대응했는가?", "그것을 통해 무엇을 얻었는가?", "배운 교훈이 있다면 무엇인가?"를 물어본다.

진로를 고민하는 청소년은 마치 벼랑 끝에 서 있는 것과 같다. 위기의 순간인 줄 알지만 누구도 스스로 뛰어내리는 무모함을 감행하길 원치 않는다. 누가 밀치지 않으면 언제까지나 그 자리에 머문다. 뛰어내려 보지 않아서 스스로 날개가 있는 것조차 모른다. 청춘이 가능성이고 기회라면 안정된 자리에 머물려 하기보다 스스로를 벼랑 끝에 세워 자기 안의 손조차 대지 않았던 가능성을 끌어올려 '업(work)'으로 승부를 하려는 모험이 필요하다. '공은 어느 누군가가 오기를 바라는 쪽으로 절대 오지 않는다.'(까뮈)는 말과 같이 위기를 기회로 반전시키고자 하는 모험을 통해 갈매기의 꿈은 이루어진다.

도전이 없다면 더 큰 성공도 없다.

– 박지성, 축구선수

도전의 벗: 과감한 결단

특강이 끝나면 가끔 청소년이 다가와 '선생님! 저도 인생스토리를 다시 쓸 수 있을까요?'라고 묻는다. 자신의 삶이 생각하는 것과는 너무 동떨어질 때 지금과는 다른 삶을 살아보고자 용기를 낸다. 이런 순간에 주위의 반응은 '무모해!', '네가 제정신이야?', '굳이 무리수를 두는 이유가 뭐야?', '왜 안 하던 짓을 해!'라며 부정적인 반응을 보인다.

진로를 고민하는 청소년은 지금까지 하던 생활방식을 완전히 바꾸어 보거나 학업을 잠시 보류하고 다른 길을 찾기 위해 떠날 수 있다. 창업을 위한 '길 없는 길'을 모색해 보거나 국내에서가 아닌 해외로 취업의 눈을 돌릴 수 있다. 이때 인생을 180도 바꾸는 과감한 결단이 필요하다.

작은 꿈을 꾸면 작은 것을 이루는 데 성공할 것이다.
실제로 많은 사람이 그것에 만족한다.
그러나 광범위한 영향력과 영구적인 가치를 얻고자 한다면 담대해져라.

– 하워드 슐츠, 스타벅스 창업자

왜 결단을 하고자 하는가? 자신에게 변화의 시기가 왔기 때문이다. 그 변화를 인식하느냐 그렇지 않느냐, 그 변화의 기운에 능동적으로 대응하느냐 그렇지 않느냐는 자신에게 달려 있다. 모든 것이 완벽하게 갖추어질 때까지 기다리다 보면 이미 기회는 저만치 달아나 버리고 만다. 모두가 'NO'를 외치고 더 이상의 발전이 없다고 할 때 과감한 발상의 전환을 통해 'YES'를 외칠 수 있다면 성공의 가능성은 매우 크다.

전 세계 커피 테이크아웃의 열풍을 불러일으킨 스타벅스 창업자 하워드 슐츠(Howard Schultz)도 이런 고비를 겪어야만 했다. 가정용품 회사의 부사장으로 남부러울 것 없었던 그가 소규모의 체인점을 가진 게 전부였던 스타벅스로 간다고 했을 때 주변에서는 의아했으나 '편안한 위치에서 안주하지 않고 모험하는 삶'이야 말고 기회를 놓치지 않는 것이라며 과감하게 결단을 내렸다. 스타벅스를 인수한 뒤 '집에서 마시는 커피'에서 '마시는 커피를 판매하는 것'을 넘어 '스타벅스는 커피가 아니라 문화를 파는 비즈니스'라는 테이크아웃과 에스프레소 바의 트렌드를 창출하는 패러다임의 전환을 이루어내었다.[58]

• • •

58) 정덕환, 『스타벅스 CEO 하워드 슐츠의 경영철학』, 일송포켓북, 2010.

도전의 벗: 용기

실패와 좌절을 종종 경험하는 청소년은 도전적인 과제가 주어졌을 때 그것을 해내고자 하는 힘과 용기를 내기란 쉽지 않다. 어려움에 직면했을 때 그것을 회피하고 모면하기 위해 이 핑계 저 핑계를 대거나 '내 탓'보다 '네 탓' 하기 쉽다.

청소년이 목표를 향해 도전하면서 나아갈 때 부딪히는 불안과 두려움을 어떻게 물리칠 수 있을 것인가? 진정한 용기는 두려움이 없는 상태가 아니라 두려움에도 불구하고 행동하는 것이다. 실패를 두려워하지 않는 용기이다. 본능적으로는 두려워하고 있지만 두려워하는 가운데에서도 용기 즉 담대한 기운(Spirit)을 갖고 전진할 필요가 있다. 그 용기의 힘은 깊은 내면에서 흘러나온다. 심장과 직관은 자신이 진짜 원하는 것이 무엇이고 어떻게 해야 하는지를 알고 있다. 자신이 하고자 하는 일이 진정 가치가 있고 중요한 일인가? 행동의 결과에 대해 책임을 지고자 하는가? 용기 있는 행동은 그것을 인정하느냐 그렇지 않느냐의 차이에 달려 있다. 인정하는 순간 그것을 얻기 위해 행동하지 않을 수 없다. 내가 진정 추구하고자 하는 것을 얻기 위해 건곤일척의 승부수를 던질 용기와 결기가 있는가? 그러나 실력을 갖추지 못하면 만용일 뿐이다.

아무것도 시도할 용기가 없다면 도대체 인생이란 무엇이겠는가!

– 빈센트 반 고흐

4살 때 시력을 완전히 잃은 루이 브라유는 처음에는 장애 때문에 아무것도 할 수 없다고 생각했다. 마음껏 책을 읽고 싶었던 루이는 시각장애인이 자유롭게 글을 읽고 쓸 수 있도록 직접 문자를 개발하기로 결심하고, 3년간의 연구 끝에 15세 때인 1824년 점 6개로 알파벳 26글자를 모두 표기할 수 있는 점자를 만드는 데 성공했다. 루이는 모두가 불가능하다고 생각한 일에 도전했고, 자신도 어둠 속 절망 가운데 빠진 적이 있지만 희망을 잃지 않고 용기를 내어 도전했다.[59]

청소년이 용기를 갖기 위해 먼저 작은 도전을 시도해 볼 필요가 있다.
자기 자신이 연약하다고 고백하는 것, 실수해도 괜찮다는 사실을 받아들이는 것, 미움받아도 된다는 사실을 받아들이는 것, 평범해도 된다는 사실을 받아들이는 것, 자기 생각을 당당하게 표현해 보는 것, 자신이 옳다고 믿는 것을 위해 싸울 수 있는 행동력을 가지는 것, 친구들의 싸움에 관여하여 원만히 해결하고자 하는 것, 힘이 약한 친구를 괴롭히는 폭력을 행사하는 친구들을 맞서고자 시도하는 것, 지금까지의 행동에서 돌이켜 달리 살아보고자 하는 것, 꿈을 위해서라면 친구들과 즐거운 시간을 보내는 것을 포기하는 것, 자기 자신과 싸워 이길 수 있다는 것을 보여주는 것, 진로 관련 자격증 따기 도전 등.
꿈이 있고 비전이 있으면 용기가 생겨난다. 역할모델이나 위인들의 삶은 청소년도 그렇게 살 수 있다는 용기를 준다. 확신에 찬 비전을 가질수록 용기 있는 행동을 할 수 있다.

• • •

59) 강민희, 『루이 브라유』, 다산어린이, 2013.

Boys! Be Ambitious!

소년들이여 야망을 가지게. 돈이나 자기를 드높이기 위해서나 명성이라고 부르는 덧없는 것을 위해 야망을 가지지 말게. 사람으로서 마땅히 되어야 하는 것을 성취하기 위해 야망을 가지게.

― 윌리엄 스미스 클라크

이 산지를 내게 주소서!

85세의 갈렙은 45년 전 여호와 하나님이 모세를 통해 주기로 약속(비전)했던 산지를 줄 것을 요청하며[60] 거인들이 살고 있는 크고 견고한 땅으로 향해 나아갔다.

― 갈렙

자녀를 글로벌 인재로 키우기 위해서는 배움이나 삶의 난관에 맞닥뜨려도 거침없이 헤치고 나갈 수 있는 기개(氣槪; grit)를 가질 수 있게 도와줘야 한다.

― 김용, 세계은행 총재

후회하지 않는 인생을 살기 위해 다음의 질문을 하라. 당신은 용감했는가? 당신은 현명한 판단을 했는가? 당신은 맡은 일에 성실을 다했는가? 당신은 그 일에 희생(헌신)했는가?

― J. F. 케네디 대통령의 마지막 연설

・・・

60) 성경 여호수아 14장.

도전의 벗: 위기의식

성장, 성숙하고자 하는 청소년은 항상 변화 가운데 있다. 변화를 받아들인다는 것은 위기감과 함께 불편함을 갖게 한다. 커다란 변화에는 항상 커다란 위기가 도사리고 있다. 청소년에게 위기의 순간은 부모가 사업에 실패했을 때, 친구들의 괴롭힘으로 더 이상 견디어 낼 힘이 없을 때, 자존감이 끝없이 추락하여 더 이상 살고자 하는 의욕이 없을 때, 세상에서 자기 자신을 도와줄 사람이 없고 혼자라고 느낄 때, 아무 소망이 없을 때, 자신의 진로에 혼자 최종 결정을 내려야 할 때, 자신이 원하는 것을 성취하기 위해 전력투구해야 할 때 등이다.

평상시에는 순풍의 인생을 살 때는 느끼지 못하다가 위기에 직면하게 되면 처음에는 자신이 너무 작게 보이지만 점차 그 위기를 해결해 나가는 과정에서 강한 동기를 부여하고 에너지를 분출함으로써 자신의 잠재능력을 발휘하고 존재가치를 인식하게 되면서 새로운 사명을 발견하기도 한다. 특히 입시를 가까이 두고 있는 청소년들은 끝까지 긴장의 끈을 놓치지 않고 기회를 만들어내기 위하여 전력투구한다. 이들은 위기 속에 기회가 있는 것을 알고 있기에 잠재능력을 끄집어내어 지금 이 순간 최선(Best)을 만들어내고자 한다.

위기 때 사람들이 보여주는 3가지 유형의 대처 행태가 있다. 첫째 유형으로, 본능적 반응으로 불안과 초조, 회피 등을 보이며 '바꾸면 안 돼!'라고 버티고 저항하거나 '할 수 없어!'라고 자포자기한다. 둘째 유형으로, 현상을 보전하기 위해 안전 위주로 운영하고자 한다. 셋째, 위기를 기회로 삼아 '해낼 수 있어!'라며 도전적으로 나아간다.

꿈의 바다를 항해하는 선장은 목적지인 항구까지 안전하게 도달하기까지 키를 움켜잡은 손에 한순간도 긴장을 풀지 않는 것처럼 청소년은 꿈의 목적지 항구에 도착할 때까지 늘 꿈을 바라보고 긴장의 끈을 놓지 않고 자신의 삶을 꾸준히 관리해 나가야 한다.

북해도에서 청어를 잡아서 영국 런던 지역에 활어로 공급하는 수산물 운송업체에 근무하는 사람들의 이야기에 따르면, 살아 있는 청어는 도시 사람들에게 비싼 값에 팔리지만 청어가 워낙 예민하고 신경질적인 물고기여서 아무리 산소를 충분히 공급하며 운송해도 영국 북부 지역에서 밤새도록 고속도로를 달려 런던에 도착할 때면 절반가량이 죽어 있다고 한다. 그래서 운송업자들은 고심 끝에 청어를 잡아먹는 바다 메기를 한두 마리 바닷물을 가득 채운 탱크에 청어와 함께 넣어 보내게 되었는데, 밤새도록 바다 메기에 잡아먹히지 않기 위해 탱크 속에서 긴장한 채 헤엄쳐 다닌 덕분에 대부분의 청어가 런던에 도착할 때까지 죽기는커녕 더 싱싱해져 있었다고 한다.

도전의 벗: 끈기

꿈의 목적지에 도달하기 위해서는 끝까지 전진하여 나가는 끈기가 필요하다. 끈기에는 성실함, 인내심, 집요함, 승부근성, 기다림 등이 포함된다. 아무리 바람직한 꿈을 가지고 그것을 실행하는 좋은 계획을 수립했다고 하더라도 그것을 끝까지 밀어붙여 끝장을 보고자 하는 '투지'와 '승부근성'이 없으면 쟁취하기 어렵다. '어디 이것 아니면 어디 할 짓이 없어!' 하는 순간 인내력은 바닥난다. 지금 이 순간 얼마나 많은 청소년들이 크고 작은 시련이나 위기로 인해 자신들이 처음 가졌던 꿈이나 신념을 지키지 못 하고 쉬운 길을 선택하고 있을 것 인가?

저는 탤런트(재능)는 정해져 있지 않다고 말해줘요.
인내했을 때 자신도 모르는 재능이 있다는 걸 깨달을 수도 있죠.
제가 스스로 증인이 되고 있죠. 제일 힘든 것이 끈기예요.

- 사무엘 윤

목표는 반드시 이룰 것이라는 신념으로 자신의 잠재능력을 최대한 촉발시켜 자신이 가고자 하는 길의 끝을 찾아가야 한다. 이것은 운동경기에만 필요한 것이 아니다. 비전에 따라 사는 사람은 현재의 삶이 고달프지만 뜨거운 열정으로, 거룩한 열정으로 인해 인내하면서 나아갈 수 있다. 언젠가 그날 이루어질 비전의 성취를 기뻐하며 현재의 고난을 견디어 나갈 수 있기 때문이다. 동기가 뚜렷하고 진정성이 있으며 절박하기까지 하다면 이루고자 하는 꿈을 결코 포기할 수 없다.

열 번 찍어 안 넘어가는 나무가 없다고 한다. 그러나 10번, 20번, 30번 찍어도 나무는 안 넘어갈 수 있다. 계속 찍다 보면 이제는 매일 100번 찍어도 습관이 되어 안 어렵다. 그때가 되면 나무가 흔들리기 시작한다. 포기하고 싶은 생각이 물밀듯 밀려온다. 안 찍고 말아? 그러다가 나무를 뻥 하고 찬다. 나무가 넘어간다. 다른 사람들은 '어떻게 나무가 넘어가?'라고 말한다.

요즘 청소년은 나약하고 쉽게 포기하고자 한다. 그러면서도 자신이 원하는 것을 쉽게, 빨리 얻고자 한다. 모든 일의 결과를 즉시 얻어 '하룻밤 사이의 성공'을 거둘 수만 있다면 더할 나위가 없을 것이다. 그러나 고통이 없이는 얻는 것도 없다. 세상 그 어디에도 쉽게 얻어지는 성공은 없다. 시간과 땀, 눈물이 담보되어야 비로소 얻어지는 것이 성공이라는 열매이다.

도전의 벗: 간절함

청소년에게 자신의 꿈을 이루고자 하는 간절함이 얼마나 있는가? 입학시험을 치르는 자녀를 둔 부모는 기도하지 않을 수 없다. 스티브 잡스는 스탠퍼드대학 졸업식에서 '항상 배고파하고, 항상 무모하라.'(Stay Hungry, Stay Foolish)라는 말로 축사했다. 구하는 것이 간절하면 간절할수록 열정은 타오른다. 열정은 사람을 가만히 있게 놔두지 않는다. 마음속의 염원이 열정의 불을 지피기 때문이다.

사회복지시설에서 대부분의 학생들이 공부는 뒷전이고 노는 것에 온통 마음을 두고 있는 데 반하여 한 학생은 모르는 수학문제를 가지고 와서 공익요원에게 자주 묻곤 했다. "너는 다른 애들과 달리 왜 그렇게 열심히 공부하려 하니?"라고 공익요원이 물어보니 그 아이는 "저는 공부 이외에는 달리 이 현실을 벗어날 길이 없어요."라고 답했다.

열정을 품고 하지 않는 일은 성공으로 이끌 수 없다. 포기하지 않고 반드시 기회를 만들겠다고 하는 강한 믿음이야말로 성공으로 이끄는 힘의 원천이 된다. 청소년은 마음에 원하는 그것이 이루어질 것이라는 확신을 가지고 불타는 소원으로 그림을 그려 나가야 한다. 그 그림은 오늘 이 순간에도 진행형이다.

지금 이 순간 나의 가장 큰 간절함이 무엇일까? 성공? 인기? 사랑? 명예? 돈? 지위? 외모? 기대? 욕망? 희망? 소망? 새로운 희망? 찬란한 미래? 자유? 평화? 신념? 자신감? 공감? 존중받기? 안전? 생명? 성적 올리기? 원하는 대학? 자아실현? 좋은 차? 좋은 집? 행복한 가정? 좋아하는 이성 친구? 통일? 빈부 격차 해소? 나눔? 봉사? 세계 일주? 우주여행? 건강? 이 중 어떤 것이 지금 나에게 원동력이 되고 있는가?

도전의 벗: 지금 여기에서(Now and Here)

청소년은 '왜 행운이 내게 찾아오지 않는가?'라고 탓하고만 있기에는 아직도 가야 할 길이 너무 멀다. 오늘은 할 수 있으나 내일은 할 수 없는 일이 있다. 오늘은 할 수 없으나 내일 할 수 있는 일이 있다. 너무 늦은 시작이란 없다. 자기 인생에 대해 최선(Best)으로 살고자 하는 청소년은 첫째, 할 수 있는 한 최고(Highest)의 작품을 디자인해야한다. 둘째, 그렇게 되기(to be) 위해서는 지금 이 순간 무언가를 해야(to do) 한다. 셋째, 무엇보다 매 순간 과녁의 정중앙을 향해 화살을 조준하여 쏴야 한다. 넷째, 자신이 서 있는 이 자리도 그렇게 열심히 살았던 순간순간으로 이루어진 결과라는 사실을 알고 감사해야 한다. 감성적이고 충동적인 청소년은 기분이 내키는 대로, 마음이 가는 대로 살고자 한다. 친구들이 오면 거절하지 못한다. 하기 싫은 공부보다 비교과활동에 치중하다보면 공부할 시간이 부족하다. 쓸데없이 스마트폰만 만지작거린다. 시간관리, 목표관리, 자기관리 등 모든 영역이 뜻대로 되지 않는다. 자신이 진정 원하는 것에 대해서 잘 모르거나 막연하기 때문에 초점을 맞추지 못한다. 과녁을 향하여 화살을 쏘아보지만 자꾸 빗나간다.

그러나 지금 이 순간이라도 자신이 원한 것에 명확히 초점을 맞추고 강점에 더욱 집중하여 열정을 모아 과녁을 향해 정조준해야 혹시 실패할지라도 여전히 과녁 안을 맞출 가능성이 있다. 그 과녁은 자신의 꿈이요, 비전이다. 자신이 원하는 것을 하는 바로 지금 이 순간이 바로 자신이 찾는 황금시대(Golden Time)이다. 마시멜로의 교훈처럼, 나중에 자신이 하고 싶은 것을 하기 위해서는 지금 해야만 하는 것에 충실해야 한다.

챔피언(Champion).
누군가를 이기고 최고가 되어 있는 사람이 아니라 최고가 되기 위해 최선을 다하는 사람. 그가 바로 챔피언이다.

– 곽경택, 영화감독

생각해 보기

1. 당신의 꿈과 비전은 무엇입니까? 없다면 그 이유는 무엇입니까?
2. 당신의 삶 속에서 목적과 의미를 향한 깊은 갈망에 불을 지핀 사건이나 관계가 있었습니까?
3. 당신의 삶에 깊은 영향을 미친 역할모델이나 멘토가 있습니까? 있다면, 그들로 인해 당신의 삶이 어떻게 달라졌다고 생각하십니까?
4. 꿈과 비전을 실천하기 위한 구체적인 목표와 실천계획이 있습니까?
5. 꿈과 비전을 실현하기 위해 필요한 능력을 갖추어 나가고 있습니까?
6. 당신의 꿈과 비전을 실현하는 데 장애물은 무엇입니까? 그것을 어떻게 극복하려고 하십니까?
7. 당신은 진로결정에서 '용기와 의지만 있다면 원하는 것은 무엇이든 될 수 있다.'라는 말과 '모든 것이 운명이거나 타고났다.'라는 말이 어떤 영향을 미치고 있습니까?
8. '지금 여기에서'가 당신이 찾고자 하는 황금시대가 되고 있습니까? 그렇지 않다면 그 이유는 무엇입니까?
9. '더 늦기 전에' 시작해야 할 일이 있다면 어떤 것이 있으며 그 이유는 무엇입니까?

PART

5

나만의 행복을 찾아서

멋진 인생이었다. 수천 명의 친구를 사귀었다.
흥분되고 모험이 가득 찬, 감사한 삶이었다.

지미 카터 전 미 대통령

Only 1

    2008년 미국발 금융위기로 세계경제가 휘청거릴 때도 독일 차는 고급차시장에서는 70% 이상을 장악했다. 비결은 단 하나 '최고를 지향하는 것'이었다.

    벤츠는 안전에 대한 가치에서 절대 타협하지 않는 '최고가 아니면 만들지 않는다(The Best or Nothing)'를, BMW는 '탄탄한 주행감성의 운전하는 즐거움'을, 아우디는 '기술을 통한 진보를 추구함으로써 완벽'을 향한 거침없는 질주가 최고의 독일 명차를 만들어냈다. 이들은 모두 '최고'라는 탁월한(Excellent) 가치추구를 통해 경쟁우위를 만들어냄으로써 품위(Dignity)를 유지했다.

    지금 이 순간에도 수많은 청소년들이 명문 고교와 대학 입학, 스펙 쌓기에 목숨을 걸고 있다. 2류 고교나 대학 졸업, 취업실패 등으로 인해 평생 따라다니게 될 루저(Loser)라는 불명예의 이름표를 달지 않기 위해. 본인의 노력, 부모의 지원으로도 여의치 않은 '좀 더 나음'의 기회가 이전에 닫혀 있던 특성화고 졸업생에게도 대기업 채용, 병역대체근무제도, 학업지속프로그램, 계약학과 등을 통해 열리고 있다. 그렇지만 사회적 환경이나 문화는 여전히 대다수 청소년들을 탈출구 없는 숨 막히는 경쟁시장으로 내몰고 있다.

    청소년을 포함한 우리 모두는 존재이유가 있다. 그러나 세상은 10가지 P로 판단기준을 정하여 사람들을 평가하고 있고, 우리 스스로 자신의 존재가치에 대한 평가기준으로도 사용한다.[1] 그래서 이런 영역에서 성공하여 자신의 존재가치를 증명하려고 이전보다 더 '좋음(Better)'으로, '탁월함(Excellent)'으로 남들과의 경쟁에서 차이를 보이려고 노력한다. 작은 연못의 큰 물고기가 되는 것보다 큰 연못의 작은 물고기가 되길 원한다. 문제는 '좋은(Good)' 사람이 되지도 못하면서 '최고(Best)'가 되고자 하는 데 있다. '평범'에서 '보통', '우수'가 아니라 '비범'하고 '스타'가 되고 '한 방'을 터뜨리려고만 한다. 가장 빠른 시일 내 성취하려면 '로또'에 당첨되는 수밖에 없다.

관건은 이러한 '좋음'과 '탁월함'에 존재가치를 두고 의미를 부여하고 있는 현실에 있다. 그러나 인간의 존재가치 측면에서 보면 이러한 구분은 사실상 무의미하다. 인생을 경기에 비유하자면, 100m 달리기처럼 결승선이 있는 것이 아니다. 온갖 방향으로 달려갈 수 있다.

백남준(현대예술), 파블로 피카소(입체예술), 스티브 잡스(IT트렌드 선구자), 마사 그레이엄·이사도라 던컨(현대무용 개척자) 등은 최고가 된 사람들이다. 다른 사람과의 경쟁이 아니라 자신과의 경쟁에만 집중했다. No.1이 되려고 하기보다 Only1이 되고자 했다. 그 결과 자신들의 가치를 극대화시켰다. 자신들의 존재가치를 풍성하게 실현했다.

...

1) 10P는 지각(Perception), 소유(Possession), 지위(Position), 힘(Power), 성과(Performance), 학력(Ph.D), 인기(Population), 취미(Pleasure), 열정(Passion), 명성(Prestige)이다. 진재혁, 『세상 중심에 서는 영성 리더십』, 두란노, 2015, pp.216~222.

따라서 청소년은 자신의 존재가치를 풍성하게 채워 나갈 수 있는, 주눅이 들지 않고 즐겁게 일할 수 있는 자신만의 일을 찾아내는 것이 무엇보다 중요하다.

제가 가장 집중하는 것은 '스타'로서의 삶이 아닌 자신의 음악적인 커리어입니다.

– 아리아나 그란데

미완성 교향곡

우리가 알고 있는 천재적인 예술가인 모차르트, 레오나르도 다빈치, 미켈란젤로, 가우디, 로댕 등은 그들의 마지막 작품(모차르트: 레퀴엠, 레오나르도 다 빈치: 모나리자, 미켈란젤로: 영혼의 문, 가우디: 사그라다 파밀리아 성당, 로댕: 지옥의 문)을 끝내지 못하고 세상을 떠났다. 이들 모두는 비범했고, 기술만 뛰어난 사람(Technician)이 아니라 천부적인 재능을 바탕으로 탁월한 작품을 창조하는 예술가(Artist)로서의 삶을 살았다. 자신만의 특유한 강점을 발견하여 자기의 길을 갔던 사람들이다. 그 독특함이 그 분야에서 최고가 되게 했다. 그러나 외골수 성격, 어려운 환경 등으로 일생의 역작을 만들고자 했던 자신들의 마지막 꿈을 이루지 못한 채 생을 마감했다.

우리는 어떻게 풍성한 삶을 누릴 수 있을 것인가? 심리학자들, 예를 들면 매슬로(A. H. Maslow)는 '자아실현의 사람'을, 펄스(Fritz Perls)는 '지금 여기에 사는 사람'을, 융(C.G. Jung)은 '존재의 개별화를 이룬 사람'을, 로저스(C. Rogers)는 '내면의 완전한 발전을 위한 실현경향성을 발휘하며 사는 사람'을, 부버(M. Buber)는 '관계적인 사람'을, 프랭클(V. Frankl)은 '삶의 의미를 깨닫고 사는 사람'을 추구했다. 그러나 인간정신의 위대함은 이보다 더 차원 높은 진리, 사랑, 거룩, 아름다움, 완전함, 영원 등을 열정적으로 추구하는 데 있다.

따라서 아무리 탁월한 천재성을 가진 사람들의 열정적인 추구라고 하더라도 인간의 추구는 2%가 부족하다. 이 땅에서의 우리의 삶도 완공되는 것이 아니다.

공사가 끝났습니다(End of Construction).
— 룻 그래함(빌리 그래함 목사의 아내)의 비문 중에서

청소년을 포함한 우리는 모두 아직도 만들어져 가고 있는 존재이다. 그런 까닭에 사람들의 눈에 초라해 보이거나 추해 보일 수 있다. 마치 공사 중인 건물처럼. 청소년은 이제 마라톤 출발 선상에 서 있다. 누군가는 1등을 하게 되고 우승챔피언(True Champion)으로 등극하게 될 것이다. 경주가 지속되는 한 인생은 미완성 작품이다. 완성될 아름다운 모습을 바라보며 나아가는 자신의 꿈이 가까운 친구나 가족 그리고 다른 사람들에게 생생한 영감을 주고 지친 인생에 위안을 주며 또 줄 수 있다면 그것으로 측량할 수 없는 가치가 있다.

세리는 골프여왕이 되려고 골프를 시작한 것이 아니다. 하다 보니 골프여왕이 되었다. 아무나 달 수 없는 대한민국에서 유일한 타이틀을 가슴에 달고 살아온 과정에는 가족 외에는 모르는 사연이 많이 담겨있다. 한때는 성적의 희비에 목잡고 뒤로 쓰러질 뻔한 일도 있었지만 지금은 나도 추월한 상태이다.

— 박준철, 골프선수 박세리의 아버지[2]

열매와 뿌리

이 땅의 많은 사람들은 인생이란 삶의 나무에서 많은 열매를 맺고자 한다. 열매는 나무의 생명과 직결되는 것은 아니나 생명의 왕성함을 보여줄 수 있는 좋은 증거이다. 성공한 사람은 많은 열매를 맺었고 자신뿐만 아니라 이웃의 삶에 풍요를 가져왔다. 그래서 우리는 크다는 것으로, 많다는 것으로, 높다는 것으로 성공을 측정한다. 상대적으로 많은 성취를 이룬 사람들은 어깨가 뿌듯해지며 자긍심이 넘쳐난다. 그 반대의 사람은 최선을 다하지 않은 사람으로 여겨져 주눅이 든다.

이 세상은 갈수록 합리성과 성취가 지배하는 방향으로 나아가고 있다. 청소년들도 목표로 향해, 성취를 향해 오늘 이 순간에도 한 발짝 더 나아가라고 재촉 받고 있다. 항상 2% 부족함을 느끼는 청소년은 지금 여

...

2) '이승엽, 박지성, 박세리의 아버지로 산다는 것', 네이버스포츠, 2014. 9. 5.

기서 멈출 수 없기에 늘 쫓기고 살면서 피곤하다. 멈추면 더 이상 성장도 변화도 가져올 수 없는 실패한 인생으로 여겨지기에 늘 분주하다. 지금 이 기회를 놓치면 영영 잡을 수 없을 것 같고, 지금 주저앉으면 영영 일어나지 못할 것만 같다. 마지막 한 줌의 기운도 아낌없이 내뱉어야 한다.

사람들은 화려한 꽃과 탐스러운 열매만 보고 부러워한다. 그러한 결실을 가져온 뿌리는 보지 않는다. 그러나 우리가 행한 일의 열매는 각자의 뿌리로부터 연유한다. 뿌리가 깊고 튼튼한 나무는 풍성한 가지와 탐스러운 열매를 맺는다. 뿌리가 얕고 허약한 나무는 조잔한 가지와 볼품없는 열매를 맺는다. 희망의 물과 사랑의 햇빛을 받지 못한 척박한 땅은 뿌리가 튼튼하게 내리지 못하게 한다. 할 수만 있다면 뿌리 깊은 나무가 되어야 한다. 그렇지 않다고 하더라도 우리 각자의 인생의 뿌리는 생명의 근원으로 똑같이 존중받아야 마땅하다.

> 능력은 기차를 제시간에 가게 만들지만, 기차는 자기가 어디로 가고 있는지 알지 못합니다.
>
> – 조지 부시, 전 미국 대통령

청소년을 포함한 우리의 존재의 본연은 우리가 어떤 열매를 맺든지 간에 그 모습 그대로이다. 각자 자신만의 인생을 사는 것으로 충분한 값진 의미가 있다. 청소년에게 일과 직업이 숙명처럼 다가오지만, 따지고 보면 우리가 만나게 되는 수많은 일과 직업은 우연히 선택하게 된 결과에 지나지 않는다. 따라서 무엇을 선택하든지 간에 우리 자신은 그대로이다.

저는 우연히 야구인이 되었을 뿐입니다.

― 커쇼, LA다저스 투수

청소년을 포함한 우리 모두는 소중한 사람이다. 조물주에게 붙잡힌 바 된 우리는 스스로 무엇이 되어야겠다고 생각하는 것 자체가 잘못인지도 모른다. 다만 있는 그곳에서 지금 이 순간 최선을 다해 주어진 삶을 살며 즐겁게 살 줄 아는 사람이 행복한 사람이다.

소명의 삶

자신이 바라는 진로목표를 성취한 청소년은 다른 사람보다 더 많은 것을 소유하고, 보다 큰 인정을 받으며, 더 영향력 있는 삶을 살게 된다. 그러나 어떤 청소년은 자신이 처음 정했던 목적지에 영영 이르지 못할 수도 있다. 처음에는 고상하고 큰 꿈이 있고 그것을 이루기 위해 치밀하게 계획하여 열심히 노력하고 최선을 다해 살았을 수 있지만 부모 사업 실패, 건강 악화, 크고 작은 시련의 위기들이 자신의 삶을 소용돌이 속에 몰아넣어 어느 것 하나 뜻대로 되지 않고 모든 것이 순식간에 달라질 수 있다. 학업성적이 바닥에서 헤어나지 못해 원하던 대학에 들어가지 못하고, 꿈과 적성에 맞는 직업에 가까이 가보지도 못하며, 좋아하는 일을 해보지도 못하고 재미없는 일만을 하면서 살 수 있다. 그저 그런 평범한 '보통'이라는 끔찍한 상태를 벗어나지 못할 수도 있다. 자신을 지탱하여 온 것들이 버거운 현실에 짓눌려 한순간에 의미를 잃어버리고 벼랑 끝으로 몰려갈 수 있다.

그렇지만 청소년이 무슨 일을 하든, 어디에서 살든, 어떤 환경에 처하든 중요한 것은 '인생을 어떻게 살아가고 있느냐?' 이다. 중도에 맞닿게 되는 실망에도 불구하고, 열악한 상황에서라도, 영영 자신이 계획했던 일을 하지 못하게 된다고 할지라도, 아무리 인생의 경로가 자주 바뀐다고 하더라도, 자신의 통제권 밖의 상황일지라도 최대한 창의적이고 신실하게 반응하면서 부름을 받은 그곳에서 늘 유연성을 잃지 않고, 열악한 상황을 최대한 선용하며, 자신이 옳다고 믿는 일에 최선을 다하여 끝까지 충실하게 살아가는 것이다.

청소년 각자는 직업, 신분, 사회적 지위 등을 통해 삶의 위치로의 부르심을 받는다. 그런 다음 그 부르심에 합당한 일이 맡겨진다. 지식정보화시대를 지나면서 삶의 위치는 변화의 속도가 엄청나게 빨리 진행되고 있다. 따라서 어떤 직업을 가져야 할 것인지를 고민하는 것도 중요하다. 그렇지만 그 직업으로의 부르심에 대한 이유에 해당하는 소명을 먼저 발견하는 것이 더 중요하다. 소명은 '당신의 존재는 당신이 하는 일이다'가 아니라 '당신의 존재에 걸맞은 일을 하라'라고 말한다.

청소년은 R. 프로스트의 '노란 숲 속에 난 두 갈래 길' 앞에 서서 어느 한 길을 선택함으로써 인생의 여정을 시작한다. 소명은 이미 청소년 안에 있다. 그것은 언 땅속에서 씨앗처럼 봄이 오기를 기다리며 청소년 스스로의 발견을 통해 땅을 헤집고 나오기만을 기다리고 있다.

행복을 찾아서

11명의 진로사례를 '꿈꾸라×키워라×넘어라×잡아라!'라는 요건에 비추어 살펴본다.

사례 1(외교관 자녀)

M은 부모가 외교관이어서 어릴 적부터 여러 나라를 거치면서 외국어에 능통했고 다문화에 접했다. 국제 감각을 가졌고, 미국 아이비리그 대학을 나와서 국제변호사 자격으로 고액연봉을 받으며 일하고 있다.

사례 2(컴퓨터 중독)

P는 평범한 가정의 외아들로 태어나 컴퓨터에 빠져 공부를 등한시했다. 학교성적은 전교 450명 중 430등을 왔다 갔다 했다. 부모의 눈에는 말썽꾸러기, 골칫거리였다. 부모는 후배가 사장으로 있는 공단의 IT 중소기업에 아들이 사무직원으로 일할 수 있도록 부탁했다. 입사 후 사장의 멘토링으로 사이버대학을 졸업했고, 병역특례를 마친 후 다시 멘토링을 거쳐 S 대학 정보통신대학원에 입학하여 석사학위를 마쳤다. 27세에 대학원 졸업, 전공분야 경력 7년 차, 연봉 5,000만 원의 컴퓨터IT분야 경

력을 가지고 있다. 지금은 박사학위를 준비 중이다.

사례 3(부모 부재)

인도인 의사를 아버지로 둔 Y는 아버지가 갑자기 죽게 되자 엄마의 모국인 한국으로 다시 오게 되었다. 검정고시에서 우수한 성적을 거두었으나 학업을 계속할 수 없어 공단의 사무직으로 일하고 있다.

사례 4(명문여대 졸업)

서울 소재 일류 여대 불문과를 졸업한 W는 자신의 전공을 살리기 위해 주변의 취업제의를 계속 거절했다. 멘토링을 받은 후 중소기업에 취업했고 맡은 일에서 자신의 어학전공을 살려 만족스럽게 근무하고 있다.

사례 5(적성파악 미흡)

K는 대학 졸업 후 자신의 전공에 따라 치기공사가 되었다. 졸업 후 직장을 구해 일을 해 보니 자신의 적성이 아닌 것 같아 그만두었다. 실업자로 지내다가 아는 사람의 소개로 중소기업 IT 관련 업무를 하게 되었다. 반년 이상 적응을 하지 못했다. 지속적인 멘토링 덕분에 거의 1년이

지나서야 겨우 의욕을 보이기 시작했다.

사례 6(복수학위 프로그램)

A는 대학 재학 중 복수학위 프로그램에 따라 미국 뉴욕의 주립대에 유학했다. 졸업 후 현지에서 정보기술 관련 업체에 취업했다. 그 후 자신을 업그레이드하여 현재 골드만삭스에 근무 중이다.

사례 7(진로적성 심화)

B는 대학에서 산업디자인을 전공했다. 군 제대 후 자동차 디자인을 꿈꾸고 미국 디트로이트에 있는 예술학교에 편입했다. 자신만의 독특한 포트폴리오를 만들었고 100군데 이상 지원한 결과 크라이슬러(주)에 입사했다. 1년 후 독일 폭스바겐(주)으로 전직하여 400명뿐인 자동차 클레이 모델러로 일하고 있다.

사례 8(진로 미성숙)

L은 법학과에 입학했으나 자신의 적성에 맞지 않아 입대했다. 제대 후 공부하여 지방소재 의대에 입학했다. 그러나 마음에 들지 않아 다시

재수하여 27세에 서울 소재 의과대학에 입학했다. 어머니는 아들이 법학과에 입학하여 법조인이 되기를 바랐다.

사례 9(자기이해 부족)

N은 고등학교까지 엄마가 해 주는 대로 살았다. 조기 유학했다. F가 많아 학사 경고를 받았다. 다니던 대학교에서 이제 그만 다니라는 연락을 받았다. 부모가 의사인 그는 미국으로 유학 간 이후 누구의 간섭도 받지 않은 상태에서 하고 싶은 대로 하면서 살았다.

사례 10(꿈 성취)

S는 공대 졸업 후 카이스트를 거쳐 미국 주립대 박사학위를 취득했다. 귀국 후 원하던 교수직 도전에 실패한 후 중소기업에 취업했다. 3번이나 실직하는 서러움을 겪었다. 마지막 근무기업에서 수년간 연구한 결과 TV LCD 백라이트 기술을 독자적으로 개발했다. 기술료를 꾸준히 받게 되면서 50대 초반에 자신이 꿈꾸던 동남아 지역에 자비량선교사로 가게 되었다.

사례 11(부모의 경제력)

　J의 진로희망은 중학교 때 과학자, 고등학교와 졸업 후 자동차 정비기술자, 20대 중반 이후 커피숍 경영이었다. 부모의 도움으로 정비기술도 배워보고 커피숍도 경영했다. 부모는 그런 자녀를 매우 자랑스럽게 여긴다. 그의 아버지는 병원장으로서 자녀에게 재정적으로 마음껏 뒷바라지 할 수 있는 여력이 있다.

① M은 행복한 삶을 위한 4가지 요건을 모두 갖추었다.
② P는 꿈이 없고, 능력이 구비되지 않았으나 노력했고 도전하여 성취했다.
③ Y는 꿈이 없고, 능력개발을 위한 투자도 하지 않았고, 도전하여 성취할 기회가 주어지지 않았다.
④ W는 꿈이 있고, 능력을 개발했으나 기회가 주어지지 않았다. 그러나 관심 분야를 바꾸어 도전함으로써 기회를 잡았고 능력발휘의 기회가 주어졌다.
⑤ K는 꿈이 분명하지 않았고, 적성에 맞지 않았으며, 자신을 극복하지 못했고, 도전의식이 결여되어 있다.
⑥ A는 꿈이 분명하지 않았으나, 능력을 키우기 위해 지속적으로 노력했으며, 도전하여 기회를 잡았다.
⑦ B는 꿈이 분명하지 않았으나 꿈을 설정하여 나갔고, 전문능력을 키웠으며, 도전하여 기회를 잡았다.

⑧ L은 꿈이 없고, 능력은 탁월하게 개발했으며, 어려움을 극복하고, 도전하여 기회를 만들어냈다.

⑨ N은 꿈이 없고, 능력계발을 위한 투자를 하지 않았으며, 도전도 하지 않았고 기회도 없었다.

⑩ S는 꿈이 있고, 능력개발을 위한 헌신과 투자를 했으며, 어려움을 잘 극복했고, 도전하여 기회를 잡았다.

⑪ J는 꿈이 분명하지 않고, 능력을 개발하기 위해 노력했으며, 어려움을 극복하고, 도전하여 기회를 잡고자 했다.

행복한 진로 매트릭스

	꿈꾸라 (Dream)	X	키워라 (Ability)	X	넘어라 (Overcome)	X	잡아라 (Challenge)	=	행복 (Happiness)
①	●		●		●		●		●
②	X		X		●		●		●
③	X		X		X		▲		◖
④	●		●		▲		●		●
⑤	▲		▲		●		▲		◖
⑥	●		●		▲		●		●
⑦	▲		●		●		●		●
⑧	X		●		●		▲		◖
⑨	X		X		X		X		◖
⑩	●		●		▲		●		●
⑪	▲		▲		●		●		●

●:있음 ▲:충분하지않음 X:없음 ●:행복 ◖:행복하지않음

처음부터 꿈을 분명하게 가진 경우는 ①, ④, ⑩이었고, 꿈이 없는 경우는 ③, ⑤, ⑧, ⑨이다. 막연한 꿈이 점차 구체화되어 간 경우는 ⑥, ⑦, ⑪이었다. 꿈이 없었으나 중간에 꿈을 갖게 된 경우는 ②이다. 여기서 볼

수 있는 것은 꿈이 없으면 잠재능력과 개발 노력 및 기회확보에 관계없이 행복하지 않다. 처음에 꿈이 없었다고 하더라도 능력과 적성을 적극적으로 키워나가면 행복을 찾아갈 수 있다. 그러나 적극적으로 도전하지 않으면 자신이 바라는 행복을 찾아가기 어렵다.

　이상에서 볼 수 있는 것은, 행복한 삶은 여러 요소가 적절하고 균형 있게 어우러져야 가능하다는 사실이다. 이들 요소 중 한 가지라도 결여되면 행복하지 않다. 행복하기 위해 사회에 첫발을 내딛는 청소년은 시작부터 이들 모두를 구비하고 산다는 것은 현실적으로 가능하지 않다. 청소년에 따라 특정요소의 자원이 풍부할 수 있고 다른 요소는 부족할 수 있다. 어느 한 가지 요소가 지나치게 부족하여서 결정적인 결핍을 가져오지 않는다면 살아가면서 한 가지씩 갖추어 나가면 될 것이다(부록 7 참고).

　우리가 바라는 청소년은 꿈과 희망을 갖고, 그것을 이루어 나가는 데 필요한 역량을 갖추어 나가며, 그 과정에서 겪는 어려움과 장애물을 인내하며 극복하고, 도전과 기회를 통해 자신이 원하는 것을 성취해 가는 사람이다.

　영화배우 조재현은 TV 인터뷰에서 다음과 같이 말했다.

> 오늘날의 나를 있게 한 것은 첫째, 배가 고파도 '배우로서의 꿈'을 결코 잃지 않은 것, 둘째, 자신 속에 아무리 경제적으로 어렵더라도 대가를 바라지 않는 '순수한 열정'이 있었던 것, 셋째, 항상 '철저한 준비'를 했던 것, 넷째, 끝까지 포기하지 않고 '인내'하며 버텼던 것, 다섯째, 성취에 대한 '확신'을 갖고 도전하는 삶을 살았던 것 때문이다.

생각해 보기

1. 당신이 생각하는 '나만의 행복'을 3문장으로 표현해 보실 수 있습니까?
2. 이것이 현재 당신의 진로선택과정에서 어떠한 영향을 미치고 있습니까?
3. 행복한 진로를 향해 나아가는 당신의 현재의 여건이 바라는 대로 되지 않고 있다면, 그 이유는 무엇입니까?
4. 당신의 행복한 진로의 길을 가는 데 이 순간 필요하다고 생각하는 기회와 자원은 무엇입니까?
5. 당신이 걷고 있는 길이 혼란스럽고 정말 힘들다면 이를 극복하는 데 필요한 기회와 힘의 원천(원동력)은 어디에서 얻을 수 있다고 생각하십니까?

【부록 1】정체성 확인사례

1. 나는 누구인가?
- 10남매 중 다섯째로 여자아이로 태어났다.
- 나는 남성과 동등한 가치를 지닌 고귀한 인간이다.
- 나는 하나님의 자녀(크리스천)이다.
- 나는 고통 받고 억압받는 조국(조선)의 백성으로 태어났다.

2. 자신의 존재이유를 발견한다.
- 여성으로서 좋은 곳에 시집 가 행복한 결혼생활을 하는 것이 아니라
- 당당한 여성으로서 살고 이 사회가 여성을 존중하도록 해야겠다.
- 금산 고향마을에 방문한 금발의 미국인 전도여성처럼 많은 사람에게 좋은 영향을 미치는 전도자의 삶을 사는 것이다.
- 언니 운명이 결혼하는 것이라면, 나는 섬나라 왜구로부터 우리나라를 구하는 것이다.
- '자네의 소망이 무엇인가?' '나는 한국을 구제하렵니다.'

3. 자신의 존재이유에 합당한 일을 찾고 그것을 이루기 위해 평생 노력한다.
- 여성은 교육이 필요하지 않다는 아버지와 주변의 반대를 무릅쓰고 죽기로 작정하고 단식투쟁을 하면서까지 배움의 뜻을 관철했다.
- 3·1독립운동에서 등사판 하나를 빌어 수천 장의 독립선언서를 찍어냈다.
- '한국에 나의 생명이 필요하다면 기꺼이 바치겠다.'는 각오로 6·25 발발 시에 미국정가에서 한국문제 UN 상정, UN군 한국파병 등을 위해 동분서주 분투했다.
- 여성의원으로서 항상 여성주의의식을 갖고 의정활동을 수행했다.
- 평생 여성인권과 권리의식 함양을 위해 교육사업과 계몽운동에 헌신했다.
- '의에 죽고 참에 살자.'는 좌우명을 평생 추구하며 살았다.

  * 제헌의원, 초대상공부장관, 중앙대학교 설립자인 임영신, 『승당 임영신의 40년 투쟁사(2008)』에서 발췌.

[부록 2] 진로진학 관련 학교생활 점검표

평가영역	평가요소	점검 포인트	목표수준 (학년)			현재수준 (학년)			구비요건
			1	2	3	1	2	3	
학업적합성 (학업의지/ 전공적합성)	교과 성적 (국영수사과)	○ 목표대학·학과 수준 등급 유지하는가? ○ 진로 관련 교과목등급은 우수한가?							내신유지
	학년별 성적추이	○ 주요교과목 평균등급이 향상했나? ○ 진로 관련 과목 등급이 향상했나?							진로과목 집중
	학업탐구	○ 교과목 탐구활동이 있는가? ○ 진로 관련 교과목 탐구 활동 여부							진로 과목 집중
	수상실적	○ 교과 관련 교내 수상실적 여부 ○ 진로 관련 교과목 수상실적 여부							진로 관련
	방과 후 교과 관련 활동	○ 교과 관련 방과 후 활동이 있는가? ○ 진로 관련성 여부, 자기 주도성 여부							진로 관련
	학업의지	○ 자기 주도적 학습계획, 성취/실패 경험 여부							열정, 관심
	교사평가	○ 학업성취도, 수업참여도, 분석/논리력, 창의력, 발표력 등							추천서
창의성 (창의적 체험활동)	독서활동	○ 독서량 풍부, 교훈, 진로 관련 인가							다양, 진로
	자격증 등	○ 자격증/인증취득 분야 및 경험이 있는가?							진로 관련, 창의성취

평가영역	평가요소	점검 포인트	목표수준 (학년)			현재수준 (학년)			구비요건
			1	2	3	1	2	3	
창의성 (창의적 체험활동)	진로탐색/ 체험활동	○ 진로탐색경험 및 진로목표 설정 여부 ○ 진로체험활동 경험이 있는가?							적극성, 일관성
	동아리 활동	○ 동아리활동을 한 경험이 있는가? ○ 진로 관련성, 창의성, 적극성, 팀워크 등							열정, 성실, 협동 등
	봉사활동	○ 내용, 종류 등이 진정성, 일관성 있는가?							진정, 일관, 지속 등
	방과 후 자율 활동	○ 분야, 동기, 참여 정도 등							열정, 주도성 등
인성	출결상황	○ 개근했는가? 개근하지 않았을 경우, 이유가 타당한가							성실성
	리더십 활동	○ 학교/학급/단체에서 리더로서의 경험이 있는가? ○ 역할을 어떻게 잘 감당했는가?							문제해결, 소통 등
	공동체 의식	○ 섬김, 배려, 나눔 등을 실천했는가?							배려, 협동
	교우관계	○ 원만하고 협동적인가?							소통, 배려
	특별활동	○ 진로 이외 특별활동이 있는가?							다양성
	교사평가	○ 소질, 적성, 학교생활 충실도, 기타 인성							추천서
학습환경	가정환경	○ 가정환경이 어려운가?							도전정신
	교육여건	○ 벽지 등 불리한 교육여건 (학교특성, 교과 과정, 프로그램/ 농어촌 등)인가?							성장 잠재력 등
	장애 등	○ 신체・정서 등에서 어려운가?							역경극복

【부록 3】 학생부종합전형 단계별 준비전략

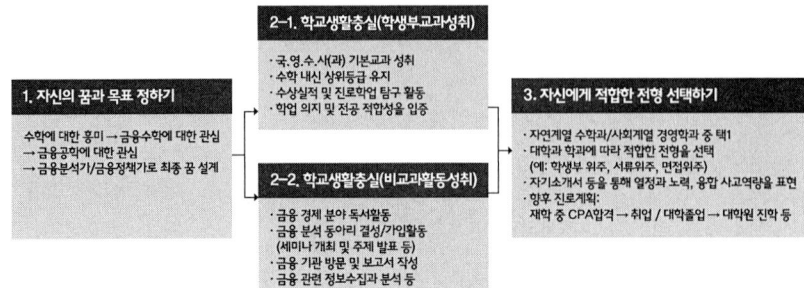

【부록 4】 생애 설계하기

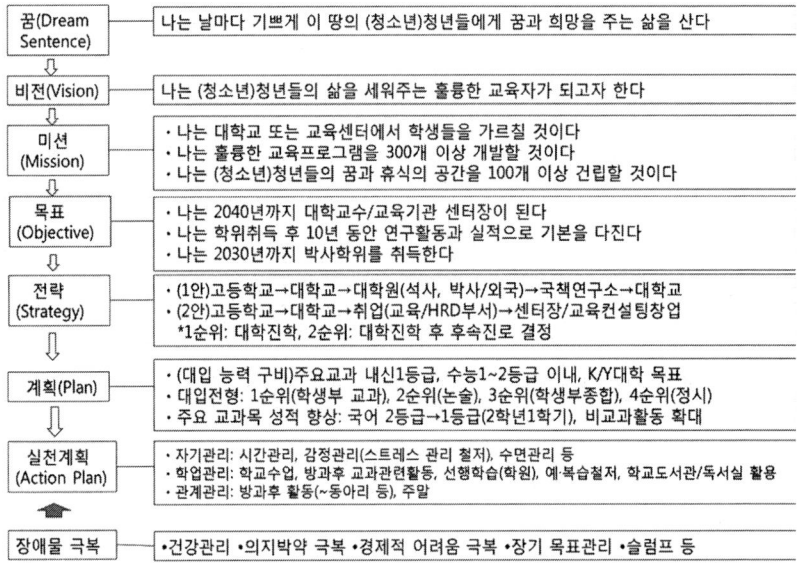

【부록 5】비전 설정 사례

워런 버핏
아주 어렸을 때부터 내 마음속에는 세계 제일의 부자가 된 나의 모습이 선명하게 자리 잡고 있었다. 나는 내가 거부가 되리라는 사실을 의심해 본 적이 단 한 순간도 없다.

빌 게이츠
나는 10대 시절부터 세계의 모든 가정에 컴퓨터가 한 대씩 설치되는 것을 상상했고, 또 반드시 그렇게 만들고야 말겠다고 외쳤다. 그게 시작이다.

조지 워싱턴
나는 아름다운 여자와 결혼할 것이다. 나는 미국에서 가장 큰 부자가 될 것이다. 나는 군대를 이끌 것이다. 나는 미국을 독립시키고 대통령이 될 것이다.

김진경 연변과기대, 평양과기대 총장
나는 중국에 가서 일류대학을 세울 것이다. 나는 북한에 가서 일류대학을 세울 것이다. 한시빨리 통일이 되어 북한 젊은이들이 한국 젊은이들처럼 행복하게 사는 것이다.

배우 이소룡
나는 1980년에 미국에서 가장 유명한 동양인 배우가 되어 있을 것이다.
나는 1,000만 달러의 출연료를 받을 것이다.

버스터 키튼
나의 꿈은 가장 재능이 뛰어난 배우(the most talented actor)가 되는 것이다.

【부록 6】 원동력 사례

- 호기심과 궁금증 등 새로움에 대한 열린 마음
- 전문분야에서 탁월성 추구
- 타는 목마름(자유, 평등, 인권, 정의)에 대한 해갈을 갈구하는 힘
- 굶주림이나 헐벗음을 벗어나고자 하는 몸부림
- 가난과 질병에서 벗어나 건강과 부유함을 얻고자 하는 갈망
- 성공과 인정과 칭찬을 받고자 하는 욕구
- 명예와 권력을 추구하고자 하는 열망
- 돈에 대해 집착
- 헝그리 정신
- 끝까지 포기하지 않는 끈기
- 완벽을 추구하려는 마음
- 새로운 것을 추구하려는 상상력과 창의력
- 혁신과 도전의 기업가 정신
- 자신감과 자존감
- 창의력과 집중력
- 소통
- 긍정의 마음
- 선명한 비전과 목표
- 긍휼히 여기는 마음(Compassion)
- 실패
- 용기
- 포기하지 않는 열정
- 도약과 변화에 대한 열망
- 소명을 완수하려는 갈망
- 믿음 안에서 살고자 하는 신념
- 최상(Best)의 삶을 살고자 하는 강렬한 열망
- 위대함에 대한 추구

【부록 7】행복한 진로 찾아가기

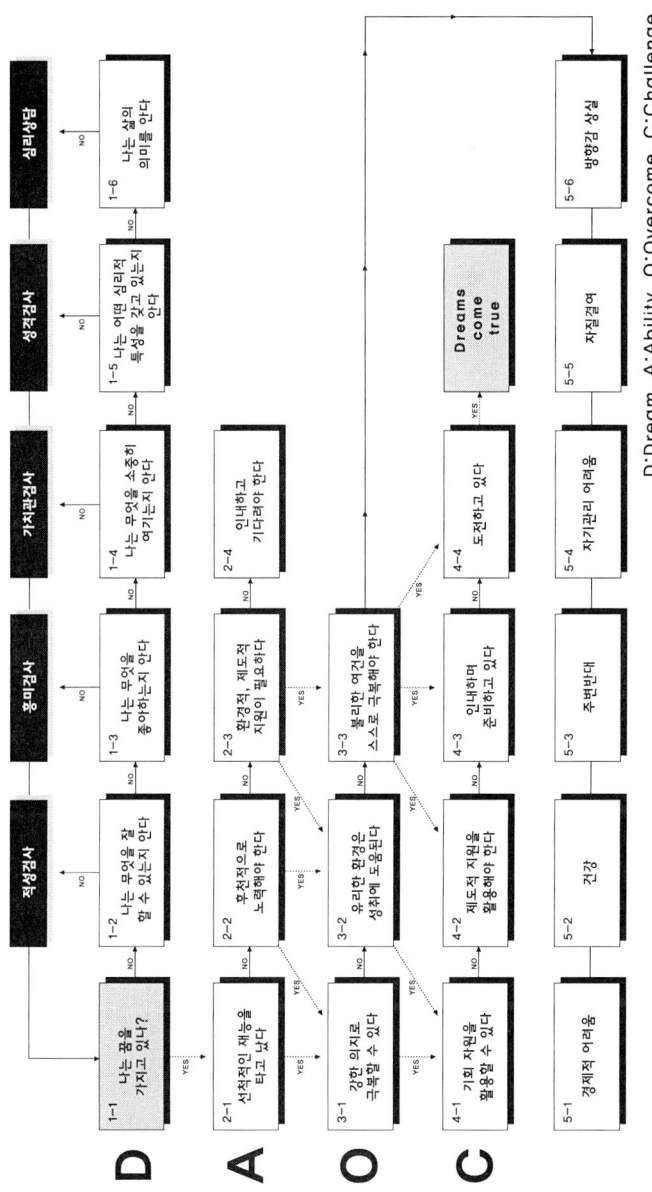

참고문헌

강영우, 『우리가 오르지 못할 산은 없다』, 생명의 말씀사, 2000.
강영우, 『내 눈에는 희망만 보였다』, 두란노, 2012.
강영우, 『원동력』, 두란노, 2011.
강준민, 『늘 꿈을 선택하라』, 두란노, 2012.
강헌구, 『가슴 뛰는 삶』, 샘앤파커스, 2008.
고봉익·윤정은, 『진로 로드맵』, 웅진윙스, 2014.
고봉익·홍기운·임정빈, 『이것이 진로다』, 미디어숲, 2013.
고혜림·이현정, 『로봇다리 세진이』, 조선북스, 2009.
관계부처 합동, 『인문계 전공자 취업촉진방안 보도자료』, 2015.6.
광운대학교, 『진로교육으로 엮는 희망의 교단』, 경성문화사, 2015.
권순이외 2인, 『십대를 위한 진로콘서트』, 꿈결, 2013.
권오윤, 『꿈꾸는 청년들아! 비전을 가져라』, 나남, 2013.
권낙희, 『결단이 필요한 순간』, 센추리원, 2015.
김미경, 『김미경의 드림 온: 드림워커로 살아라 Dream On)』, 샘앤파커스, 2013.
김민기·조우석, 『행운 사용법』, 문학동네, 2013.
김민태, 『일생의 일』, 샘앤파커스, 2013.
김병목, 『동기와 정서』, 지식과 미래, 2014.
김병완, 『가슴 뛰는 성공 너만의 강점으로 승부하라』, 멘토르, 2013.
김봉환 외 3인, 『진로상담이론』, 학지사, 2010.
김성오, 『육일약국 갑시다』, 21세기북스, 2013.
김원태, 『가치혁명』, 도서출판NCD, 2009.
김주환, 『회복탄력성』, 위즈덤하우스, 2015.
김해영, 『숨지 마, 네 인생이잖아』, 두란노, 2013.
김해영, 『청춘아 가슴 뛰는 일을 찾아라』, 서울문화사, 2012.
김현성 외 4인, 『진로를 디스하다』, 한국협동학습연구회, 2014.
닉 부이치치, 최종훈 옮김, 『삶은 여전히 아름답다』, 두란노, 2013.
Duane Brown·Linde Brooks, 김충기·김희수 옮김, 『진로상담의 기술』, 시그마프레스, 2009.

마커스 버킹엄 · 도널드 클리프턴, 박정숙 옮김, 『위대한 나의 발견 강점혁명』, 청림, 2015.
말콤 글래드웰, 노정태 옮김, 『아웃라이어:성공의 기회를 발견한 사람들』, 김영사, 2009.
말콤 글래드웰, 선대인 옮김, 『다윗과 골리앗: 강자를 이기는 약자의 기술』, 21세기북스, 2015.
박성길 · 이완, 『청년정신』, 分Feel, 2011.
박윤희, 『진로탐색 및 직업선택』, 시그마프레스, 2012.
박지성, 『멈추지 않는 도전』, 랜덤하우스 코리아, 2006.
백두용, 『비전을 가졌습니까?』, 더 드림, 2013.
백지연, 『크리티컬 매스』, 알마, 2015.
빅뱅, 『세상에 너를 소리쳐』, 쌤앤파커스, 2009.
사교육걱정없는 세상, 「찾았다 진로!」, 2013.
산드라허쉬외2인, 손희정옮김, 『자기발견테마여행』, 요단, 2002.
송명자, 『발달심리학』, 학지사, 2010.
스튜어트 에이버리 골드, 유영만 옮김, 『핑(ping)』, 웅진윙스, 2006.
스티븐 코비, 김경섭 옮김, 『성공하는 사람들의 7가지 습관』, 김영사, 2015.
오스 기니스, 홍병룡 옮김, 『소명』, IVP, 2014.
위리엄 폴 영, 이진옮김, 『갈림길』, 세계사, 2013.
유효상, 『시몬느스토리』, 21세기북스, 2014.
이동원, 『인생레슨』, 규장문화사, 2001.
이무근 · 이찬, 『대학생의 진로멘토링』, 교육과학사, 2012.
이무석, 『성격, 아는 만큼 자유로워진다』, 두란노, 2014.
이승한 · 엄정희, 『청춘을 디자인하라』, 코리아닷컴, 2012.
이용규, 『대학생을 위한 진로지도』, 신광문화사, 2010.
이종철 외 3인, 『스윗스팟(교사용)』, 북모아, 2014.
이태영, 『더 있다』, 규장, 2012.
임영신, 『승당 임영신의 나의 40년 투쟁사』, 민지사, 2008.
자크 호로비츠외 지음, 김시경 옮김, 『기적의 비전 워크숍』, 쌤앤파커스, 2008.
정덕환, 『스타벅스 CE 하워드 슐츠의 경영철학』, 일송포켓북, 2010.
정승인, 『부모가 코칭하는 자녀의 꿈과 진로』, 로뎀나무아래에서, 2014.
제프 아이오그, 서진영 옮김, 『성공하는 리더의 9가지 성품』, 요단, 2010.
조용환, 『Life Consulting』, 도서출판UCN, 2012.

존 맥스웰, 이애리 옮김, 『꿈이 나에게 묻는 열 가지 질문』, 비즈니스맵, 2010.
지구촌교회, 『청년일터학교교재』, 2013.
진재혁, 『세상 중심에 서는 영성 리더십』, 두란노, 2015.
짐 콜린스, 이무열 옮김, 『좋은 기업을 넘어 위대한 기업으로』, 김영사, 2011.
최인철, 『나를 바꾸는 심리학의 지혜 프레임』, 21세기북스, 2011.
캐롤라인 애덤스 밀러·마이클 프리슈, 우문식·박선령 옮김, 『어떻게 인생 목표를 이룰까』, 물푸레, 2012.
클레이튼 커쇼·엘런 커쇼, 배충효 옮김, 『커쇼의 어라이즈』, W미디어, 2014.
탈 벤-사하르, 노혜숙 옮김, 『하버드대 행복학 강의』, 위즈덤하우스, 2007.
팀라헤이, 홍종락 옮김, 『성령과 기질』, 생명의 말씀사, 2008.
한겨레경제사회연구원 개원심포지엄자료, 2015.8.18.
한미희 외 2인, 『진로설계와 리더십개발』, 북코리아, 2013.
한홍, 『순간을 위해 평생을 준비한다』, 규장, 2011.
홍성훈, 『다중지능혁명』, 랜덤하우스, 2009.